5

Drei*fach*
Mathe

Lösungen zum Arbeitsheft

 Mit digitalen Medien

Cornelsen

Dreifach
Mathe

Erarbeitet von: Christina Tippel, Hanno Wieczorek, Mesut Yurt
Unter Mitarbeit der Verlagsredaktion

Redaktion: Ludwig Heyder

Grafik/Zeichnung: Ludwig Heyder
Umschlaggestaltung: Cornelsen/Rosendahl Berlin
Layout und technische Umsetzung: Klein & Halm Grafikdesign und CMS – Cross Media Solutions GmbH, Würzburg

Bildnachweis
16/u.r. Shutterstock.com/olegtoka; 55/u.r. Shutterstock.com/Sergii_Petruk; 60/u.m. Shutterstock.com/VectorShop;
61/o.l. Shutterstock.com/Standard Studio; 61/o.2.v.l. stock.adobe.com/markus_marb; 61/o.3.v.l. Shutterstock.com/
EimzaawahPhoto; 61/o.4.v.l. stock.adobe.com/ufotopixl10; 61/o.5.v.l. Shutterstock.com/Pavel Kukol;
61/o.r. Shutterstock.com/Alona_S; 61/u.r. stock.adobe.com/NIKOLAS HOFFMANN/VanHope; 62/o.l. stock.adobe.com/
Maksim; 62/o.2.v.l. Shutterstock.com/CB studio; 62/o.3.v.l. Shutterstock.com/Francesco Abrignani;
62/o.4.v.l. stock.adobe.com/ufotopixl10; 62/o.r. stock.adobe.com/createur; 63/1 Shutterstock.com/Francesco Abrignani;
74/o. stock.adobe.com/Sofiia; 74/u. stock.adobe.com/Barbara Neveu/scerpica; 75/o. Shutterstock.com/Pineapple
studio; 75/m. Shutterstock.com/mimohe; 75/u. Shutterstock.com/Lankard; 76/o. Shutterstock.com/plenoy m;
76/m. stock.adobe.com/rcfotostock; 76/u. Shutterstock.com/Milkovasa; 90/m. Shutterstock.com/sweetok;
93/u. Shutterstock.com/Mulevich; 94/u. stock.adobe.com/tatoman

 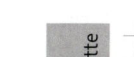 

Am Zahlenstrahl eintragen | Vergleichen

Natürliche Zahlen vergleichen und ordnen

Auf einem Zahlenstrahl stehen die Zahlen der Größe nach geordnet.
Die kleinere Zahl steht am Zahlenstrahl links, die größere Zahl steht rechts.

Die Zahl direkt links neben einer Zahl ist der Vorgänger.
Die Zahl direkt rechts neben einer Zahl ist der Nachfolger.

Beispiel:

0   7   14   21   28   35   42   49   56   63

$7 < 21$ und $21 > 7$

7 ist der Vorgänger von 8.
9 ist der Nachfolger von 8.

1 Beschrifte zuerst den Zahlenstrahl. Markiere dann die Zahlen mit einem Kreuz.

a) 3; 15; 9; 6; 18

0   2   4   6   8   10   12   14   16   18

b) 700; 200; 900; 500; 600

0   200   400   600   800   1000

c) 60; 25; 45; 75; 10

0   10   20   30   40   50   60   70   80   90

d) 360; 240; 60; 180; 540

0   120   240   360   480   600

2 Setze < oder > ein.

a) $967 > 956$ b) $88 < 808$ c) $1050 > 1005$ d) $9674 < 9675$

e) $7003 > 703$ f) $2543 > 2534$ g) $4986 < 4998$ h) $5466 > 4566$

3 Ordne die Zahlen. Beginne mit der kleinsten Zahl. Schreibe mit <.

a) 43; 19; 207; 56; 16; 48

$16 < 19 < 43 < 48 < 56 < 207$

b) 5023; 503; 305; 2305; 3025; 203

$203 < 305 < 503 < 2305 < 3025 < 5023$

4 Hier wurde falsch geordnet. Korrigiere. Beginne mit der größten Zahl. Schreibe mit >.

a) $897 < 899 < 989 < 988 < 898$

$989 > 988 > 899 > 898 > 897$

b) $1323 < 1533 < 5315 < 3515$

$5315 > 3515 > 1533 > 1323$

5 Fünf Freunde haben mit einer App ihre Schritte gezählt.
Sie wollen wissen, wer am meisten gelaufen ist.
Ordne die Werte der Größe nach. Beginne mit der größten Zahl.

Achmet	Klaus	Kevin	Adam	Anton
9015 Schritte	7059 Schritte	7501 Schritte	9623 Schritte	9047 Schritte

1. Adam; 2. Anton; 3. Achmet; 4. Kevin; 5. Klaus

Zahlen vergleichen und ordnen

Am Zahlenstrahl eintragen | Vergleichen

Natürliche Zahlen vergleichen und ordnen

1 Auf welche Zahlen zeigen die Pfeile? Trage sie ein.

Tipp
Auf einem Zahlenstrahl sind Zahlen gleichmäßig angeordnet.
0   10   20   30

a)
0   3   6   9   12   15   18   21

b)
0   20   40   60   70

c)
0   15   20   30   35   45

d)
0   4   8   12   20   24   28

2 Beschrifte zuerst den Zahlenstrahl. Markiere dann die Zahlen mit einem Kreuz.

Tipp
Beschrifte den Zahlenstrahl gleichmäßig, sodass die größte Zahl mit darauf passt.

a) 12; 6; 17; 14; 21; 4; 20

0   2   4   6   8   10   12   14   16   18   20   22   24

b) 4; 36; 10; 44; 31; 12; 20

0   4   8   12   16   20   24   28   32   36   40   44   48

3 Ordne die Zahlen. Beginne mit der größten Zahl. Schreibe mit >.

a) 12; 6; 17; 14; 21; 4; 20

$21 > 20 > 17 > 14 > 12 > 6 > 4$

b) 4; 36; 10; 44; 31; 12; 20

$44 > 36 > 31 > 20 > 12 > 10 > 4$

4 Setze < oder > ein.

Tipp
Die kleinere Zahl steht am Zahlenstrahl links, die größere Zahl rechts.

a) $90 > 40$ b) $32 < 66$ c) $90 > 89$ d) $120 < 200$

e) $210 > 149$ f) $65 > 56$ g) $57 < 75$ h) $365 > 364$

i) $714 < 741$ j) $807 > 708$ k) $436 < 463$ l) $544 > 455$

5 Ergänze den Vorgänger und den Nachfolger der Zahl.

a) $87 < 88 < 89$ b) $220 < 221 < 222$ c) $98 < 99 < 100$

d) $69 < 70 < 71$ e) $144 < 145 < 146$ f) $332 < 333 < 334$

g) $255 < 256 < 257$ h) $699 < 700 < 701$ i) $489 < 490 < 491$

Zahlen vergleichen und ordnen

Stellenwerttafel

Natürliche Zahlen im Dezimalsystem

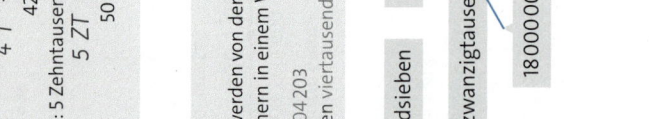

Tipp
Abkürzungen in der Stellenwerttafel:
HM (hundert Millionen), **ZM** (zehn Millionen),
M (Millionen), **HT** (Hunderttausender),
ZT (Zehntausender), **T** (Tausender),
H (Hunderter), **Z** (Zehner), **E** (Einer)

Schreibe große Zahlen in Dreiergruppen:
3 578 456

1 Vergleiche mit der Stellenwerttafel unten.
a) Eine Zahl hat 8 Stellen.
Wie heißt die größte Stelle?
zehn Millionen

b) Schreibe die Zahlen aus der Stellenwerttafel auf.

5 007 400
80 063 542
105 790 380
906 000 200

Millionen			Tausender			H	Z	E
HM	ZM	M	HT	ZT	T	H	Z	E
		5	0	0	7	4	0	0
	8	0	0	6	3	5	4	2
1	0	5	7	9	0	3	8	0
9	0	6	0	0	0	2	0	0

2 Zahlen kannst du auch mit ihren Stellenwerten aufschreiben. Stellen mit 0 werden ausgelassen. Schreibe zu den Karten die passende Zahl auf.

Tipp
Die Stellenwerttafel aus Aufgabe 1 hilft weiter.
Beispiele:
Stellenwerte: 4 Tausender, 2 Hunderter
$4\,T + 2\,H$
4200
Stellenwerte: 5 Zehntausender, 6 Zehner
$5\,ZT + 6\,Z$
50060

a) 3ZT 3H 3E → *30 303*
b) 1M 7T 5Z → *1 007 050*
c) 4ZM 5M 7ZT 8T → *45 078 000*

3 Verbinde jeweils die Zahl mit dem passenden Zahlwort. Drei Zahlen bleiben übrig.

Tipp
Zahlwörter werden von den Hunderttausendern bis zu den Einern in einem Wort geschrieben.
Beispiel: 2004203
zwei Millionen viertausendzweihundertdrei

180000	24012	achtzehn Millionen
zwölftausend	3007	dreitausendsieben
12000	24112	zwölf Millionen einhundert
	18000000	vierundzwanzigtausendeinhundertzwölf
	12000100	siebenundneunzigtausenddreizehn
	97013	
	3700	

Am Zahlenstrahl eintragen   Vergleichen

Natürliche Zahlen vergleichen und ordnen

1 Kann das stimmen? Ergänze zuerst eine passende Beschriftung am Zahlenstrahl. Korrigiere dann die Pfeile, wenn nötig.

a) 150 200 450 600 750
100 200 300 400 500 600 700

b) 20 35 40 50 65
0 10 20 30 40 50 60 70

2 Vergleiche die zwei Zahlen und setze < oder > ein.
a) 3851 > 3581
b) 16609 < 16906
c) 25317 > 24899
d) 77077 < 77707
e) 60003 > 6003
f) 75466 > 74221
g) 496576 < 497798
h) 254332 < 254342
i) 9967774 < 9976477

3 Welche Ziffern kannst du einsetzen?
a) 564 < 5█4 → 7, 8, 9
b) 7█54 < 7354 → 0, 1, 2
c) 52█3 > 5273 → 8, 9
d) 8104 > 8█04 → 0
e) 3█000 < 33344 → 0, 1, 2, 3
f) 66█5 > 5643 → 0, 1, 2, 3, 4, 5, 6, 7, 8, 9

4 Vergleiche jeweils die Zahl in der ersten Spalte mit der Zahl in der ersten Zeile. Setze wie im Beispiel < oder > ein.

a)

	106	130	310
105	<	<	<
510	>	>	>
501	>	>	>

b)

	1001	1010	11000
9099	>	>	<
9901	>	>	<
1091	>	>	<

5 Vom Flughafen Düsseldorf fliegen jedes Jahr viele Reisende in den Urlaub. Unten stehen die Anzahlen der Reisenden für die Jahre 2014 bis 2018. Ordne die Anzahl der Reisenden der Größe nach. In welchem Jahr flogen die meisten Reisenden?

2014: 21850430   2015: 22476500   2016: 23521796   2017: 24640665   2018: 24284745

5. 2014; 4. 2015; 3. 2016; 2. 2018; 1. 2017
Im Jahr 2017 wurden die meisten Passagiere abgefertigt.

6 Verbinde die Punkte der Größe nach. Ist es wichtig, ob du mit der größten oder mit der kleinsten Zahl beginnst? Wonach sieht das Bild aus?

Es ist nicht wichtig, mit welcher Zahl begonnen wird.
z.B. Es sieht aus wie ein altes Segelschiff.

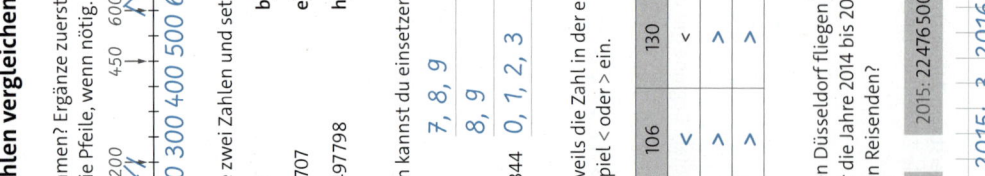

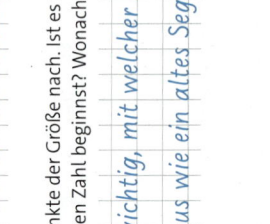

Natürliche Zahlen im Dezimalsystem

In einer Stellenwerttafel sind die Stellenwerte natürlicher Zahlen übersichtlich dargestellt.

Beispiel: 65730

	Millionen			Tausender					
	HM	ZM	M	HT	ZT	T	H	Z	E
					6	5	7	3	0

Stellenwerte: 6 ZT + 5 T + 7 H + 3 Z
Zahlwort: fünfundsechzigtausendsiebenhundertdreißig

1 Wurde die linke Zahl richtig (r) oder falsch (f) eingetragen? Kreuze an.
Schreibe bei (f) die Zahl aus der Stellenwerttafel rechts daneben auf.

	HM	ZM	M	HT	ZT	T	H	Z	E	r	f	
150373				1	0	5	3	7	3		×	105373
37909023		3	7	9	0	9	0	2	3	×		
654301254	6	5	4	0	3	1	2	4	5		×	654031245
1011010			1	0	1	1	1	0	1		×	1011101
989988089	9	8	9	9	8	8	0	8	9	×		

2 Finde das Zahlwort. Die Kärtchen helfen dir.
Nummeriere die Kärtchen in der richtigen Reihenfolge. Schreibe dann das Zahlwort auf.

a) 83015   [3] tausend   [2] achtzig   [1] dreiund   [5] zehn   [4] fünf

dreiundachtzigtausendfünfzehn

b) 912760   [4] sieben   [1] neunhundert   [5] hundert   [2] zwölf   [6] sechzig   [3] tausend

neunhundertzwölftausendsiebenhundertsechzig

3 Schreibe die Stellenwerte der Zahl auf.

a) 99320   9 ZT + 9 T + 3 H + 2 Z

b) 350907   3 HT + 5 ZT + 9 H + 7 E

4 In einem Escape Room befindet sich ein Zahlenschloss.
Mit welcher Zahl öffnet sich das Zahlenschloss?
Schreibe die Zahl auch mit Stellenwerten und als Zahlwort.

> **Öffne das Zahlenschloss!**
> Die Zahl ist sechsstellig.
> Jede Ziffer kommt maximal zweimal vor.
> Finde die größtmögliche Zahl.

Es ist die Zahl 998877.

9 HT + 9 ZT + 8 T + 8 H + 7 Z + 7 E

neunhundertachtundneunzigtausendachthundertsiebenundsiebzig

Natürliche Zahlen im Dezimalsystem

1 Ergänze die Zahlen in der Stellenwerttafel oder neben der Stellenwerttafel.

HMd	ZMd	Md	HM	ZM	M	HT	ZT	T	H	Z	E	
							8	7	1	5	0	87150
						1	5	7	8	6	5	157865
					2	1	0	0	4	3	9	2100439
8	7	6	5	4	7	4	7	9	9	8	8	876547479988
				1	8	0	0	0	2	3	0	18000230
		5	4	1	0	0	0	0	0	0	0	5410000000
	9	9	0	0	9	9	0	0	9	9	0	99009900990
9	7	9	7	5	7	5	3	5	3	1	3	979757535313

2 Schreibe mit Stellenwerten.

a) 8000980   8 M + 9 H + 8 Z

b) 12000500400   1 ZMd + 2 Md + 5 HT + 4 H

c) 356235009000   3 HMd + 5 ZMd + 6 Md + 2 HM + 3 ZM + 5 M + 9 T

d) vierundneunzigtausendeinhundertfünfundzwanzig   9 ZT + 4 T + 1 H + 2 Z + 5 E

e) achtzehn Millionen zweihundertdreißigtausend   1 ZM + 8 M + 2 HT + 3 ZT

f) fünf Milliarden vierhundertdreißig Millionen   5 Md + 4 HM + 3 ZM

3 Von einigen Mitgliedsstaaten der Europäischen Union (EU) sind die Bevölkerungszahlen angegeben (Stand 2018). Wie kannst du mithilfe der Stellenwerttafel eine Rangfolge der Länder nach Einwohnerzahlen erhalten? Erläutere und sortiere die Länder beginnend mit der geringsten Bevölkerungszahl.

Ungarn: 9 780 000   Deutschland: 83 000 000   Großbritannien: 66 470 000   Schweden: 10 230 000

z.B. größte Stellen: Ungarn 9 M, Großbritannien 6 ZM, Schweden 1 ZM, Deutschland 8 ZM, also Ungarn, Schweden, Großbritannien, Deutschland

4 Lina will sich einen Code für ein Zahlenschloss ausdenken. Jede Ziffer soll nur einmal vorkommen und die Zahl soll so klein wie möglich sein. Die erste Ziffer darf nicht null sein. Welche Zahl ergibt sich? Schreibe die Zahl auch mit Stellenwerten und als Zahlwort.

Es ist die Zahl 1023. 1 T + 2 Z + 3 E

eintausenddreiundzwanzig

Daten untersuchen

1 Tabelle mit Strichliste und Häufigkeit

> **Tipp**
> Striche für die Zählung – Zahl für die Häufigkeit

a) Die Klasse 5 c macht eine Umfrage zum Thema Mein Lieblingsessen. Trage die Häufigkeiten der angegebenen Essen in die Tabelle ein.

	Pizza	Pommes	Nudeln	Döner
Strichliste	卌 II	卌 卌 II	卌 I	III
Häufigkeit	7	12	6	3

b) In der Klasse 5 a wurde eine Umfrage zum Thema Mein Lieblingstier gemacht. Ergänze die Strichliste.

	Hund	Katze	Hamster	Pferd
Strichliste	卌 卌 II	卌 IIII	II	卌
Häufigkeit	12	9	2	5

2 Die Kinder der Klasse 5 d haben eine Umfrage zu den Lieblingssportarten gemacht. Aus der Umfrage ergaben sich die folgenden Ergebnisse.

Handball Fußball Tischtennis Fußball Handball Tischtennis Fußball Handball
Fußball Schwimmen Fußball Handball Fußball Schwimmen Fußball Fußball
Handball Schwimmen Tischtennis Handball Tischtennis Schwimmen Fußball

a) Ergänze die Tabelle mit der Strichliste und den Häufigkeiten.

	Handball	Tischtennis	Fußball	Schwimmen
Strichliste	卌 I	IIII	卌 IIII	卌
Häufigkeit	6	4	9	5

b) Welche Sportart wurde am häufigsten genannt? _Fußball_

3 Mehmet und Emilia haben eine Umfrage in ihrer Klasse zum Thema Wie komme ich zur Schule? gemacht. 9 Kinder kommen zu Fuß, 5 fahren mit dem Fahrrad, 3 werden von ihren Eltern mit dem Auto gebracht und 7 nehmen morgens den Bus.

a) Ergänze die Tabelle mit der Strichliste und den Häufigkeiten.

	zu Fuß	Fahrrad	Auto	Bus
Strichliste	卌 IIII	卌	III	卌 II
Häufigkeit	9	5	3	7

b) Wie kommen die meisten Kinder zur Schule? _zu Fuß_

c) Wie kommen die wenigsten Kinder zur Schule? _mit dem Auto der Eltern_

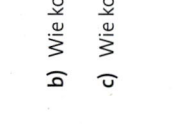
Daten in Listen

Daten untersuchen ☒

Mit Strichlisten und Häufigkeitstabellen können Daten übersichtlich zusammengefasst werden.
Striche für die Zählung – Zahl für die Häufigkeit

1 In der Stadt wurde eine Umfrage zur Lieblingsinsel gemacht.

a) Vervollständige die Tabelle mit den fehlenden Eintragungen zur Strichliste oder zur Häufigkeit.

	Föhr	Sylt	Rügen	Borkum	Mallorca
Strichliste	卌 卌 卌 IIII	卌 卌 卌 卌 II	卌 II	卌 III	卌 卌 卌 卌
Häufigkeit	19	22	7	8	20

b) Werte die Tabelle aus.
z.B. Insgesamt wurden 76 Personen befragt. Am beliebtesten ist Sylt kurz vor Mallorca und Föhr. Am unbeliebtesten ist Rügen, danach folgt Borkum.

2 Kinder wurden befragt, in welchem Land sie am liebsten Urlaub machen würden. Zur Auswahl standen Deutschland, Großbritannien, Griechenland und die Türkei. Es konnten Kärtchen mit den Flaggen gezogen werden. Die folgenden Kärtchen lagen schließlich zur Auszählung bereit.

a) Ergänze die Tabelle mit der Strichliste und den Häufigkeiten.

	Deutschland	Großbritannien	Griechenland	Türkei
Strichliste	卌 III	卌	IIII	卌 I
Häufigkeit	8	5	4	6

b) Welches Reiseziel war am beliebtesten? _Deutschland_

c) Kann die Antwort zur Frage b) so eindeutig gegeben werden? Begründe.
z.B. Nein, denn die Türkei hat nur zwei Stimmen weniger. Die Ergebnisse liegen nahe zusammen. Die Länder sind nahezu gleich beliebt.

Daten in Listen

Daten vergleichen

Tipp
Das Minimum ist die kleinste Zahl.
Das Maximum ist die größte Zahl.
Maximum minus Minimum = Spannweite.

1 Ordne die Zahlen der Größe nach. Beginne mit der kleinsten Zahl. Gib das Maximum, das Minimum und die Spannweite an.

a) 123; 345; 321; 452; 342; 542; 263; 472; 444; 299

123; 263; 299; 321; 342; 345; 444; 452; 472; 542

Minimum: 123   Maximum: 542   Spannweite: 542 − 123 = 419

b) 657; 445; 706; 847; 253; 899; 971; 585; 699; 1000

253; 445; 585; 657; 699; 706; 847; 899; 971; 1000

Minimum: 253   Maximum: 1000   Spannweite: 1000 − 253 = 747

c) 2436; 1388; 1704; 2208; 1039; 1983; 2418; 2812; 1002; 2009

1002; 1039; 1388; 1704; 1983; 2009; 2208; 2418; 2436; 2812

Minimum: 1002   Maximum: 2812   Spannweite: 2812 − 1002 = 1810

2 Fünf Kinder vergleichen die Längen ihrer Sprünge. Ordne die Längen der Größe nach. Beginne mit der kleinsten Länge. Wie lauten das Minimum, das Maximum und die Spannweite?

Name	Elli	Jonas	Tasneem	Mehmet	Oli
Länge (in m)	2	4,2	3,35	5	2,5

2; 2,5; 3,35; 4,2; 5   Minimum: 2   Maximum: 5   Spannweite: 5 − 2 = 3

3 In der Tabelle stehen die Höhen von Bergen in Deutschland. Ordne die Höhen der Berge von klein nach groß. Ergänze dann die fehlenden Werte.

Rammelsberg	637 m
Kahler Asten	842 m
Clemensberg	839 m
Wurzelbrink	318 m
Hopperkopf	832 m
Hunau	817 m
Ziegenhelle	816 m
Drachenfels	321 m
Heidbrink	320 m
Langenberg	843 m
Stein	644 m
Homberg	630 m
Röhrenspring	629 m
Lahnkopf	625 m

318; 320; 321; 625; 629; 630; 637; 644; 816; 817; 832; 839; 842; 843

Minimum: 318 m   Bergname: Wurzelbrink
Maximum: 843 m   Bergname: Langenberg
Spannweite: 843 m − 318 m = 525 m

Daten untersuchen

1 Kreuze an, ob die Aussage wahr oder falsch ist.

Aussage	wahr	falsch
Bei einer Umfrage werden Antworten gesammelt.	x	
In einer Strichliste bündelt man immer 6 Striche zu einem Päckchen.		x
Eine Strichliste hilft dabei, schneller abzählen zu können.	x	
Die Zahl, die angibt, wie oft eine Antwort gegeben wurde, nennt man Umfrage.		x

2 In dem kurzen Ausschnitt aus dem Gedicht Erlkönig des berühmten Dichters Johann Wolfgang von Goethe soll die Häufigkeit der Buchstaben a, e und u bestimmt werden.

Wer reitet so spät durch Nacht und Wind?
Es ist der Vater mit seinem Kind.
Er hat den Knaben wohl in dem Arm,
er fasst ihn sicher, er hält ihn warm.

a) Ergänze die Tabelle mit der Strichliste und den Häufigkeiten.
Hinweis: Die Großbuchstaben A, E und U werden dabei nicht mitgezählt.

	a	e	u
Strichliste	卌 I	卌 卌 III	II
Häufigkeit	6	13	2

b) Welcher Buchstabe kommt am häufigsten vor?
Es ist der Buchstabe e.

c) Welcher Buchstabe kommt am wenigsten vor?
Es ist der Buchstabe u.

3 Sebastian macht eine Umfrage in seiner Klasse zum Thema "Wie komme ich zur Schule?". Das Ergebnis hat er zusammengefasst, wie es rechts steht.

Ich komme mit Timo, zusammen mit Aslan und Marco zu Fuß. Alex und sein Zwillingsbruder David werden von ihren Eltern mit dem Auto gebracht. Nina und Lisa nehmen zusammen mit Chris und Tobi den Bus. Mehmet holt Emilia, Caro und Basti mit dem Fahrrad ab. Nico und Murat gehen zu Fuß. Sina, Bashar und Jovan fahren mit dem Bus. Rene und Melis werden mit dem Auto zur Schule gebracht. Klara und Fatima kommen zu Fuß.

a) Ergänze die Tabelle mit der Strichliste und den Häufigkeiten.

	zu Fuß	Fahrrad	Auto	Bus
Strichliste	卌 III	III	III	卌 II
Häufigkeit	8	4	4	7

b) Wie kommen die meisten Kinder zur Schule?
zu Fuß

c) Wie kommen die wenigsten Kinder zur Schule?
mit dem Auto und mit dem Fahrrad

d) Wie viele Kinder kommen am umweltfreundlichsten zur Schule, auf welche Art?
12; mit dem Fahrrad und zu Fuß

Daten vergleichen ⊠

1 Kreuze an, ob die Aussage wahr oder falsch ist.

Aussage	wahr	falsch
Das Maximum ist der kleinste Wert, das Minimum der größte Wert einer Datenmenge.		x
Die Spannweite erhältst du aus der Differenz von Maximum und Minimum.	x	
Die Spannweite erhältst du aus der Summe von Maximum und Minimum.		x

2 Selina hat für Berlin die durchschnittlichen Niederschlagsmengen pro Monat herausgefunden.

Monat	Jan.	Feb.	Mär.	Apr.	Mai	Jun.	Jul.	Aug	Sep.	Okt.	Nov.	Dez.
Niederschlag (in mm)	55	21	45	28	22	79	71	34	25	49	41	43

Ordne die Angaben von klein nach groß. Ergänze dann die fehlenden Werte.

21; 22; 25; 28; 34; 41; 43; 45; 49; 55; 71; 79

Minimum: 21 mm   Maximum: 79 mm

Spannweite: 79 – 21 = 58; also 58 mm

3 Emilio hat ein Säulendiagramm zu den Längen von mehreren Flüssen in Deutschland erstellt. Bestimme das Maximum und das Minimum. Berechne die Spannweite.

[Säulendiagramm: Länge (in km) – Weser, Rhein, Donau, Ruhr, Spree, Isar]

200; 300; 400; 500; 1200; 3000

Minimum: 200 km   Flussname: Ruhr

Maximum: 3000 km Flussname: Donau

Spannweite: 3000 km – 200 km = 2800 km

4 Kann man aus dem Minimum und der Spannweite einer Datenreihe ihr Maximum berechnen? Begründe.

Ja, das ist möglich. Es gilt Spannweite = Maximum – Minimum. Die Umkehrung ist Minimum + Spannweite = Maximum. Eine Begründung ist auch mit einer Beispielrechnung möglich.

Daten vergleichen ⊠

Datenlisten kannst du der Größe nach ordnen. Daraus kannst du schnell das Minimum und das Maximum ablesen.
Die Differenz aus Maximum und Minimum ist die Spannweite.

1 Ceren hat für Berlin die durchschnittlichen Tagestemperaturen pro Monat herausgefunden.

Monat	Jan.	Feb.	Mär.	Apr.	Mai	Jun.	Jul.	Aug	Sep.	Okt.	Nov.	Dez.
Temperatur (in °C)	2	3	6	11	15	19	21	20	16	11	6	5

Ergänze die fehlenden Werte.

Minimum: 2 °C   Maximum: 21 °C   Spannweite: 21 – 2 = 19, also 19 Grad

2 Neun Freunde haben ihre Schuhgrößen in der Tabelle zusammengestellt.

Name	Emily	David	Jasmin	Bashar	Erik	Melek	Paul	Carla	Eren
Schuhgröße	35	39	34	37	41	36	43	38	42

Ordne die Angaben von klein nach groß. Ergänze dann die fehlenden Werte.

34; 35; 36; 37; 38; 39; 41; 42; 43

Minimum: 34   Maximum: 43   Spannweite: 9

3 In der Tabelle stehen deutsche Seen und ihre Größe in Quadratkilometern. Ordne die Größen der Seen von klein nach groß. Ergänze dann die fehlenden Werte.

See	Größe
Steinhuder Meer	29 km²
Müritz	113 km²
Dümmer	12 km²
Schweriner See	62 km²
Großer Plöner See	28 km²
Bodensee	536 km²
Chiemsee	80 km²
Kölpingsee	20 km²

12; 20; 28; 29; 62; 80; 113; 536

Minimum: 12 km²   Seename: Dümmer

Maximum: 536 km² Seename: Bodensee

Spannweite: 536 km² – 12 km² = 524 km²

4 Die Schülervertretung hat abgestimmt, was mit den Einnahmen gemacht werden soll. Beschreibe das Diagramm.

Party machen, neue Bälle, Kickertisch, Billardtisch, Basketballkörbe, Fußballtore

z.B. Mit 15 sind die meisten für einen Billardtisch, mit 2 die wenigsten für neue Bälle.

Runden

Zahlen runden

1 Mit der Stellenwerttafel kannst du die Rundungsstelle schnell erkennen. Markiere die Spalte für die Rundungsstelle.

a) Runde auf Tausender.

M	HT	ZT	T	H	Z	E
			6	2	1	8
		4	5	7	2	4
3	6	0	4	1	0	1

b) Runde auf Hunderter.

M	HT	ZT	T	H	Z	E
		4	2	6	3	9
	1	0	3	4	8	5
		6	8	7	5	1

c) Runde auf Zehntausender.

M	HT	ZT	T	H	Z	E
		3	6	5	4	4
	3	2	4	9	3	7
6	1	7	8	0	4	0

2 Schreibe für die Zahlen aus Aufgabe 1 auf, ob aufgerundet oder abgerundet wird.

a) abrunden / aufrunden / abrunden
b) abrunden / aufrunden / aufrunden
c) aufrunden / abrunden / aufrunden

Tipp
nach der Rundungsstelle 0, 1, 2, 3, 4: abrunden
nach der Rundungsstelle 5, 6, 7, 8, 9: aufrunden

3 Fülle die Tabelle aus. Runde dazu die Zahl in der ersten Zeile auf die angegebene Stelle.

Zahl	6546	21496	3458	96437	285374	497845
Runde auf Zehner.	6550	21500	3460	96440	285370	497850
Runde auf Hunderter.	6500	21500	3500	96400	285400	497800
Runde auf Tausender.	7000	21000	3000	96000	285000	498000

Tipp
abrunden: Stellen nach Rundungsstelle sind 0.
aufrunden: Ziffer der Rundungsstelle +1
Stellen hinter der Rundungsstelle sind 0.

4 Wenn man Zahlen rundet, dann schreibt man das Zeichen ≈. Notiere zuerst, auf welche Stelle gerundet wurde. Korrigiere, wenn falsch gerundet wurde.

a) 6588 ≈ 6590   Rundung auf Zehner; richtig
b) 5422 ≈ 5500   Rundung auf Hunderter; falsch; richtig ist ≈ 5400
c) 23 649 ≈ 23 000   Rundung auf Tausender; falsch; richtig ist ≈ 24 000
d) 175 093 ≈ 180 000   Rundung auf Zehntausender; richtig
e) 19 869 ≈ 19 000   Rundung auf Tausender; falsch; richtig ist ≈ 20 000

Runden

Zahlen runden

abrunden: bei 0, 1, 2, 3, 4 nach der Rundungsstelle; Ziffer der Rundungsstelle bleibt, danach nur 0
aufrunden: bei 5, 6, 7, 8, 9 nach der Rundungsstelle; Ziffer der Rundungsstelle +1, danach nur 0
Beispiele: 4529 ≈ 4500; 4529 ≈ 5000

1 Runde die Zahl auf die angegebenen Stellen.

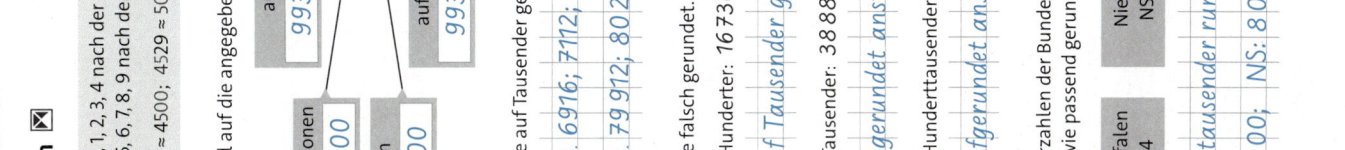

993142577

auf Zehner: 993142580
auf Hunderter: 993142600
auf Tausender: 993143000
auf Zehntausender: 993140000
auf Hunderttausender: 993100000
auf hundert Millionen: 1000000000
auf Millionen: 993000000
auf zehn Millionen: 990000000

2 Die Zahl wurde auf Tausender gerundet. Nenne drei mögliche Ausgangszahlen.

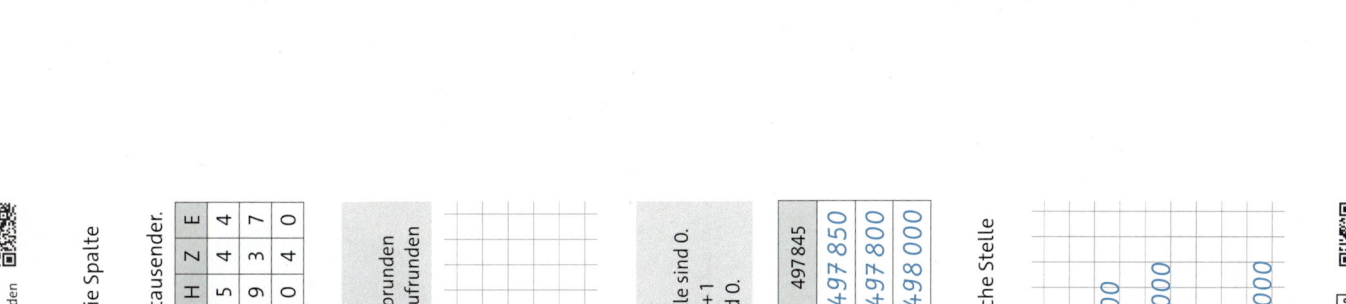

a) 7000   z.B. 6916; 7112; 7387
b) 21000   z.B. 20684; 21005; 21499
c) 80000   z.B. 79912; 80232; 80444
d) 10000   z.B. 9743; 10194; 10307

3 Die Zahl wurde falsch gerundet. Beschreibe den Rundungsfehler und runde richtig.

a) Rundung auf Hunderter: 16736 ≈ 17000
   Es wurde auf Tausender gerundet. 16736 ≈ 16700
b) Rundung auf Tausender: 38887 ≈ 38000
   Es wurde abgerundet anstatt aufgerundet. 38887 ≈ 39000
c) Rundung auf Hunderttausender: 1749356 ≈ 1800000
   Es wurde aufgerundet anstatt abgerundet. 1749356 ≈ 1700000

4 Die Einwohnerzahlen der Bundesländer aus dem Jahr 2018 sind nicht gut vergleichbar. Überlege zuerst, wie passend gerundet werden kann. Runde dann.

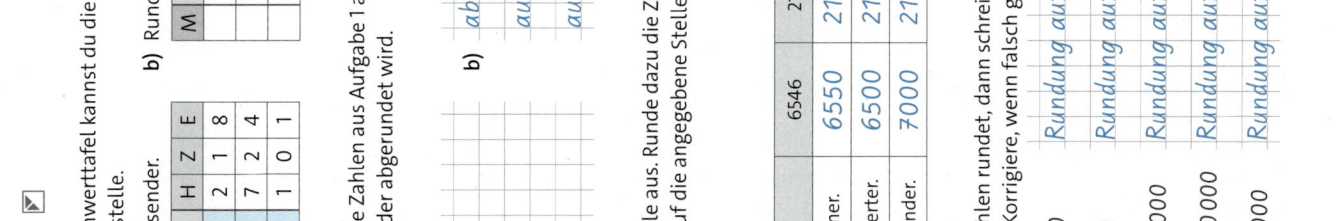

Nordrhein-Westfalen NW: 17914344
Niedersachsen NS: 7984894
Bremen HB: 681592
Mecklenburg-Vorpommern MV: 1211119

auf Hunderttausender runden
NW: 17 900 000; NS: 8 000 000; HB: 700 000; MV: 1 200 000

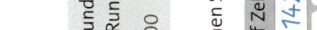

Zahlen runden

1 Fülle die Tabelle aus, indem du die Zahl in der ersten Zeile auf die angegebene Stelle rundest.

Zahl	16736	321483	73698	196542	297285	839704
runden auf Zehntausender	20 000	320 000	70 000	200 000	300 000	840 000
runden auf Tausender	17 000	321 000	74 000	197 000	297 000	840 000
runden auf Hunderter	16 700	321 500	73 700	196 500	297 300	839 700

2 Verbinde die Zahl mit der passenden gerundeten Zahl.

13 040 721 · 13 040 700 · 13 460 000 · 130 461 999 · 13 441 344 · 130 000 · 13 400 000 · 127 411

3 Jedes Jahr findet in Düren (Nordrhein-Westfalen) eine Weltmeisterschaft im Weitspucken von Kirschkernen statt.

Thomas Steinhauer stellte im Jahr 2017 mit 2252 cm den Weltrekord der Herren auf.
Bei den Damen hält Andrea Kuck den Weltrekord mit 1601 cm.
Im Jahr 1974 fand die erste Weltmeisterschaft dieser Art statt.
Damals war ein Blasrohr erlaubt und Heinz Michels spuckte damit 1461 cm weit.
Wenn du die Weiten auf Hunderter rundest und die Einer und Zehner weglässt, dann kannst du sagen, wie viel Meter jeder ungefähr schaffte.
Gib die Personen mit den gerundeten Weiten in Meter an.

Thomas Steinhauer: 2252 cm ≈ 2300 cm; Andrea Kuck: 1601 cm ≈ 1600 cm
Heinz Michels: 1461 cm ≈ 1500 cm
Thomas Steinhauer: 23 m; Andrea Kuck: 16 m; Heinz Michels: 15 m

4 Das Kreuzfahrtschiff „Quantum of the Seas" ist 347,1 Meter lang, hat eine Breite von 41,4 Metern und besitzt 18 Decks. Das Schiff hat 2090 Passagierkabinen, die von 4180 Passagieren bewohnt werden können.
Runde die Angaben sinnvoll und ergänze dazu die Lücken im folgenden Text. Vergleicht eure Angaben.

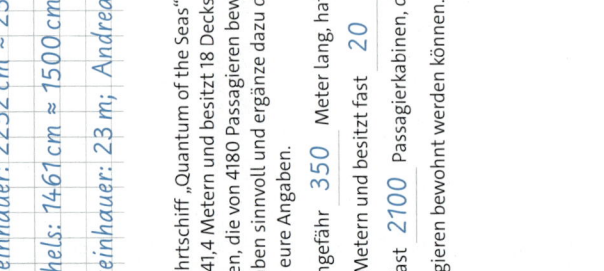

Das Schiff ist ungefähr 350 Meter lang, hat eine Breite von
etwa 40 Metern und besitzt fast 20 Decks.
Das Schiff hat fast 2100 Passagierkabinen, die von ungefähr
4200 Passagieren bewohnt werden können.

Runden

Säulendiagramme zeichnen

Diagramme

1 Beschreibe das Diagramm kurz.

a) *z.B. Es ist ein Bilddiagramm. Ein Bild steht für 100 Fahrzeuge. Es geht um die Anzahl von Pkw, Lkw und Bussen.*

(Pkw, Lkw, Bus — 100 Fahrzeuge)

b) *z.B. Es ist ein Balkendiagramm. Balken für die Zeit für Hausaufgaben in Englisch, Mathematik und Deutsch sind gezeichnet.*

(Englisch, Mathematik, Deutsch — Hausaufgabenzeit (in min): 0 10 20)

c) *z.B. Es ist ein Säulendiagramm. Säulen für die Anzahl blauer, roter und gelber Kugeln sind gezeichnet.*

(Anzahl der Kugeln: 0 5 10 15 — Blau, Rot, Gelb, Farbe)

2 Die Klasse 5 b hat eine Umfrage gemacht zum Thema *Frühstückst du morgens?*.
Das Diagramm rechts ist aus den Ergebnissen erstellt worden.
Trage die Häufigkeiten in die Tabelle ein.

(Diagramm: Frühstücken — nie, manchmal, immer; 0 5 10 Anzahl)

Frühstücken	nie	manchmal	immer
Häufigkeit	6	4	12

3 Die Klasse 5 d hat eine Umfrage gemacht zum Thema *Wie alt bist du?*. Ergänze das Diagramm mit den Ergebnissen der Umfrage.

Alter in Jahren	10	11	12
Häufigkeit	6	9	5

Tipp
Zeichne den Balken jeweils bis zur Markierung für die zutreffende Anzahl.

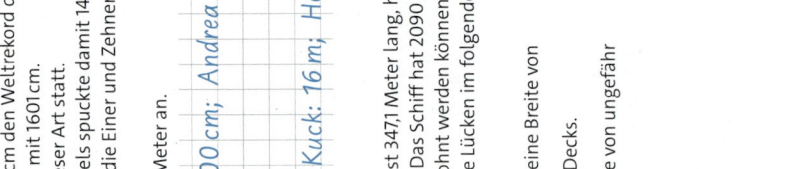

(Diagramm: Alter (in Jahren) 10, 11, 12; 0 5 10 Anzahl)

Diagramme zeichnen

Aus Diagrammen ablesen

Diagramme ☒

Mit Diagrammen kannst du Daten gut veranschaulichen.

Säulendiagramm   Balkendiagramm   Figurendiagramm (Bilddiagramm)
speziell   x Dinge

1 Mara und Gülsen haben eine Befragung nach Lieblingsfächern durchgeführt. In der Auswertung ergab sich 9-mal Sport, 4-mal Englisch, 5-mal Mathematik, 2-mal Deutsch und 6-mal Musik.

a) Trage die Ergebnisse in die Tabelle ein.

Fach	Häufigkeit
Sport	9
Englisch	4
Mathematik	5
Deutsch	2
Musik	6

b) Zeichne dazu ein Balkendiagramm.

(Balkendiagramm: Sport, Englisch, Mathematik, Deutsch, Musik; Rechtsachse: Anzahl, 5)

2 Jens hat die Größen der Länder Griechenland, Frankreich, Island und Deutschland auf hunderttausend Quadratkilometer gerundet. Diese Werte hat er in einem Säulendiagramm dargestellt.

a) Ergänze die Tabelle mithilfe des Diagramms.

Land	Größe gerundet
Griechenland	100 000 km²
Frankreich	600 000 km²
Island	100 000 km²
Deutschland	400 000 km²

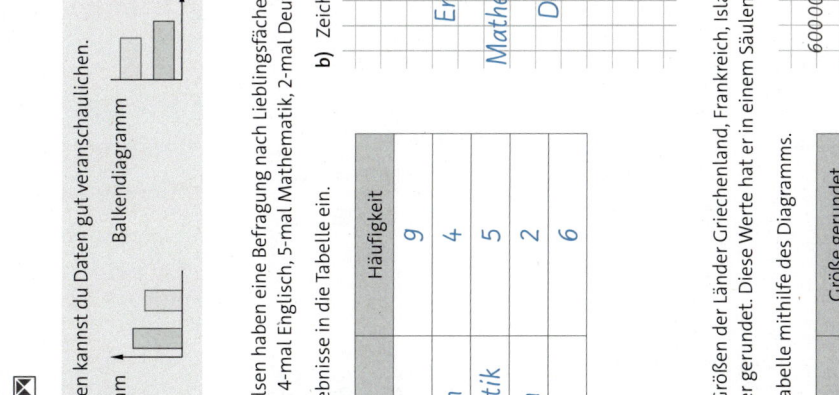

(Säulendiagramm: Fläche (in km²); 200 000, 400 000, 600 000; Griechenland, Frankreich, Island, Deutschland)

b) Welches der Länder ist das größte?
Frankreich

c) Welche der Länder sind ungefähr gleich groß?
Griechenland und Island

d) Begründe, warum Jens die Größen gerundet hat.
z. B. *Er konnte in dem Diagramm die Werte nicht so genau eintragen.*

Diagramme ☒

1 Kreuze an, ob die Aussage wahr oder falsch ist.

Aussage	wahr	falsch
In einem Balkendiagramm kann man sofort die größte und kleinste Häufigkeit erkennen.	x	
Ein Balkendiagramm verwendet Symbole zur Verdeutlichung.		x
In einem Säulendiagramm kann man an der Rechtsachse die Häufigkeit ablesen.		x

2 Alex und Kim haben die Schülerzahlen an den Schulen ihrer Stadt herausgefunden. Die Goethe-Schule hat 700 Schülerinnen und Schüler, die Herder-Schule 1600, die Schule am Markt 900, die Schiller-Schule 1200 und die Waldschule 400.

a) Trage die Ergebnisse in die Tabelle ein.

Schule	Schülerzahl
Goethe-Schule	700
Herder-Schule	1600
Schule am Markt	900
Schiller-Schule	1200
Waldschule	400

b) Zeichne dazu ein Balkendiagramm.

(Balkendiagramm: Goethe-Schule, Herder-Schule, Schule am Markt, Schiller-Schule, Wald schule; Rechtsachse: 500, 1000, Schülerzahl)

3 In dem Diagramm ist die Einwohnerzahl von zwei kleinen Dörfern in Deutschland dargestellt. Welche Aussagen kannst du aus dem Diagramm ablesen?

(Liniendiagramm: Einwohnerzahl, Jahr; A-Dorf, B-Dorf)

z. B. *Die Einwohnerzahl war in A-Dorf stets größer als in B-Dorf. Sie ist in der Tendenz zurückgegangen. In B-Dorf ist die Einwohnerzahl mit Schwankungen etwa gleich geblieben.*
Die größte Einwohnerzahl in A-Dorf war 1972, in B-Dorf 1960.

Im Kopf addieren und subtrahieren

> **Tipp**
> „halbschriftlich" rechnen:
> Addiere zuerst die Hunderter der zweiten Zahl.
> Addiere dann die Zehner und dann die Einer.
> **Beispiel:**
> 154 + 67
> 154 + 60 ist 214
> 214 + 7 ist 221, also 221

> **Tipp**
> Subtrahiere zuerst die Hunderter der zweiten Zahl.
> **Beispiele:**
> • 247 − 34
>   247 − 30 ist 217
>   217 − 4 ist 213, also 213
> • 334 − 87
>   334 − 80 ist 254
>   254 − 7 ist 247, also 247

1 Rechne im Kopf.

a) 53 + 29 = 82
b) 46 + 33 = 79
c) 124 + 84 = 208
d) 72 + 137 = 209
e) 155 + 179 = 334
f) 224 + 237 = 461
g) 255 + 245 = 500
h) 325 + 235 = 560

2 Rechne im Kopf.

a) 54 − 13 = 41
b) 79 − 52 = 27
c) 164 − 83 = 81
d) 177 − 132 = 45
e) 235 − 123 = 112
f) 289 − 165 = 124
g) 223 − 167 = 56
h) 318 − 229 = 89

3 Addiere im Kopf.

a) 72 + 36 = 108
b) 84 + 27 = 111
c) 97 + 19 = 116
d) 125 + 55 = 180
e) 136 + 39 = 175
f) 144 + 117 = 261
g) 137 + 99 = 236
h) 202 + 133 = 335
i) 213 + 145 = 358
j) 254 + 251 = 505
k) 239 + 181 = 420
l) 271 + 209 = 480

4 Subtrahiere im Kopf.

a) 92 − 63 = 29
b) 122 − 47 = 75
c) 146 − 85 = 61
d) 155 − 124 = 31
e) 167 − 152 = 15
f) 189 − 57 = 132
g) 213 − 123 = 90
h) 250 − 224 = 26
i) 286 − 199 = 87
j) 321 − 271 = 50
k) 348 − 257 = 91
l) 388 − 278 = 110

Im Kopf addieren und subtrahieren

Du rechnest „halbschriftlich" im Kopf, wenn du zuerst die Hunderter der zweiten Zahl addierst oder subtrahierst. Dann die Zehner und dann die Einer.

Wenn du schriftlich rechnest, dann solltest du im Kopf einen Überschlag machen.

Beispiel:
2589 + 378
2589 + 300 ist 2889
2889 + 70 ist 2959;
2959 + 8 ist 2967, also 2967

1 Rechne im Kopf.

a) 29 + 138 = 167
b) 63 + 216 = 279
c) 137 − 115 = 22
d) 346 − 49 = 297
e) 177 + 95 = 272
f) 235 + 143 = 378
g) 499 − 378 = 121
h) 147 − 136 = 11
i) 414 + 381 = 795
j) 475 + 489 = 964
k) 363 − 249 = 114
l) 427 − 384 = 43

2 Ergänze die Additionstabelle.

+	12	25	34	56	78	93	119
47	59	72	81	103	125	140	166
126	138	151	160	182	204	219	245
249	261	274	283	305	327	342	368
358	370	383	392	414	436	451	477

3 Ergänze die Subtraktionstabelle, indem du die Zahl in der ersten Zeile jeweils von der Zahl in der ersten Spalte subtrahierst.

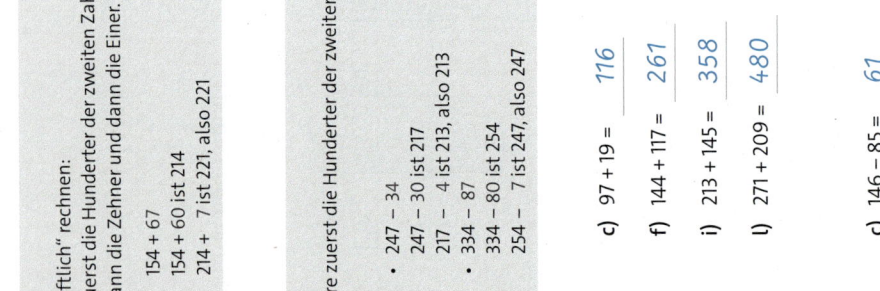

−	55	63	76	91	118	147	179
543	488	480	467	452	425	396	364
325	270	262	249	234	207	178	146
274	219	211	198	183	156	127	95
197	142	134	121	106	79	50	18

4 Rechne im Kopf.

a) 1250 − 655 = 595
b) 2457 + 1450 = 3907
c) 1955 + 998 = 2953
d) 2212 + 788 = 3000
e) 3499 + 1850 = 5349
f) 3450 + 1862 = 5312
g) 2613 − 579 = 2034
h) 5239 − 1254 = 3985
i) 4505 − 2390 = 2115
j) 4265 − 895 = 3370
k) 3257 − 2950 = 307
l) 2786 − 1239 = 1547

Im Kopf addieren und subtrahieren ☒

1 Rechne im Kopf.

a) $36 + 127 = $ 163
b) $75 + 258 = $ 333
c) $184 - 112 = $ 72
d) $324 - 29 = $ 295
e) $217 + 195 = $ 412
f) $238 + 157 = $ 395
g) $506 - 398 = $ 108
h) $193 - 131 = $ 62
i) $494 + 297 = $ 791
j) $435 + 466 = $ 901
k) $349 - 195 = $ 154
l) $454 - 334 = $ 120

2 Ergänze die Additionstabelle.

+	36	47	55	79	103	121	144
95	131	142	150	174	198	216	239
141	177	188	196	220	244	262	285
287	323	334	342	366	390	408	431
308	344	355	363	387	411	429	452

3 Ergänze die Subtraktionstabelle, indem du die Zahl in der ersten Zeile jeweils von der Zahl in der ersten Spalte subtrahierst.

−	44	73	81	94	107	132	145
584	540	511	503	490	477	452	439
336	292	263	255	242	229	204	191
297	253	224	216	203	190	165	152
153	109	80	72	59	46	21	8

4 Schreibe eine passende Rechnung und eine Antwort auf. Formuliere zu c) außerdem eine passende Frage.

a) Frau Klein möchte ihre ganzen Rosen zählen. Sie hat rote, weiße und gelbe Rosen. 21 sind rot, 24 sind weiß und 17 sind gelb. Wie viele Rosen hat sie insgesamt?

$21 + 24 + 17 = 62$; Sie hat insgesamt 62 Rosen.

b) Herr Kaplan kauft 2 Hosen für je 49 €, eine Jacke für 120 € und 3 T-Shirts für je 12 €. Wie viel muss er am Ende für seinen Einkauf bezahlen?

z.B. $49 + 49 + 120 + 12 + 12 + 12 = 254$; Er muss 254 € bezahlen.

c) Malte konnte einige seiner Sachen gut verkaufen. Die Spielzeug verkaufte er für 45 €, die Malbücher für 28 €, die Playstation inklusive Spiele für 80 € und das alte Skateboard für 17 €.

z.B. Wie viel Geld hat er insgesamt aus dem Verkauf erhalten?

$45 + 28 + 80 + 17 = 170$; Er hat insgesamt 170 € erhalten.

Im Kopf addieren   Im Kopf subtrahieren   Überschlagen

Vertauschungsgesetz ▷

Tipp
Vertauschungsgesetz: In Summen darfst du die Summanden vertauschen.

1 Hier musst du nicht rechnen. Verbinde Aufgaben mit dem gleichen Ergebnis. Male die Kreise mit den Ergebnissen aus.

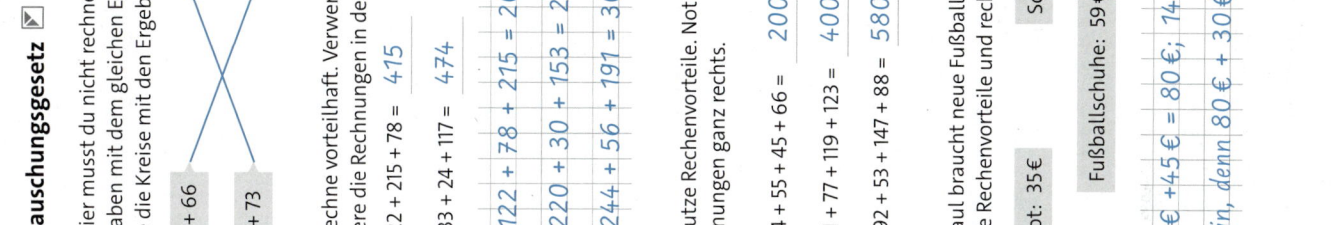

280   320   290   310   300

224 + 66   227 + 73   73 + 227   66 + 224

2 Rechne vorteilhaft. Verwende das Vertauschungsgesetz. Notiere die Rechnungen in den Rechenkästchen.

a) $122 + 215 + 78 = $ 415
b) $119 + 220 + 11 = $ 350
c) $220 + 30 + 153 = $ 403
d) $333 + 24 + 117 = $ 474
e) $191 + 244 + 56 = $ 491
f) $323 + 351 + 177 = $ 851

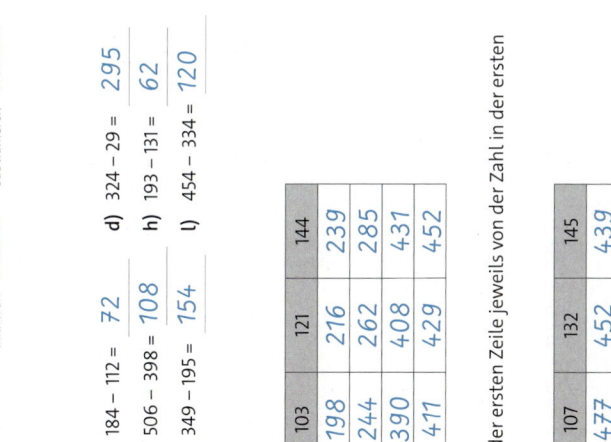

a) $122 + 78 + 215 = 200 + 215$
b) $119 + 11 + 220 = 130 + 220$
c) $220 + 30 + 153 = 250 + 153$
d) $333 + 117 + 24 = 450 + 24$
e) $244 + 56 + 191 = 300 + 191$
f) $323 + 177 + 351 = 500 + 351$

3 Nutze Rechenvorteile. Notiere deine Rechnungen ganz rechts.

Tipp
Nutze mehrfach Rechenvorteile.

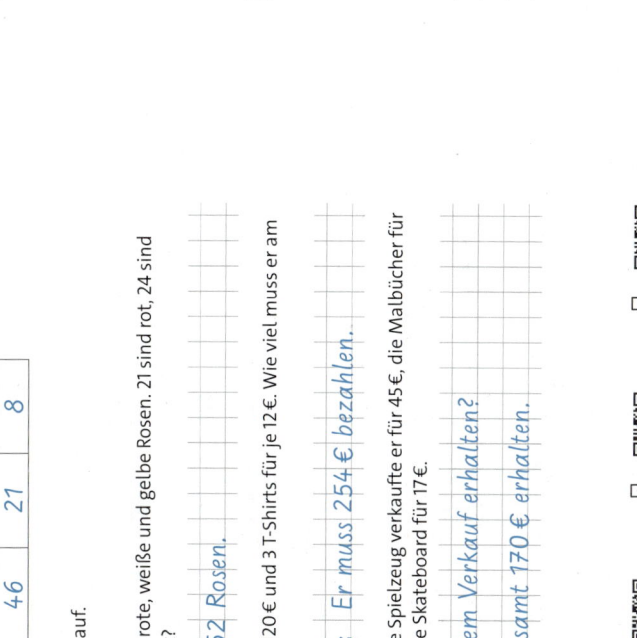

a) $34 + 55 + 45 + 66 = $ 200
$= 66 + 34 + 55 + 45 = 100 + 100$

b) $81 + 77 + 119 + 123 = $ 400
$= 119 + 81 + 123 + 77 = 200 + 200$

c) $292 + 53 + 147 + 88 = $ 580
$= 292 + 88 + 147 + 53 = 380 + 200$

4 Paul braucht neue Fußballsachen. Er hat 200 €. Nutze Rechenvorteile und rechne aus, ob er sich alle Sachen leisten kann.

Trikot: 35 €   Schienbeinschoner: 14 €   Hallenschuhe: 41 €

Fußballschuhe: 59 €   Trainingsjacke: 45 €   Stutzen: 16 €

$35 € + 45 € = 80 €$; $14 € + 16 € = 30 €$; $41 € + 59 € = 100 €$

Nein, denn $80 € + 30 € + 100 € = 210 €$.

Vertauschungsgesetz

In einer Summe darfst du die Summanden vertauschen. Das Ergebnis ändert sich nicht. Dieses Rechengesetz hilft, vorteilhaft zu rechnen.
Es heißt Vertauschungsgesetz (Kommutativgesetz).
Wenn du subtrahierst, dann darfst du nicht vertauschen.

Beispiel:
67 + 38 + 42 + 53
= 67 + 53 + 38 + 42
= 120 + 80 = 200

67 − 57 = 10
57 − 67 nicht lösbar

1 Nutze Rechenvorteile. Notiere deine Rechnungen in den Rechenkästchen.

a) 63 + 451 + 77 = __591__
77 + 63 + 451 = 140 + 451
= 591

b) 721 + 65 + 219 = __1005__
721 + 219 + 65 = 940 + 65
= 1005

c) 538 + 125 + 312 − 67 = __908__
538 + 312 + 125 − 67
= 850 + 125 − 67 = 975 − 67
= 908

d) 434 + 57 + 266 − 39 = __718__
434 + 266 + 57 − 39
= 700 + 57 − 39 = 757 − 39
= 718

2 Nutze Rechenvorteile und bestimme das Ergebnis.

a) 51 + 212 + 37 + 18 + 99 + 103 = __520__
51 + 99 + 212 + 18 + 103 + 37
= 150 + 230 + 140
= 520

b) 107 + 201 + 53 + 17 + 69 + 83 = __530__
107 + 83 + 201 + 69 + 53 + 17
= 190 + 270 + 70
= 530

3 Finn soll diese „Schlangenaufgabe" lösen: 711 + 13 + 189 + 65 + 93 + 35 + 7 + 350 + 50 + 109 + 27 + 21
Er kam schnell auf das richtige Ergebnis 1670. Nutze Rechenvorteile und löse so die Aufgabe.

z.B. 711 + 189 = 900; 65 + 35 = 100; 93 + 7 = 100; 350 + 50 = 400;
13 + 27 = 40; 109 + 21 = 130
900 + 100 + 100 + 400 + 40 + 130 = 1670

4 Herr Schirner von der Firma Baufix hat im Baumarkt eingekauft:
Leiter 49 €; Dachpappe 25 €; Holz 425 €; Tür 129 €; Fenster 250 €; Schrauben 51 €; Nägel 31 €.
Reichen 1000 € für den Einkauf?

z.B. 49 + 51 + 425 + 25 + 129 + 31 + 250 = 100 + 450 + 160 + 250
Ja, bei 960 € Gesamtbetrag reichen 1000 €.

Vertauschungsgesetz

1 Nutze Rechenvorteile und bestimme das Ergebnis.

a) 401 + 1005 + 99 = __1505__
401 + 99 + 1005
= 500 + 1005

b) 49 + 2055 + 305 = __2409__
2055 + 305 + 49
= 2360 + 49

c) 4095 + 47 + 505 = __4647__
4095 + 505 + 47
= 4600 + 47

d) 8733 + 96 + 177 + 44 = __9050__
8733 + 177 + 96 + 44
= 8910 + 140

2 Kreuze an, ob die Behauptungen wahr oder falsch sind. Begründe deine Entscheidung.

	wahr	falsch
① Vertauschst du in einer Additionsaufgabe sämtliche Summanden, bleibt der Wert der Summe gleich.	x	
② Vertauschst du in einer Subtraktionsaufgabe den Subtrahenden und den Minuenden, bleibt der Wert der Differenz gleich.		x
③ Ist der Subtrahend Null und du vertauschst den Minuenden mit dem Subtrahenden, bleibt die Lösung gleich.		x
④ In einer „Kettenaufgabe" mit mehreren Summanden ist die Reihenfolge der Bearbeitung egal.	x	

1. Das besagt das Vertauschungsgesetz.
2. Das Vertauschungsgesetz gilt nicht für die Subtraktion.
3. Das Vertauschungsgesetz gilt nicht für die Subtraktion. Egal, ob der Subtrahend Null ist.
4. Das folgt aus dem Vertauschungsgesetz.

3 In einem Kino werden die angegebenen Waren verkauft. Welche Zusammenstellungen ergeben ganze Eurobeträge, die nicht mehr als zehn Euro kosten?

Angebot	Preis
Cola, Fanta, Sprite (0,3 ℓ)	2,20 €
Frische Säfte (0,2 ℓ)	3,10 €
Kaffee, Tee	2,80 €
Popcorn (klein)	2,60 €
Popcorn (groß)	4,50 €
Tüte Chips	2,30 €

Cola + Kaffee: 5 €;
Saft + Popcorn (klein) + Chips: 8 €;
Popcorn (groß) + Chips + Cola: 9 €

Klammern und Verbindungsgesetz ☒

In einer Summe darfst du beliebig Klammern setzen, damit einzelne Summanden zuerst addiert werden. Dieses Rechengesetz hilft dir, vorteilhaft zu rechnen. Das Ergebnis ändert sich nicht.

Wenn du subtrahierst, dann darfst du keine Klammern setzen.

Beispiel:

12 + 37 + 43
= 12 + (37 + 43)
= 12 + 80
= 92

57 − 23 − 12   aber: 57 − (23 − 12)
= 34   − 12   = 57 − 11
= 22   = 46

1 Setze Klammern und rechne vorteilhaft.

a) 89 + (34 + 66) + 45   = 89 + 100 + 45 = 189 + 45 = 234

b) (145 + 35) + (74 + 146)   = 180 + 220 = 400

c) (45 + 15) + (63 + 37) + 12   = 60 + 100 + 12 = 160 + 12 = 172

d) (221 + 79) + 60 + (19 + 181)   = 300 + 60 + 200 = 560

2 Vergleiche die beiden Aufgaben. Schätze zuerst und setze mit Bleistift <, > oder = ein. Überprüfe dann rechnerisch und trage <, > oder = richtig ein.

a) 312 + (18 + 50) **=** 312 + 18 + 50

b) 220 + (153 − 123) **=** 220 + 153 − 123

c) 281 − (43 + 77) **<** 281 − 43 + 77

d) 391 − (321 − 29) **>** 391 − 321 − 29

a) 312 + (18 + 50) = 312 + 68 = 380; 312 + 18 + 50 = 330 + 50 = 380

b) 220 + (153 − 123) = 220 + 30 = 250; 220 + 153 − 123 = 373 − 123 = 250

c) 281 − (43 + 77) = 281 − 120 = 161; 281 − 43 + 77 = 238 + 77 = 315

d) 391 − (321 − 29) = 391 − 292 = 99; 391 − 321 − 29 = 70 − 29 = 41

3 Rechne vorteilhaft auf den Rechenkästchen. Denke auch an das Vertauschungsgesetz. Notiere das Ergebnis hinter der Aufgabe.

a) 234 + 7 + 96 + 163 = 500

(234 + 96) + (7 + 163)
= 330 + 170
= 500

b) 142 + 73 + 58 + 66 + 34 = 373

(142 + 58) + 73 + (66 + 34)
= 200 + 73 + 100
= 373

Vorteilhaft rechnen

Klammern und Verbindungsgesetz ☒

1 Verbinde Aufgaben mit dem gleichen Ergebnis. Male die Kreise mit den Ergebnissen aus.

Tipp
Verbindungsgesetz: In Summen darfst du beliebig Klammern setzen.

(191)   (201)   (210)   (211)   (221)

51 + (27 + 133)
(51 + 27) + 133

133 + (27 + 31)
(133 + 27) + 31

2 Die Rechenbäume zeigen zwei Möglichkeiten, wie du 129 + 31 + 45 rechnen kannst. Ergänze die Rechenbäume und schreibe die Aufgaben mit Klammern auf.

Tipp
Beispiel:

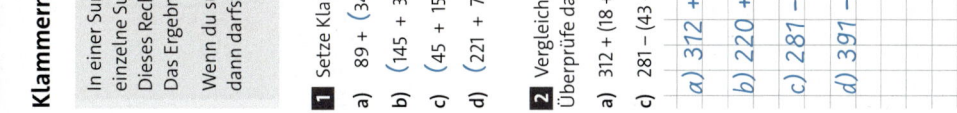

Aufgabe
87 + (46 + 74)
= 87 + 120
= 207

129   31   45
76
205
129 + (31 + 45)

129   31   45
160
205
(129 + 31) + 45

3 Löse die Aufgabe vorteilhaft mit dem Rechenbaum: Trage die Zahlen in den Rechenbaum ein und berechne. Schreibe die Rechnung mit Klammern auf.

a) 98 + 53 + 202

98   202   53
300
353
(98 + 202) + 53

b) 67 + 178 + 33

67   33   178
100
278
(67 + 33) + 178

4 Hassan will am Kiosk Süßigkeiten für sich und seine Freunde kaufen. Er hat drei Euro. Nutze Rechenvorteile und prüfe, ob er sich alles kaufen kann.

Lolly: 35 ct   Bonbons: 40 ct   Schokoriegel: 80 ct   Kaugummi: 50 ct   Fruchtgummis: 70 ct

z.B. (35 ct + 40 ct) + (80 ct + 70 ct) + 50 ct
= 75 ct + 150 ct + 50 ct = 75 ct + 200 ct = 275 ct
3 € = 300 ct; 300 ct > 275 ct; Ja, er kann sich das leisten.

Vorteilhaft rechnen

Klammern und Verbindungsgesetz

1 Nutze Rechenvorteile und rechne auf den Kästchen. Notiere das Ergebnis hinter der Aufgabe.

a) $504 + 146 + 39 + 361 = $ __1050__

$(504 + 146) + (39 + 361)$
$= 650 + 400$
$= 1050$

b) $58 + 234 + 216 + 57 + 123 = $ __688__

$58 + (234 + 216) + (57 + 123)$
$= 58 + 450 + 180$
$= 688$

2 Überprüfe Lottas Rechnungen. Gib ihr gegebenenfalls Ratschläge, was sie anders rechnen müsste.

$34 + 161 + 139 + 12$
$= (34 + 12) + 161 + 139 + 12$
$= 46 + (161 + 139) + 12$
$= (46 + 12) + (161 + 139)$
$= 58 + 200$
$= 258$

z.B. In der 2. Zeile darf nicht mehr
12 am Ende stehen. In der 5. Zeile
ist 200 falsch gerechnet.

$481 + 99 - 121 - 190$
$= (481 + 99) - (121 - 190)$
$= 580 - ?$ nicht lösbar

z.B. In der 2. Zeile darf die zweite
Klammer nicht gesetzt werden.
Dann gibt es ein Ergebnis.

3 Rechne vorteilhaft auf den Kästchen. Notiere das Ergebnis hinter der Aufgabe.

a) $73 + 125 + 137 + 82 + 308 = $ __725__

$(73 + 137) + 125 + (82 + 308)$
$= 210 + 125 + 390$
$= 725$

b) $352 + 235 + 48 + 69 + 415 = $ __1119__

$(352 + 48) + (235 + 415) + 69$
$= 400 + 650 + 69$
$= 1119$

4 Schreibe zu der Textaufgabe eine Aufgabe mit Klammern und löse sie. Trage das Ergebnis zur Kontrolle rechts ein. Der Vergleich muss stimmen.

a) Addiere zu der Summe aus 235 und 165 die Differenz der Zahlen 310 und 52.
b) Subtrahiere von der Summe der Zahlen 56 und 244 die Differenz der Zahlen 106 und 80.

a) $(235 + 165) + (310 - 52) = 400 + 258 = 658$ $655 < 658 < 660$
b) $(56 + 244) - (106 - 80) = 300 - 26 = 274$ $270 < 274 < 275$

Vorteilhaft rechnen

Schriftlich addieren

Tipp
Achte darauf, dass alle Ziffern richtig untereinander stehen. Es können Überträge entstehen. Addiere sie zu der Stelle links davon.
Beispiel:

```
    6 3 7
+ 1 3 8 5
  1 1 1
  2 0 2 2
```

1 Addiere schriftlich.

a)
```
  2 9 1 2
+ 3 1 9 7
  1 1
  6 1 0 9
```

b)
```
  1 8 1 2
+     3 7 6
      1
  2 1 8 9
```

c)
```
  1 5 6 7
+ 2 5 5 3
  1 1 1
  4 1 2 0
```

d)
```
  1 3 2 5
+     3 8 7
      1 1
  1 7 1 2
```

2 Rechne schriftlich. Ordne die Ergebnisse der Größe nach und erhalte ein Lösungswort.

E 753 + 348   L 481 + 1219   S 669 + 435   B 918 + 1293   U 1185 + 217

```
  7 5 3
+ 3 4 8
  1 1
1 1 0 1
```
```
  4 8 1
+ 1 2 1 9
    1 1
1 7 0 0
```
```
  6 6 9
+ 4 3 5
  1 1
1 1 0 4
```
```
  9 1 8
+ 1 2 9 3
  1 1 1
2 2 1 1
```
```
1 1 8 5
+   2 1 7
    1 1
1 4 0 2
```

$2211 \ (B) > 1700 \ (L) > 1402 \ (U) > 1104 \ (S) > 1101 \ (E);$ *BLUSE*

3 Rechne zuerst einen Überschlag. Berechne dann schriftlich.

Tipp
Mit einem Überschlag kannst du das Ergebnis abschätzen. Runde dafür die Zahlen und rechne dann im Kopf.
Beispiel: $1476 + 483$
Ü.: $1500 + 500 = 2000$
oder auch Ü.: $1480 + 480 = 1960$

a) $4312 + 2638$
Ü.: z.B. $4300 + 2600 = 6900$
```
  4 3 1 2
+ 2 6 3 8
      1
  6 9 5 0
```

b) $314 + 789 + 1251$
Ü.: z.B. $300 + 800 + 1300 = 2400$
```
    3 1 4
+   7 8 9
+ 1 2 5 1
  1 1 1
  2 3 5 4
```

c) $1839 + 584 + 709$
Ü.: z.B. $1800 + 600 + 700 = 3100$
```
  1 8 3 9
+   5 8 4
+   7 0 9
    2 1 2
  3 1 3 2
```

Schriftlich addieren   Schriftlich addieren – mehrere Zahlen

Schriftlich addieren ☒

Wenn du schriftlich addierst, dann musst du alle Ziffern stellenweise untereinander aufschreiben. Addiere möglichst die Überträge zu der Stelle links davon. Mit einem Überschlag kannst du prüfen, ob du richtig gerechnet hast. Runde dabei die Zahlen geschickt, sodass du schnell im Kopf rechnen kannst.

Beispiel: 4817 + 7369
Ü.: 4800 + 7400 = 12 200

```
    4 8 1 7
  + 7 3 6 9
    1 1 1
  1 2 1 8 6
```

1 Addiere schriftlich.

a)
```
  2 9 1 2
+ 3 1 9 7
  1 1 1
  6 1 0 9
```

b)
```
  4 5 1 7
    7 9 3
+ 3 1 6 8
  1 1 1
  8 4 7 8
```

2 Berechne den Wert der Summe.

a)
```
  5 4 7 8
+ 3 1 2 5
  1 1
  8 6 0 3
```

b)
```
  3 6 2 8 1
    5 8 7 3
+   1 4 2 3
    1 1 1
  4 3 5 7 7
```

c)
```
  1 0 3 8 6
+   3 6 4 9
    1 1 1
  1 4 0 3 5
```

d)
```
    6 9 1 4
+ 1 5 8 2 5
    1 1 1
  2 2 7 3 9
```

c)
```
  4 7 1 3 8
    3 4 3 5
+ 1 2 6 8 1
    1 1 1
  6 3 2 5 4
```

d)
```
    1 3 7 9
  2 4 7 3 2
+   3 4 1 8
    1 1 1
  2 9 5 2 9
```

3 Rike soll die Aufgaben überprüfen. Schreibe mögliche Tipps und korrigiere, wenn nötig.

```
  5 4 7 8
+ 3 1 2 5
  8 5 9 3
```

```
  2 4 1 5
+ 5 8 7 3
  9 1 8 8
```

```
  6 1 4 4
+ 3 8 8 0
  9 9 2 4
```

```
  1 0 9 2
+ 2 3 1 4
  2 4 2 3 2
```

z.B. *Die Überträge sollten mit aufgeschrieben werden. In der vierten Aufgabe muss richtig untereinander geschrieben werden.*

```
  5 4 7 8
+ 3 1 2 5
  1 1
  8 6 0 3
```

```
  2 4 1 5
+ 5 8 7 3
      1
  8 2 8 8
```

```
  6 1 4 4
+ 3 8 8 0
  1 1 1
1 0 0 2 4
```

```
  1 0 9 2
+ 2 3 1 4
      1
  3 4 0 6
```

4 Mattis macht mit seinem Freund eine Fahrradtour. Täglich schreibt er auf, wie viele Kilometer sie gefahren sind. Er rundet auf ganze Kilometer: 1. Tag: 56 km; 2. Tag: 61 km; 3. Tag: 43 km; 4. Tag: 52 km. Überschlage zuerst die Länge der ganzen Strecke und berechne sie dann genau.

Ü.: z.B. *60 km + 60 km + 40 km + 50 km = 210 km*

Die Länge der Gesamtstrecke beträgt 212 km.

Schriftlich addieren mit Übertrag

Schriftlich addieren – mehrere Zahlen

Schriftlich addieren

Schriftlich addieren – mehrere Zahlen

Schriftlich addieren ☒

1 Addiere schriftlich.

a)
```
  3 4 1 8 3
+   2 0 1 5
  3 6 1 9 8
```

b)
```
  1 5 9 9 4
+ 3 2 1 8 7
    1 1 1
  4 8 1 8 1
```

c)
```
  4 7 8 8 7
+ 3 6 1 9 3
  1 1 1 1
  8 4 0 8 0
```

d)
```
  5 3 1 6 4
+ 7 5 8 4 2
    1 1 1
1 2 9 0 0 6
```

2 Berechne den Wert der Summe.

a)
```
    4 3 1 2
    2 1 2 3
+ 3 4 7 8 2
    1 1 1
  4 1 2 1 7
```

b)
```
  3 3 4 4 5
  4 3 2 1 0
+ 2 5 1 6 3
    1 2 2
1 0 1 8 1 8
```

c)
```
    9 1 7 6
  6 7 1 9 3
+ 7 9 1 1 6
  1 2
  1 5 5 4 8 5
```

d)
```
      8 2 2
  2 0 4 7 6
+   9 4 5 3
    1 1 1 1
  3 0 7 5 1
```

3 Addiere schriftlich und vergleiche die Ergebnisse. Was stellst du fest?

3408 + 2317 + 4516 + 870;   41666 + 1289 + 32543 + 2479;   453115 + 51897 + 133598 + 28056

```
  3 4 0 8
+ 2 3 1 7
+ 4 5 1 6
+   8 7 0
  2 1 2
1 1 1 1 1
```

```
  4 1 4 6 6
+   1 2 8 9
+ 3 2 5 4 3
+   2 4 7 9
    1 2 2
  7 7 7 7 7
```

```
  4 5 3 1 1 5
+   5 1 8 9 7
+ 1 3 3 5 9 8
+   2 8 0 5 6
    1 1 1 2 2
  6 6 6 6 6 6
```

Die Werte der Summen sind Zahlen, die aus gleichen Ziffern bestehen.

4 Finde eine Summe aus drei Zahlen, die 44444 ergibt.

z.B. *2471 + 27268 + 14705 = 44444*

```
    2 4 7 1
+ 2 7 2 6 8
+ 1 4 7 0 5
    1 1 1
  4 4 4 4 4
```

5 Miranda hat 200€ von ihren Eltern bekommen. Nun darf sie entscheiden, was sie kaufen möchte. Sie sucht sich einen Pulli für 29€, eine Hose für 45€, ein T-Shirt für 22€, ein Paar Sportschuhe für 59€ und eine Jacke für 45€ aus. Hat sie jetzt noch Geld übrig, das sie ausgeben kann?

z.B. *51 + 59 + 90 = 200*

Sie gibt genau 200 € aus, also kann sie nichts weiter kaufen.

Schriftlich addieren

Schriftlich addieren – mehrere Zahlen

Schriftlich subtrahieren

(Page 33)

Wenn du schriftlich subtrahierst, dann musst du alle Ziffern stellenweise untereinander aufschreiben. Notiere mögliche Überträge in der nächsten Zeile.

Mit einem Überschlag schätzt du das Ergebnis ab. Runde dafür die Zahlen und rechne dann im Kopf.

Als Probe kannst du die Umkehraufgabe rechnen. Die Umkehraufgabe einer Subtraktion ist eine Addition.

Beispiel:
7817 − 4369
Ü.: 7800 − 4400 = 3400

```
   7 8 1 7          Probe:  3 4 4 8
 − 4 3 6 9                + 4 3 6 9
     1 1                    1 1 1
   3 4 4 8                  7 8 1 7
```

1 Rechne zuerst einen Überschlag. Berechne dann schriftlich. Rechne auch eine Probe (P.).

a) 4519 − 3678
Ü.: z.B. 4500 − 3700 = 800
```
   4 5 1 9     P.:  8 4 1
 − 3 6 7 8        + 3 6 7 8
     1 1            1 1
     8 4 1          4 5 1 9
```

b) 9823 − 1794
Ü.: z.B. 9800 − 1800 = 8000
```
   9 8 2 3     P.:  8 0 2 9
 − 1 7 9 4        + 1 7 9 4
     1 1            1 1
   8 0 2 9          9 8 2 3
```

c) 8561 − 2975
Ü.: z.B. 8600 − 3000 = 5600
```
   8 5 6 1     P.:  5 5 8 6
 − 2 9 7 5        + 2 9 7 5
     1 1 1          1 1 1
   5 5 8 6          8 5 6 1
```

d) 21189 − 19496
Ü.: z.B. 21200 − 19500 = 1700
```
   2 1 1 8 9   P.:  1 6 9 3
 − 1 9 4 9 6      + 1 9 4 9 6
     1 1 1          1 1 1
     1 6 9 3        2 1 1 8 9
```

2 Subtrahiere schriftlich.

a)
```
   5 1 4 3
 − 1 9 8 7
 − 2 4 7 6
   2 1 1
     6 8 0
```

b)
```
   8 1 7 6
 − 3 6 5 9
 − 2 8 2 3
   2 1 1
   1 6 9 4
```

Beispiel:
```
   3 2 8 4      (5 + 6) + 3 = 14
 −   6 9 6      (3 + 9 + 1) + 5 = 18
 − 1 4 3 5      (4 + 6 + 1) + 1 = 12
   1 1 1 5 3    (1 + 1) + 1 = 3
```

3 Die Klasse 5 c macht einen Ausflug nach Hamburg. Alle Eltern zusammen zahlen 1200 €. Die Bahnfahrt kostet 578 €, der Eintritt in den Zoo kostet 220 € und der Besuch im Planetarium kostet 384 €. Bleibt der Klasse noch genügend Geld für Eis?

z.B. 1200 − 1182 = 18
```
   5 7 8
 + 2 2 0
 + 3 8 4
   1 1
 1 1 8 2
```

18 € Rest werden wohl für eine ganze Klasse nicht ausreichen.

Schriftlich subtrahieren — Schriftlich subtrahieren – mehrere Zahlen — Sachaufgaben mit Addition und Subtraktion

Schriftlich subtrahieren

(Page 32)

Schriftlich subtrahieren mit Übertrag — Schriftlich subtrahieren – mehrere Zahlen

1 Subtrahiere schriftlich.

a)
```
   5 4 1 9
 − 1 6 2 7
   1 1
   3 7 9 2
```

b)
```
   2 5 7 6
 − 1 9 6 8
   1 1
     6 0 8
```

c)
```
   5 6 7 3
 − 2 8 8 6
   1 1
   2 7 8 7
```

d)
```
   4 8 3 7
 − 1 9 5 3
   1 1
   2 8 8 4
```

Tipp
Es können Überträge entstehen. Addiere sie zur nächsten Stelle links davon.

Beispiel:
```
   3 2 8 4      6 + 8 = 14
 −   6 9 6      (9 + 1) + 8 = 18
   1 1 1        (6 + 1) + 5 = 12
   2 5 8 8      1 + 2 = 3
```

2 Subtrahiere schriftlich. Überprüfe dein Ergebnis mit der Probe.

a)
```
   3 8 1 4    Probe:  1 8 3 8
 − 1 9 7 6          + 1 9 7 6
   1 1 1            1 1 1
   1 8 3 8          3 8 1 4
```

b)
```
   7 2 1 3    Probe:  3 3 8 9
 − 3 8 2 4          + 3 8 2 4
   1 1 1            1 1 1
   3 3 8 9          7 2 1 3
```

c)
```
   6 8 7 4    Probe:  4 2 3 7
 − 2 6 3 7          + 2 6 3 7
       1                1
   4 2 3 7          6 8 7 4
```

Tipp
Für die Probe rechnest du die Umkehraufgabe. Die Umkehraufgabe ist eine Additionsaufgabe.

3 Rechne zuerst einen Überschlag. Berechne dann schriftlich.

Tipp
Mit einem Überschlag kannst du das Ergebnis abschätzen. Runde dafür die Zahlen und rechne dann im Kopf.

Beispiel: 1476 − 483
Ü.: 1500 − 500 = 1000
oder auch Ü.: 1480 − 480 = 1000

a) 4319 − 124
Ü.: z.B. 4300 − 100 = 4200
```
   4 3 1 9
 −   1 2 4
       1
   4 1 9 5
```

b) 5123 − 1435
Ü.: z.B. 5000 − 1400 = 3600
```
   5 1 2 3
 − 1 4 3 5
   1 1 1
   3 6 8 8
```

c) 3917 − 2486
Ü.: z.B. 4000 − 2500 = 1500
```
   3 9 1 7
 − 2 4 8 6
       1
   1 4 3 1
```

Schriftlich subtrahieren — Schriftlich subtrahieren – mehrere Zahlen — Sachaufgaben mit Addition und Subtraktion

Schriftlich subtrahieren

1 Überschlage zuerst das Ergebnis. Subtrahiere dann schriftlich. Vergleiche, ob dein Ergebnis grob übereinstimmen. Wenn nicht, suche mögliche Fehler.

a) 3193 – 2417
Ü.: z.B. 800
```
  3 1 9 3
- 2 4 1 7
    1 1
    7 7 6
```

b) 63891 – 57698
Ü.: z.B. 6000
```
  6 3 8 9 1
- 5 7 6 9 8
    1 1 1
    6 1 9 3
```

c) 35176 – 14989
Ü.: z.B. 20000
```
  3 5 1 7 6
- 1 4 9 8 9
    1 1 1
  2 0 1 8 7
```

d) 43572 – 32768
Ü.: z.B. 11000
```
  4 3 5 7 2
- 3 2 7 6 8
    1 1
  1 0 8 0 4
```

2 Überschlage zuerst das Ergebnis. Subtrahiere dann schriftlich.

a) 2478 – 516 – 1129
Ü.: z.B. 2500 – 500 – 1100 = 900
```
  2 4 7 8
-   5 1 6
- 1 1 2 9
    1 1
    8 3 3
```

b) 9814 – 1223 – 6875
Ü.: z.B. 9800 – 1200 – 6900 = 1700
```
  9 8 1 4
- 1 2 2 3
- 6 8 7 5
    1 1
  1 7 1 6
```

3 Notiere zu der Textaufgabe die passende Rechnung. Überschlage das Ergebnis und berechne genau.

a) Subtrahiere 4312 und 9817 von der Zahl 19395.
Ü.: z.B. 19400 – 4300 – 9800 = 5300
19395 – 4312 – 9817 = 5266
```
  1 9 3 9 5
-   4 3 1 2
-   9 8 1 7
    1 1
  5 2 6 6
```

b) Vermindere 20132 um 9153 und um 4298.
Ü.: z.B. 20000 – 9200 – 4300 = 6500
20132 – 9153 – 4298 = 6681
```
  2 0 1 3 2
-   9 1 5 3
-   4 2 9 8
  2 1 2 1
  6 6 8 1
```

4 Kasimir hat ohne Überträge gerechnet und Fehler gemacht. Markiere die Fehler. Schreibe richtig auf.

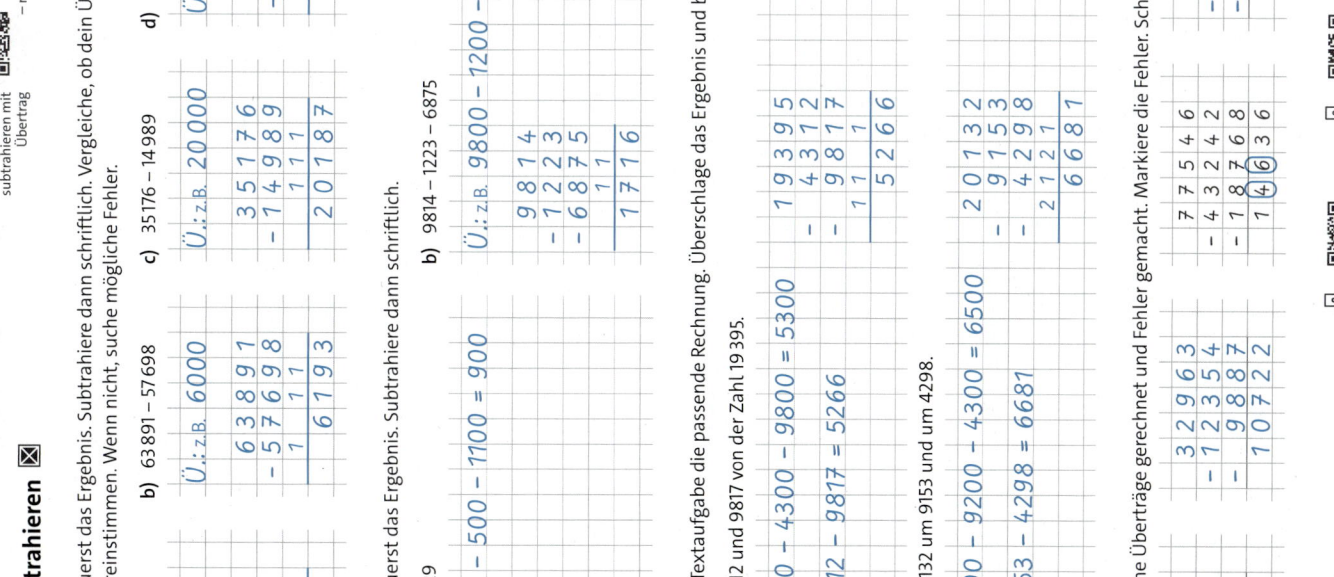

```
  3 2 9 6 3        3 2 9 6 3
- 1 2 3 5 4      - 1 2 3 5 4
-   9 8 8 7      -   9 8 8 7
 (2) 0 7 (3) 2    1 0 7 2 2
```

```
  7 7 5 4 6        7 7 5 4 6
- 4 3 2 4 2      - 4 3 2 4 2
- 1 8 7 6 8      - 1 8 7 6 8
  1 (6) 3 6        1 5 5 3 6
```

Schriftlich subtrahieren mit Übertrag

Schriftlich subtrahieren – mehrere Zahlen

Schriftlich subtrahieren

Schriftlich subtrahieren – mehrere Zahlen

Sachaufgaben mit Addition und Subtraktion

Geld

1 In der ersten Spalte der Tabelle stehen vier Geldbeträge. Stelle die Geldbeträge mit Münzen und Scheinen zusammen. Verwende möglichst wenige Münzen und Scheine.

Tipp
Vor dem Komma stehen die ganzen Euro (€) und nach dem Komma die Cent (ct).

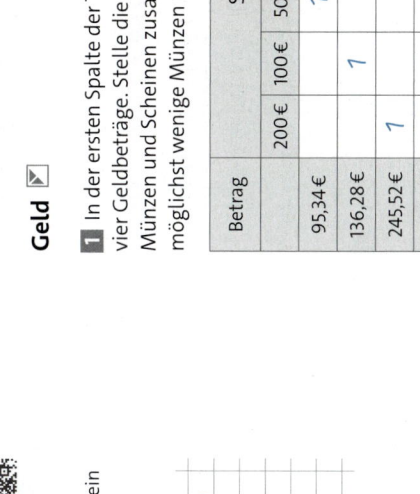

Betrag	200€	100€	50€	20€	10€	5€	2€	1€	50ct	20ct	10ct	5ct	2ct	1ct
							Scheine	→	**Euro-Münzen**		**Cent-Münzen**			
95,34€			1	2		1				1	1		2	
136,28€		1		1	1	1		1		1		1	1	1
245,52€	1			2		1			1				1	
476,89€	2		1	1		1		1	1	1	1	1	2	

2 Rechne den Geldbetrag entweder in Euro (€) oder Cent (ct) um.

Tipp
100 ct = 1€; 80 ct (= 0€ 80 ct) = 0,80€
12€ = 1200 ct; 0,03€ = 3 ct

a) 501 ct = 5,01€
b) 65,72€ = 6572 ct
c) 2 ct = 0,02€
d) 1560 ct = 15,60€
e) 47 ct = 0,47€
f) 12000 ct = 120€
g) 13457 ct = 134,57€
h) 31600 ct = 316€
i) 2,08€ = 208 ct
j) 0,09€ = 9 ct

3 Setze <, > oder = ein.

Tipp
7€15 ct < 720 ct (720 ct = 7€ 20 ct)

a) 26,50€ **>** 256 ct
b) 1296 ct **=** 12,96€
c) 5€9 ct **<** 590 ct
d) 0,79€ **<** 790 ct
e) 5491 ct **<** 549,10€
f) 51€31 ct **>** 51,30€
g) 202€2 ct **=** 202,02€
h) 380 ct **>** 3€8 ct
i) 744€ **>** 7440 ct

4 Ordne der Größe nach. Beginne mit dem kleinsten Betrag.

a) 3,50€; 3€55 ct; 0,50€; 3500 ct; 305 ct; 35,50€; 35 ct; 0,30€
0,30€ < 35 ct < 0,50€ < 305 ct < 3,50€ < 3€55 ct < 3500 ct < 35,50€

b) 1,99€; 1,90€; 1€95 ct; 109 ct; 191 ct; 19,99€; 99 ct; 0,19€
0,19€ < 99 ct < 109 ct < 1,90€ < 191 ct < 1€95 ct < 1,99€ < 19,99€

Mit Geld rechnen

Euro und Cent umrechnen

Geld ✗

1 Setze <, > oder = ein.

a) 309€ $>$ 3090ct
b) 82€4ct $>$ 824ct
c) 526,40€ $=$ 52640ct
d) 810ct $=$ 8,10€
e) 27003ct $<$ 270,30€
f) 45,04€ $<$ 45€40ct

2 Ordne der Größe nach. Beginne mit dem größten Betrag.
1,15€; 1,50€; 1€55ct; 105ct; 151ct; 15,10€; 15ct; 0,55€

15,10€ > 1€55ct > 151ct > 1,50€ > 1,15€ > 105ct > 0,55€ > 15ct

3 Addiere die Geldbeträge.

a) 8,33€; 87ct; 23,76€

```
    8 3 3
+     8 7
+ 2 3 7 6
    1 1 1
  3 2 9 6
```
3296ct = 32,96€

b) 124ct; 269,88€; 56€

```
      1 2 4
+ 2 6 9 8 8
+   5 6 0 0
    1 1 1
  3 2 7 1 2
```
32712ct = 327,12€

4 Claire geht einkaufen. Sie kauft: eine Packung Stifte für 8,49€
Geschenkpapier für 2,79€
zwei Geburtstagskarten für je 99ct

a) Wie viel muss Claire insgesamt bezahlen?

```
  8 4 9
+ 2 7 9
+ 1 9 8
  1 2 2
  1 3 2 6
```
1326ct = 13,26€

b) Claire bezahlt mit einem 20-€-Schein.
Wie viel Geld bekommt Claire zurück?

20€ – 13,26€ = 6,74€

Claire bekommt 6,74€ zurück.

5 Markus geht zum Bäcker und kauft vier Vollkornbrötchen für je 49ct, fünf Sesambrötchen für je 35ct und drei Stücke Kuchen für je 1,20€. Wie viel Restgeld bekommt er von seinem Zehn-Euro-Schein zurück?

Vollkornbrötchen: 4 · 49 = 196; Sesambrötchen: 5 · 35 = 175

Stücke Kuchen: 3 · 120 = 360

```
    1 9 6
+ 1 7 5
+ 3 6 0
  7 3 1
```
Markus muss 7,31€ bezahlen.   731ct = 7,31€

Markus erhält 2,69€ Restgeld zurück. 10€ – 7,31€ = 2,69€

  Euro und Cent umrechnen     Mit Geld rechnen

---

Geld ✗

In vielen Ländern Europas zahlt man mit Euro und Cent.
100ct =1€; 20ct (= 0€20ct) = 0,20€; 50€ = 5000ct; 0,05€ = 5ct
Mit Centbeträgen kannst du leichter rechnen.
Centbeträge kannst du wieder in Euro umwandeln.

1 Rechne entweder in Euro (€) oder Cent (ct) um. Wenn der Betrag gemischt ist (also mit Euro und Cent), dann rechne in Euro (€) um.

a) 153,45€ = 15345ct
b) 49ct = 0,49€
c) 38€8ct = 38,08€
d) 3046ct = 30,46€
e) 50,05€ = 5005ct
f) 688€ = 68800ct
g) 49000ct = 490€
h) 26001ct = 260,01€
i) 800€80ct = 800,80€

2 Setze <,> oder = ein.

a) 745ct $<$ 74,05€
b) 12€30ct $>$ 12,03€
c) 10,05€ $=$ 10€5ct
d) 78,90€ $<$ 78900ct
e) 6540ct $=$ 65,40€
f) 170€7ct $>$ 17,07€

3 Ordne der Größe nach. Beginne mit dem kleinsten Betrag.
23,49€; 23€9ct; 0,23€; 2394ct; 234ct; 2,35€; 29ct; 0,49€

0,23€ < 29ct < 0,49€ < 234ct < 2,35€ < 23€9ct < 23,49€ < 2394ct

4 Addiere die Geldbeträge.

a) 1,44€; 24,89€; 17,26€

```
    1 4 4
+ 2 4 8 9
+ 1 7 2 6
  1 1 1
  4 3 5 9
```
4359ct = 43,59€

b) 7,36€; 0,47€; 147,19€

```
      7 3 6
+      4 7
+ 1 4 7 1 9
    1 1 2
  1 5 5 0 2
```
15502ct = 155,02€

5 Luis geht einkaufen. Er kauft: eine Hose für 39€
Schuhe für 49€
zwei Shirts für je 19€

a) Wie viel muss Luis insgesamt bezahlen?

39€ + 49€ + 2 · 19€ = 126€

b) Luis möchte mit einem 100-€-Schein bezahlen.
Reicht das Geld?

126€ > 100€

Das Geld reicht nicht.

  Euro und Cent umrechnen     Mit Geld rechnen

Umrechnungszahl • Einheitentabelle • mit Komma

Gewicht (Masse)

Tipp
1000: g → kg → t
1000 000: g → t

1 Rechne in die größere oder in die kleinere Einheit um.

a) 26 kg = 26 000 g
b) 330 000 g = 330 kg
c) 83 t = 83 000 kg
d) 402 kg = 402 000 g
e) 941 kg = 941 000 g
f) 232 t = 232 000 kg
g) 50 000 kg = 50 t
h) 480 t = 480 000 kg
i) 3 080 000 kg = 3080 t
j) 31 kg = 31 000 g
k) 351 000 g = 351 kg
l) 906 t = 906 000 kg
m) 702 000 kg = 702 t

2 Setze <, > oder = ein.

a) 4300 g **>** 4 kg
b) 49 000 kg **<** 490 t
c) 12 000 g **=** 12 kg
d) 57 t **<** 570 000 kg
e) 2800 g **>** 2 kg
f) 84 t **<** 740 000 kg
g) 3900 g **>** 3 kg
h) 86 t **=** 86 000 kg
i) 4 500 000 kg **<** 5000 t
j) 209 kg **=** 209 000 g
k) 77 kg **>** 67 000 g
l) 7 t **<** 60 000 kg

3 Gib die Gewichte in der Einheitentabelle in Gramm (g), in Kilogramm (kg) und in Tonnen (t) an.

t			kg			g
0			0	2	7	4	0	0
0	1	6	0	0	0	0
0			0	2	8	3	0	0
0			0	0	4	0	1	0

27400 g; 27,4 kg; 0,0274 t
160 000 g; 160 kg; 0,16 t
28 300 g; 28,3 kg; 0,0283 t
4010 g; 4,01 kg; 0,004 01 t

4 Rechne in die angegebene Einheit um.

a) 1800 g = 1,8 kg
b) 22 400 kg = 22,4 t
c) 63 100 g = 63,1 kg
d) 7,6 t = 7600 kg
e) 5,4 kg = 5400 g
f) 0,92 t = 920 kg

5 Ordne die Gewichte nach der Größe. Beginne mit dem kleinsten Gewicht.
3200 g; 3,5 kg; 0,04 t; 500 kg; 12,5 kg; 10700 g

3200 g; 3,5 kg; 10 700 g; 12,5 kg; 0,04 t; 500 kg

Gewichte umrechnen • Gewichte umrechnen – mit Komma

Umrechnungszahl • Einheitentabelle • mit Komma

Gewicht (Masse)

Mit einer Einheitentabelle kannst du Gewichte umrechnen. (mg steht für Milligramm.)

20 g = 20 000 mg = 0,02 kg = 0,00002 t

t	kg			g			mg		
0	0	0	0	0	2	0	0	0	0

In der Einheitentabelle erkennst du die Umrechnungszahl 1000.

1 Rechne in die angegebene Einheit um.

a) 37 000 g = 37 kg
b) 49 g = 49 000 mg
c) 85 200 kg = 85,2 t
d) 4,31 kg = 4310 g
e) 18,6 t = 18 600 kg
f) 250 000 mg = 250 g
g) 2700 kg = 2,7 t
h) 21 900 g = 21,9 kg
i) 360 000 g = 360 kg
j) 9300 mg = 9,3 g
k) 58 620 kg = 58,62 t
l) 14 600 mg = 14,6 g

2 Rechne in alle Einheiten um.

Tonne	Kilogramm	Gramm	Milligramm
0,0094 t	9,4 kg	9400 g	9 400 000 mg
0,0125 t	12,5 kg	12500 g	12 500 000 mg
2,47 t	2470 kg	2 470 000 g	2 470 000 000 mg
0,0003865 t	0,3865 kg	386,5 g	386 500 mg
0,74 t	740 kg	740 000 g	740 000 000 mg
0,0903 t	90,3 kg	90 300 g	90 300 000 mg

3 Ordne die Gewichte nach der Größe. Beginne mit dem kleinsten Gewicht.
45700 mg; 38 g; 0,03 kg; 0,0006 t; 1,83 kg; 153,9 g

0,03 kg; 38 g; 45 700 mg; 153,9 g; 0,0006 t; 1,83 kg

4 Rechne zuerst in die kleinere der beiden Einheiten um. Berechne dann das Ergebnis in die größere Einheit um.

a) 47,9 kg + 2670 g
47 900 g + 2670 g = 50 570 g; 50 570 g = 50,57 kg

b) 26 800 mg + 51,27 g
26 800 mg + 51 270 mg = 78 070 mg; 78 070 mg = 78,07 g

Gewichte umrechnen • Gewichte umrechnen – mit Komma

Umrechnungszahl Einheitentabelle mit Komma

Länge

Tipp
mm → cm → dm → m
mm → dm
cm → m
mm → m → km
erst 10:
dann 100:
dann 1000:

1 Rechne in die kleinere Einheit um.
a) 4 m = __400__ cm
b) 11 km = __11000__ m
c) 23 m = __230__ dm
d) 370 dm = __3700__ cm
e) 8 m = __8000__ mm
f) 260 m = __26000__ cm
g) 32 m = __32000__ mm
h) 60 km = __60000__ m

2 Rechne in die größere Einheit um.
a) 60 cm = __6__ dm
b) 800 cm = __8__ m
c) 15000 m = __15__ km
d) 30000 mm = __30__ m
e) 6000 cm = __60__ m
f) 41000 cm = __410__ m
g) 3700 mm = __370__ m
h) 8900 mm = __890__ cm
i) 390000 m = __390__ km

Tipp Aufpassen! Es wird in die größere oder in die kleinere Einheit umgewandelt.

3 Rechne in die angegebene Einheit um.
a) 40 dm = __4__ m
b) 900 cm = __9000__ mm
c) 70000 m = __70__ km
d) 5 m = __500__ cm
e) 340 dm = __34000__ mm
f) 10000 cm = __100__ m
g) 40 km = __40000__ m
h) 2500 mm = __25__ dm
i) 41 m = __41000__ mm
j) 230 m = __23000__ cm

4 Gib die Längen in der Einheitentabelle in km, in m, in dm, in cm und in mm an.

0,0274 km; 27,4 m; 274 dm; 2740 cm; 27400 mm
0,16 km; 160 m; 1600 dm; 16000 cm; 160000 mm
0,0283 km; 28,3 m; 283 dm; 2830 cm; 28300 mm
0,004 01 km; 4,01 m; 40,1 dm; 401 cm; 4010 mm

km	m			dm	cm	mm
0	0	2	7	4	0	0
0	1	6	0	0	0	0
0	0	2	8	3	0	0
0	0	0	4	0	1	0

5 Rechne in die angegebene Einheit um.
a) 18 mm = __1,8__ cm
b) 224 cm = __2,24__ m
c) 2400 m = __2,4__ km
d) 5,3 m = __530__ cm
e) 1,9 dm = __190__ mm
f) 39 cm = __0,39__ m

Längen umrechnen   Längen umrechnen – mit Komma

Gewicht (Masse)

Umrechnungszahl Einheitentabelle mit Komma

1 Setze <, > oder = ein.
a) 640 g __>__ 6400 mg
b) 83 t __<__ 830000 kg
c) 73000 mg __>__ 70 g
d) 51 kg __<__ 54000 g
e) 500 kg __>__ 50000 g
f) 7,6 t __=__ 7600 kg
g) 390 g __>__ 39000 mg
h) 8,46 kg __=__ 8460 g
i) 630000 kg __<__ 6300 t
j) 50,9 kg __=__ 50900 g
k) 0,74 kg __>__ 700 g
l) 0,06 t __<__ 600 kg

2 Rechne in die beiden Einheiten um, die hier vorkommen.
a) 12 kg 750 g = *12,75 kg = 12750 g*
b) 452 g 146 mg = *452,146 g = 452146 mg*
c) 530 g 75 mg = *530,075 g = 530075 mg*
d) 256 kg 75 g = *256,075 kg = 256075 g*
e) 800 g 8 mg = *800,008 g = 800008 mg*

3 Rechne zuerst in die kleinere der beiden Einheiten um. Berechne dann möglichst im Kopf. Rechne das Ergebnis in die größere Einheit um.
a) 49,6 kg + 453 g = *49600 g + 453 g = 50053 g = 50,053 kg*
b) 7630 mg + 9,32 g = *7630 mg + 9320 mg = 16950 mg = 16,95 g*
c) 5,94 t – 318 kg = *5940 kg – 318 kg = 5622 kg = 5,622 t*
d) 27040 g – 2,3 kg = *27040 g – 2300 g = 24740 g = 24,74 kg*
e) 405,3 kg – 0,203 t = *405,3 kg – 203 kg = 202,3 kg = 0,2023 t*
f) 3 · 8,5 kg + 96 g = *3 · 8500 g + 96 g = 25500 g + 96 g = 25596 g = 25,596 kg*

4 Ein Aufzug darf höchstens 500 kg befördern. Wenn dieses Gewicht überschritten wird, dann ertönt ein Warnsignal und der Aufzug wird blockiert.
Im Aufzug sind bereits 8 Personen. Sie wiegen 56 kg, 59 kg, 67 kg, 46 kg, 72 kg, 63 kg, 44 kg und 68 kg.
Als eine weitere Person zusteigen will, ertönt das Warnsignal. Wie viel wiegt diese Person mindestens?

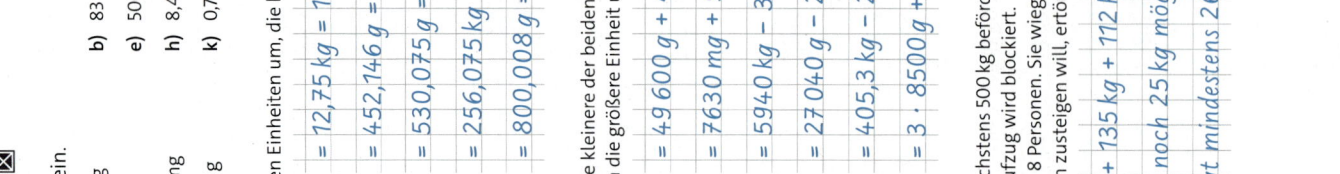

115 kg + 113 kg + 135 kg + 112 kg = 228 kg + 247 kg = 475 kg
Bis 500 kg sind noch 25 kg möglich.
Die Person wiegt mindestens 26 kg.

 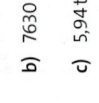   

Gewichte umrechnen   Gewichte umrechnen – mit Komma

Länge ☒

Umrechnungszahl · Einheitentabelle · mit Komma

Mit einer Einheitentabelle kannst du Längen umrechnen.

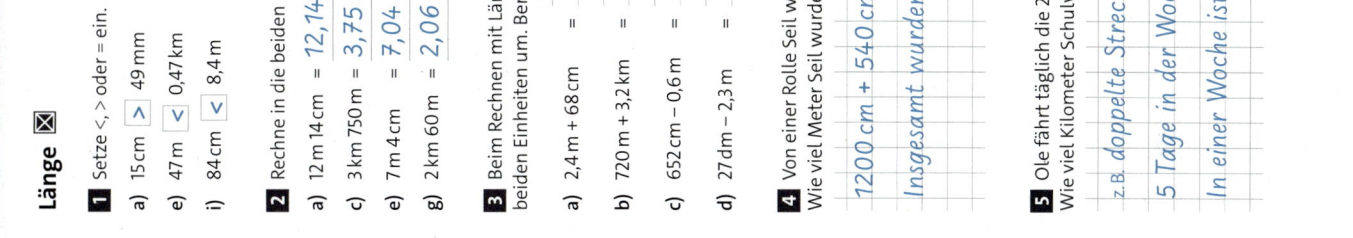

km			m	dm	cm	mm
			0	0	2	0

In der Einheitentabelle erkennst du die Umrechnungszahlen: immer 10 bis zu m; 1000 für m → km, auch die Umrechnungszahl 1 000 000 für mm → km.

$2\,cm = 20\,mm = 0,2\,dm = 0,02\,m$

1 Rechne in alle Einheiten um.

Kilometer	Meter	Dezimeter	Zentimeter	Millimeter
0,094 km	94 m	940 dm	9400 cm	94 000 mm
0,125 km	125 m	1250 dm	12500 cm	125 000 mm
0,74 km	740 m	7400 dm	74 000 cm	740 000 mm
0,0038 km	3,8 m	38 dm	380 cm	3800 mm
0,2 km	200 m	2000 dm	20 000 cm	200 000 mm
0,0878 km	87,8 m	878 dm	8780 cm	87800 mm

2 Rechne in die angegebene Einheit um.

a) 862 mm = 8,62 dm
b) 9,4 m = 940 cm
c) 380 m = 0,38 km
d) 2,7 dm = 270 mm
e) 48,3 km = 48 300 m
f) 52,6 cm = 526 mm
g) 3500 mm = 3,5 m
h) 61 m = 0,061 km
i) 237 dm = 23,7 m
j) 29 mm = 0,29 dm
k) 8,2 m = 8200 mm
l) 41 cm = 0,41 m

3 Ordne die Längen der Größe nach. Beginne mit der kleinsten Länge.

a) 12 cm; 1,2 km; 12 km; 121 mm; 12 m; 121 cm; 120 m
12 cm; 121 mm; 121 cm; 120 m; 1,2 km; 12 km

b) 56 dm; 56 cm; 5,6 km; 5,6 km; 0,56 km; 6 m; 61 dm
56 cm; 56 dm; 6 m; 61 dm; 0,56 km; 5,6 km

4 Wenn du mit Längen rechnest, dann müssen die Längen die gleiche Einheit haben. Rechne zuerst in die kleinere Einheit um. Berechne dann im Kopf.

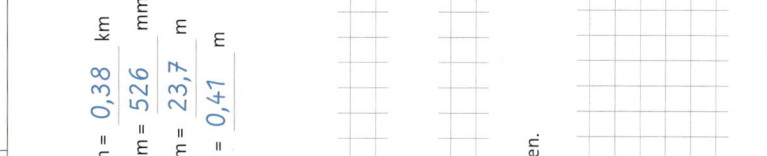

a) 240 mm + 360 mm = 2400 mm + 360 mm = 2760 mm
b) 20 cm + 1,7 m = 20 cm + 170 cm = 190 cm
c) 3,75 dm − 68 mm = 375 mm − 68 mm = 307 mm

Länge ☒

Umrechnungszahl · Einheitentabelle · mit Komma

 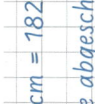   

1 Setze <, > oder = ein.

a) 15 cm > 49 mm
b) 0,35 km = 350 m
c) 1,2 m > 12 cm
d) 5 dm < 86 cm
e) 47 m < 0,47 km
f) 35 cm < 350 dm
g) 2 m > 420 mm
h) 1,3 m = 130 cm
i) 84 cm < 8,4 m
j) 99 m > 9,9 dm
k) 4,3 dm = 430 mm
l) 76 mm < 7,1 dm

2 Rechne in die beiden Einheiten um, die hier vorkommen.

a) 12 m 14 cm = 12,14 m = 1214 cm
b) 25 dm 75 mm = 25,75 dm = 2575 mm
c) 3 km 750 m = 3,75 km = 3750 m
d) 7 m 314 mm = 7,314 m = 7314 mm
e) 7 m 4 cm = 7,04 m = 704 cm
f) 5 dm 5 mm = 5,05 dm = 505 mm
g) 2 km 60 m = 2,06 km = 2060 m
h) 3 m 8 mm = 3,008 m = 3008 mm

3 Beim Rechnen mit Längen darfst du nur gleiche Längeneinheiten verwenden. Rechne in die kleinere der beiden Einheiten um. Berechne dann möglichst im Kopf. Gib das Ergebnis in der größeren Einheit an.

a) 2,4 m + 68 cm = 240 cm + 68 cm = 308 cm = 3,08 m
b) 720 m + 3,2 km = 720 m + 3200 m = 3920 m = 3,92 km
c) 652 cm − 0,6 m = 652 cm − 60 cm = 592 cm = 5,92 m
d) 27 dm − 2,3 m = 27 dm − 23 dm = 4 dm = 0,4 m

4 Von einer Rolle Seil wurden nacheinander 12 m, 5,40 m, und 87 cm abgeschnitten. Wie viel Meter Seil wurden insgesamt abgeschnitten?

1200 cm + 540 cm + 87 cm = 1740 cm + 87 cm = 1827 cm = 18,27 m
Insgesamt wurden 18,27 m Seil von der Rolle abgeschnitten.

5 Ole fährt täglich die 2,3 km lange Strecke zur Schule mit dem Fahrrad. Wie viel Kilometer Schulweg ist er in einer Woche mit dem Fahrrad gefahren?

z. B. doppelte Streckenlänge pro Tag, also 4,6 km
5 Tage in der Woche: 5 · 4,6 km = 5 · 4600 m = 23 000 m = 23 km
In einer Woche ist er insgesamt 23 km Schulweg gefahren.

Zeit

> 60 s = 1 min
> 60 min = 1h
> 24 h = 1d (Tag)
>
> Monate haben unterschiedlich viele Tage (d).
> Bei Jahren (a) rechnet man mit 365 Tagen.

1 Rechne in die angegebene Einheit um.

a) 16h = 960 min
b) 2d 14h = 62 h
c) 190 s = 3 min 10 s
d) 22 min = 1320 s
e) 14h = 840 min
f) 6 min 21s = 381 s
g) 390 s = 6 min 30 s
h) 31h = 1 d 7 h
i) 46 min = 2760 s
j) 60 min = 3600 s
k) 2 a = 730 d
l) 380 d = 1 a 15 d

2 Ordne die Zeitspannen. Beginne mit der kürzesten Zeitspanne.

a) 2 min 12 s; 130 s; 1h 15min; 70 min; 2h 35min; 150 min

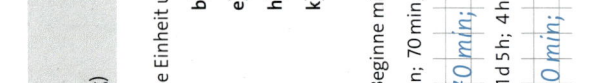

130 s; 2 min 12 s; 70 min; 1h 15 min; 150 min; 2h 35 min

b) 300 min; 12h; 900 min; 1 d 5h; 4h 40 min; 240 min 30 s

240 min 30 s; 4h 40 min; 300 min; 12h; 900 min; 1 d 5h

3 In a) stehen sechs verschiedene Fahrten. In b) steht der Plan für eine durchgehende Reise.

a) Ergänze die Ankunftszeiten.

Abfahrt	Fahrzeit	Ankunft
6:18	25 min	6:43
6:33	45 min	7:18
8:12	1h 12min	9:24
8:27	1h 31min	9:58
8:44	38 min	9:22
8:59	27 min	9:26

b) Fülle die Lücken (immer 2 min Aufenthalt).

Abfahrt	Fahrzeit	Ankunft
6:18	25 min	6:43
6:45	45 min	7:30
7:32	1h 12min	8:44
8:46	1h 31min	10:17
10:19	38 min	10:57
10:59	27 min	11:26

4 Wie viele Stunden und Minuten sind vergangen?

a) 13:26 Uhr bis 15:15 Uhr 1h 49 min
b) 7:19 Uhr bis 10:03 Uhr 2h 44 min
c) 9:54 Uhr bis 12:23 Uhr 2h 29 min
d) 14:36 Uhr bis 16:42 Uhr 2h 6 min

5 Wie viele Tage sind vergangen?

a) 15.09. bis 16.10. 31 d
b) 04.08. bis 06.09. 33 d
c) 12.11. bis 03.02. 83 d
d) 15.06. bis 15.08. 61 d

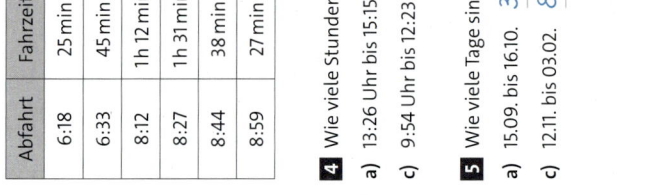

Zeit

Tipp
60 s = 1min; 60 min = 1h; 24 h = 1d (Tag)

1 Rechne in die angegebene Einheit um.

a) 240 min = 4 h
b) 8 h = 480 min
c) 2 d = 48 h
d) 360 s = 6 min
e) 540 min = 9 h
f) 264 h = 11 d
g) 13 h = 780 min
h) 420 s = 7 min
i) 15 h = 900 min
j) 30 min = 1800 s
k) 2400 min = 40 h
l) 120 h = 5 d
m) 25 h = 1500 min

2 Rechne in die kleinere Einheit um.

a) 2 min 20 s = 140 s
b) 4h 36 min = 276 min
c) 5h 53 min = 353 min
d) 8h 26 min = 506 min
e) 7 min 43 s = 463 s
f) 3h 49 min = 229 min

3 Nutze die nächstgrößere Einheit und schreibe mit zwei Einheiten.

a) 88 min = 1h 28 min
b) 66 min = 1h 6 min
c) 423 s = 7 min 3 s
d) 656 min = 10h 56 min
e) 730 s = 12 min 10 s
f) 388 s = 6 min 28 s

4 Setze <, > oder = ein.

a) 4h 16 min < 260 min
b) 6 min 18 s = 378 s
c) 75h > 3 d
d) 220 s = 3 min 40 s
e) 2h 58 min > 170 min
f) 750 min < 12h 45 min
g) 3 d 14 h < 90 h
h) 452 min = 7h 32 min
i) 6 min 48 s > 400 s

5 Wie viele Minuten sind vergangen?

Tipp
Rechne zur nächsten vollen Stunde.

a) 6:06 Uhr bis 7:30 Uhr 84 min
b) 14:25 Uhr bis 16:30 Uhr 125 min
c) 22:30 Uhr bis 1:15 Uhr 165 min
d) 8:57 Uhr bis 11:32 Uhr 155 min
e) 10:13 Uhr bis 14:09 Uhr 236 min

6 Wie viele Tage sind vergangen?

Tipp
April: 30 Tage; Juli: 31 Tage

a) 03.04. bis 04.05. 31 d
b) 15.07. bis 15.09. 62 d
c) 12.12. bis 03.02. 53 d
d) 28.03. bis 25.05. 58 d

Zeit

1 Rechne in die angegebene Einheit um.

a) 21 h = 1260 min
b) 8 min 43 s = 523 s
c) 257 s = 4 min 17 s
d) 53 h = 2 d 5 h
e) 621 s = 10 min 21 s
f) 8 min 53 s = 533 s
g) 375 s = 6 min 15 s
h) 6 h 37 min = 397 min
i) 192 h = 8 d
j) 725 min = 12 h 5 min
k) 1 d 12 h = 36 h
l) 2 a 96 d = 826 d

2 In a) stehen sechs verschiedene Fahrten. In b) steht der Plan für eine durchgehende Reise.

a) Ergänze die fehlenden Angaben.

Abfahrt	Fahrzeit	Ankunft
8:45	6 h 30 min	15:15
3:35	5 h 45 min	9:20
21:45	3 h 35 min	1:20
12:46	5 h 42 min	18:28
9:17	8 h 25 min	17:42
12:13	3 h 53 min	16:06

b) Fülle die Lücken (immer 2 min Aufenthalt).

Abfahrt	Fahrzeit	Ankunft
3:35	3 h 28 min	7:03
7:05	48 min	7:53
7:55	1 h 12 min	9:07
9:09	2 h 46 min	11:55
11:57	33 min	12:30
12:32	47 min	13:19

3 Ordne die Zeitspannen. Beginne mit der kürzesten Zeitspanne.

3 h 48 min; 157 min; 2 h; 3600 s; 1 h 59 min; 233 min

3600 s; 1 h 59 min; 2 h; 157 min; 3 h 48 min; 233 min

4 Lkw-Fahrer dürfen pro Tag nicht mehr als 9 Stunden arbeiten.
Nach 4,5 Stunden am Steuer muss ein Fahrer 45 Minuten Pause machen.
Er kann auch zuerst einmal 15 Minuten Pause machen und später noch einmal 30 Minuten.

Hat Herr Ludwig die Vorschriften eingehalten?
Herr Ludwig beginnt seine Fahrt um 7:36 Uhr.
Um 9:12 Uhr macht er eine Pause von 22 Minuten.
Danach fährt er weiter und erreicht um 12:13 Uhr eine Raststätte, wo er in einem Imbiss etwas isst.
Um 12:44 Uhr fährt er weiter zu seinem Ziel, das er um 17:23 Uhr erreicht.
Nachdem Herr Ludwig alles ausgeladen hat, stellt er seinen Lkw um 18:20 Uhr ab und macht Feierabend.

7:36 Uhr bis 9:12 Uhr sind 1 h 36 min, dann 22 min Pause
9:34 Uhr bis 12:13 Uhr sind 2 h 39 min, also 4 h 15 min Lenkzeit, 22 min Pause.
Danach 31 min Pause.
12:44 Uhr bis 18:20 Uhr sind 5 h 36 min, insgesamt 9 h 51 min Arbeitszeit.
Nein, es wurde zu lange gearbeitet. Außerdem ist Herr Ludwig von 12:44 Uhr
bis 17:23 Uhr 4 h 39 min ohne Pause gefahren. Das ist auch nicht zulässig.

Zeiteinheiten umrechnen · Zeiten umrechnen · Mit Zeiten rechnen · Mit Uhrzeiten rechnen

---

Sachrechnen mit Größen

1 Luisa und Eric backen Kekse.
Rechts siehst du das Rezept für den Teig.

Butterkekse
• 500 g Mehl
• 500 g Butter
• 250 g Zucker
• 1 Päckchen Backpulver (15 g)
• 1 Päckchen Vanillezucker (10 g)
• 2 Eier (je 60 g)

a) Wie viel wiegt der Teig insgesamt?

z.B. 1250 g + 145 g = 1395 g
Der Teig wiegt 1395 g.

b) Luisa und Eric backen aus dem Teig 93 Kekse.
Sie möchten vier Freunde beschenken. Jeder soll 20 Kekse bekommen.
Reichen die Kekse von Luisa und Eric dafür? Begründe.

$4 \cdot 20 = 80$
Luisa und Eric haben 93 Kekse gebacken. Die Kekse reichen, denn 93 > 80.
Es bleiben 13 Kekse übrig.

2 Eine Fähre braucht 15 Minuten für eine Fahrt.

Tipp
1 h = 60 min; 15 min ist 1 Viertelstunde

a) Wie häufig fährt die Fähre in einer Stunde hin und zurück?
zweimal hin und zurück

b) Die Fähre ist täglich von 8 Uhr bis 20 Uhr im Einsatz. Wievielmal fährt sie an einem Tag hin und zurück?

z.B. Von 8 Uhr bis 20 Uhr sind es 12 h. 12-mal zweimal hin und zurück
Die Fähre fährt an einem Tag 24-mal hin und zurück.

3 In einer Straße werden Rohre neu verlegt.
Ein Rohr ist 2 m lang und hat einen Durchmesser von 31 cm.

a) Im Graben liegen zwei Rohre nebeneinander. Zwischen den Rohren und an den Außenseiten müssen 5 cm Platz gelassen werden. Wie breit muss der Graben sein?

z.B. $2 \cdot 31\,cm + 3 \cdot 5\,cm = 62\,cm + 15\,cm = 77\,cm$
Der Graben muss ca. 77 cm breit sein.

b) Die Straße ist 150 m lang.
Wie viele Rohre benötigt man insgesamt?

$2 \cdot 150 : 2 = 150$, also 150 Rohre

Mit Gewichten rechnen · Mit Längen rechnen

Sachrechnen mit Größen ☒

Beachte die Umrechnungen der Größen. Rechne mit kleineren Einheiten, wenn nötig. Eine Umrechnungstabelle für Größen kann dir helfen.

1 Für eine Kletterwand werden zwei Wände aus Ziegelsteinen gebaut. Jeder Ziegelstein wiegt 4200 g. Die eine Wand besteht aus 150 Ziegelsteinen. Die andere Wand besteht aus 120 Ziegelsteinen.

a) Wie schwer ist die Wand aus 150 Ziegelsteinen? Gib in Kilogramm (kg) an.
b) Wie schwer ist die Wand aus 120 Ziegelsteinen?

4200 g · 150 = 630 000 g = 630 kg

4200 g · 120 = 504 000 g = 504 kg

c) Wie schwer sind beide Wände zusammen? Gib in Tonnen (t) an.

630 kg + 504 kg = 1134 kg

1134 kg = 1,134 t

2 Yoshio betrachtet seinen Stundenplan. Eine Unterrichtsstunde dauert 45 Minuten.

Stunde	Mo.	Di.	Mi.	Do.	Fr.
1	Deu.	Mat.	Nat.	Eng.	Mus.
2	Deu.	Mat.	Nat.	Deu.	Mus.
3	Spo.	Eng.	Deu.	GL	Al.
4	Spo.	Eng.	Deu.	Mat.	Al.
5		GL.	Mat.	Mat.	Spa.
6		GL.			Spa.

a) Wie viel Mathematikunterricht hat er in der Woche? Gib in Stunden und Minuten an.

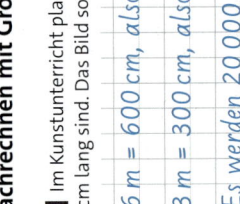

z.B. 5 · 45 min = 225 min

225 min = 180 min + 45 min

= 3 h 45 min

b) Wie viele Stunden Unterricht hat er insgesamt in einer Woche?

z.B. 26 · 45 min = 1170 min; 1170 : 60 = 19 Rest 30

Insgesamt hat Yoshio 19 h 30 min Unterricht pro Woche.

3 Lucia soll im Sportunterricht eine Runde um den Sportplatz laufen. Eine Runde ist 400 m lang.

a) Jeder Schritt von Lucia ist 40 cm lang. Wie viele Schritte macht sie in einer Runde?

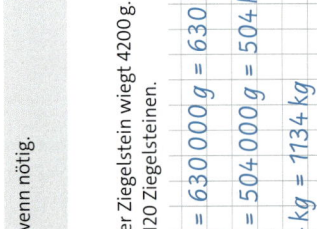

400 m = 40 000 cm; 40 000 : 40 = 1000; Lucia macht 1000 Schritte.

b) Wie lang sind die Schritte, wenn Lucia für die Runde 2000 Schritte macht? Kann das stimmen?

40 000 cm : 2000 = 20 cm; Lucia macht 20 cm lange Schritte.

Das ist nicht realistisch.

Sachrechnen mit Größen ☒

1 Im Kunstunterricht plant die Klasse ein großes Mosaikbild aus farbigen quadratischen Plättchen, die 3 cm lang sind. Das Bild soll 6 m breit und 3 m hoch sein. Wie viele farbige Plättchen werden benötigt?

6 m = 600 cm, also 200 Plättchen auf der Breite

3 m = 300 cm, also 100 Reihen in der Höhe; 100 · 200 = 20 000

Es werden 20 000 Plättchen benötigt.

2 Eine Brücke darf nur mit einem maximalen Gesamtgewicht von 10 t belastet werden. Ein Lkw hat ein Leergewicht von 5205 kg.

a) Der Lkw soll allein über die Brücke fahren. Wie viel Kilogramm Fracht darf der Lkw höchstens laden?

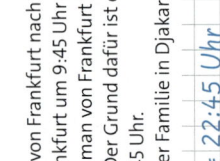

10 t = 10 000 kg

10 000 kg – 5205 kg = 4795 kg

Der Lkw darf höchstens 4795 kg Fracht laden.

b) Dürfen zwei Lkw gleichzeitig über die Brücke fahren? Begründe.

2 Lkw wiegen zusammen 10 410 kg = 10,41 t.

Das ist mehr als das maximale Gesamtgewicht 10 t für die Brücke.

Beide Lkw dürfen nicht gleichzeitig über die Brücke fahren.

3 Familie Abdullah fliegt von Frankfurt nach Djakarta in Indonesien. Das Flugzeug startet in Frankfurt um 9:45 Uhr am Vormittag. Der Flug dauert 13 h 25 min. Frau Abdullah weiß: Wenn man von Frankfurt nach Djakarta fliegt, muss man bei der Ankunft die Uhr um sechs Stunden vorstellen. Der Grund dafür ist die Zeitverschiebung. Wenn es in Frankfurt 9:45 Uhr ist, dann ist es in Djakarta schon 15:45 Uhr.
Ermittle die Ankunftszeit der Familie in Djakarta.

09:45 Uhr + 13 h = 22:45 Uhr

22.45 Uhr + 25 min = 23.10 Uhr

Vorstellen der Uhr um 6 Stunden: 23.10 Uhr + 6 h = 05:10 Uhr am Morgen des nächsten Tags

Die Familie kommt am Morgen um 05.10 Uhr in Djakarta an.

Strecke, Strahl, Gerade

1 Schreibe jeweils die passenden Buchstaben auf.

Tipp
eine Strecke: zwei Endpunkte
eine Halbgerade (ein Strahl): ein Endpunkt
eine Gerade: keine Endpunkte

Strecke: _a, e, i_   Strahl: _c, f, g_

Gerade: _b, d, h_

2 Zeichne die Strecken. Miss dann die Längen.

Tipp
Strecke $\overline{XY}$: Endpunkte X und Y
Länge der Strecke: Entfernung der Endpunkte

$\overline{AB}$ = _5,6 cm_ $\overline{CD}$ = _6,8 cm_ $\overline{EF}$ = _5,3 cm_

$\overline{BC}$ = _1,7 cm_ $\overline{DE}$ = _1,9 cm_ $\overline{FG}$ = _3,8 cm_

3 Zeichne eine Gerade g. Markiere zwei Punkte A und B auf der Geraden. Wie viele Halbgeraden und wie viele Strecken erkennst du?

Tipp
Jeder Punkt teilt eine Gerade in zwei Halbgeraden.

eine Strecke $\overline{AB}$ und vier Halbgeraden; zwei von A aus und zwei von B aus

z.B.

4 Wie viele Geraden kannst du durch zwei Punkte C und D zeichnen, wie viele Geraden durch einen Punkt E? Zeichne Beispiele.

Durch zwei Punkte ist nur eine Gerade möglich, durch einen Punkt unendlich viele Geraden.

Strecke, Strahl, Gerade

Gerade durch die Punkte A und B

Strahl (Halbgerade) von C durch D

Strecke von E nach F, kurz $\overline{EF}$

1 Zeichne eine Gerade g, eine Halbgerade h, die nicht auf g liegt, und zwei Strecken. Wie viele Punkte brauchst du mindestens?

Es sind mindestens drei Punkte nötig.

z.B.

2 Drei Geraden schneiden sich in drei Punkten A, B und C. Zeichne so ein Bild. Wie viele Strecken und wie viele Halbgeraden findest du? Schreibe Beispiele auf.

z.B.

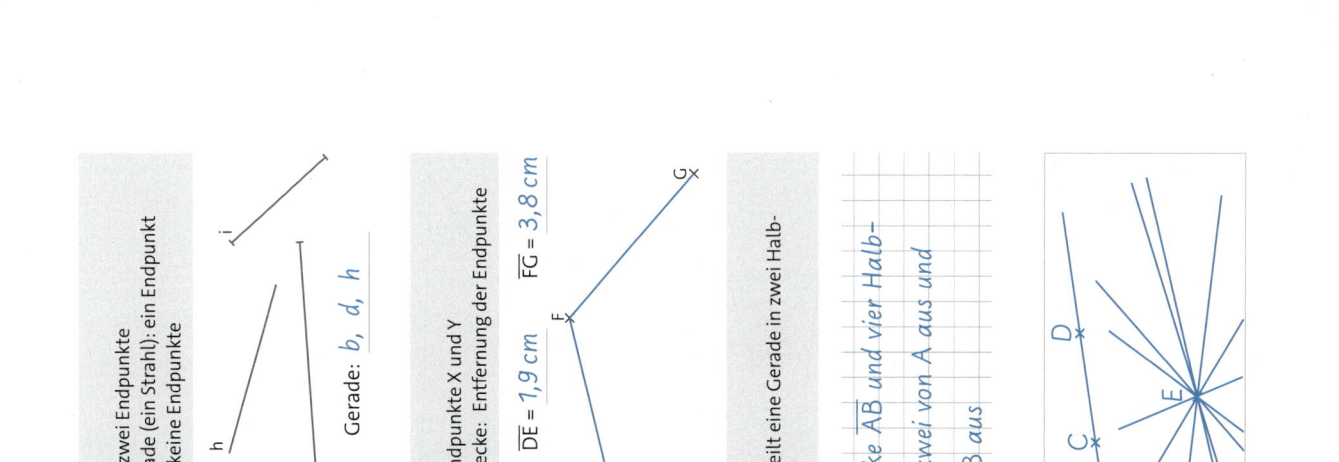

3 Strecken AB, BC und AC

12 Halbgeraden, zum Beispiel von A durch B und von B durch A

3 Gegeben sind die vier Punkte A, B, C und D. Wie viele Geraden kannst du durch mindestens zwei Punkte zeichnen? Wie viele Strecken kannst du angeben? Notiere alle Möglichkeiten von Strecken.

4 Geraden und 6 Strecken

_AB, AC, BC, AD, BD, CD_

4 Finde wie in Aufgabe 3 vier Punkte A, B, C und D, sodass sechs Geraden durch mindestens zwei Punkte und außerdem sechs Strecken entstehen. Zeichne so ein Bild.
Wichtig! Wenn neue Schnittpunkte von Geraden entstehen, dann musst du diese nicht berücksichtigen.

z.B.

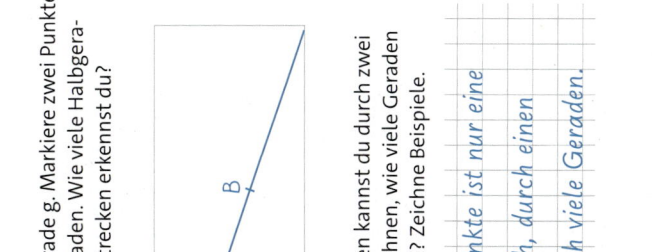

Strecke, Strahl, Gerade

1 Kreuze an, ob die Aussage wahr oder falsch ist.

Aussage	wahr	falsch
Eine Gerade hat keinen Anfangspunkt.	x	
Endpunkt und Anfangspunkt definieren einen Strahl.		x
Einen Strahl nennt man auch Halbgerade.	x	
Eine Linie ist immer eine Gerade.		x
Eine Strecke wird durch zwei Punkte begrenzt.	x	
Geraden sind unendlich lang.	x	

2 Du zeichnest eine Gerade durch zwei Punkte. Welche weiteren Linien kannst du angeben?

Dadurch ergeben sich noch eine Strecke und vier Halbgeraden.

3 Wie viele gemeinsame Punkte können fünf verschiedene Geraden maximal besitzen? Zeichne und vergleicht miteinander, ob die ermittelte Anzahl tatsächlich die größtmögliche ist.

Bei 5 Geraden ergeben sich maximal 10 Schnittpunkte.

z.B.

4 Im Garten von Familie Marx stehen fünf Stangen, an denen eine Wäscheleine befestigt werden kann. In der Zeichnung entsprechen die Entfernungen der „Stangen" in Zentimeter den Entfernungen in Meter in der Wirklichkeit.

Nun soll die Wäscheleine befestigt werden, und zwar wird bei „Stange" A begonnen. Jede Stange darf nur einmal zum Befestigen der Leine verwendet werden. Die Leinen dürfen sich nicht kreuzen. Finde eine Reihenfolge (zum Beispiel: A–B–C–...), bei der mit der längsten Leine auch die meiste Wäsche aufgehängt werden kann.

Wie viel Meter Leine ergibt sich nach deiner Zeichnung?

Hast du tatsächlich die längste Möglichkeit? Vergleiche mit deinen Mitschülerinnen und Mitschülern.

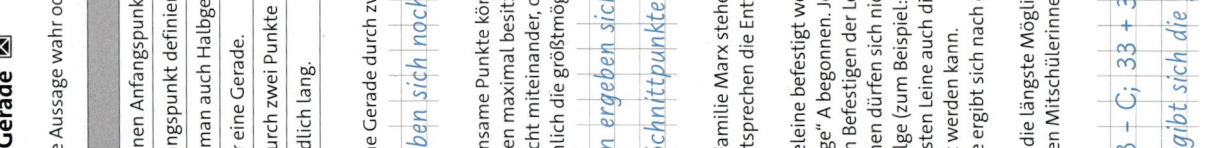

A – E – D – B – C; 33 + 39 + 74 + 43 = 189; 189 mm = 18,9 cm = 18,9 m, also 18,9 m

Mit 18,9 m ergibt sich die größte Leinenlänge.

Senkrecht, parallel, Abstand

Senkrechte Geraden   Parallele Geraden

1 Verbinde jeweils drei passende Karten. Beginne mit der Zeichnung, dann die Beschreibung, dann die Bezeichnung, und zuletzt die Kurzform.

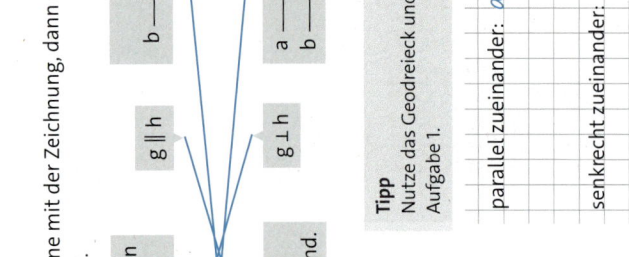

parallel | Die Geraden a und b bilden einen rechten Winkel. | $g \parallel h$

senkrecht | Die Geraden a und b haben überall den gleichen Abstand. | $g \perp h$

2 Welche Geraden sind parallel zueinander? Welche Geraden sind senkrecht zur Geraden h? Notiere mit den Zeichen $\parallel$ und $\perp$.

Tipp
Nutze das Geodreieck und die Lösungen aus Aufgabe 1.

parallel zueinander: *a ∥ c; d ∥ e; g ∥ i*

senkrecht zueinander: *d ⊥ h; e ⊥ h*

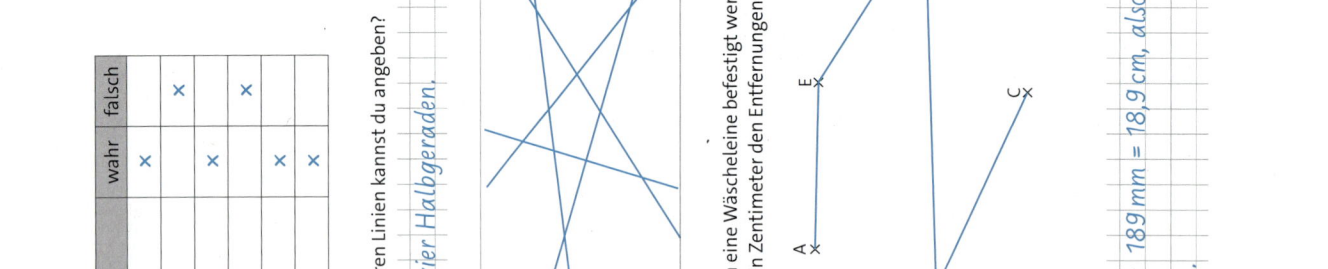

3 Notiere alle weiteren Geraden in Aufgabe 2, die zueinander senkrecht sind.

a ⊥ g; a ⊥ i; b ⊥ f; c ⊥ g; c ⊥ i.

4 Miss alle Abstände zur Geraden g.

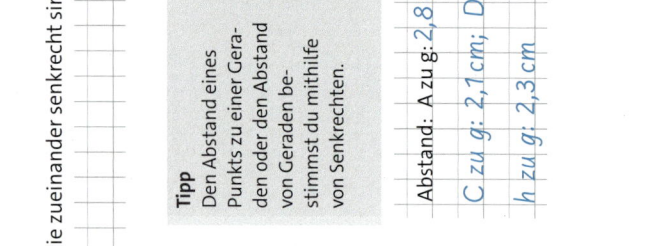

Abstand von
P zu g: 5cm
g und h: 3cm

Tipp
Den Abstand eines Punkts zu einer Geraden oder den Abstand von Geraden bestimmst du mithilfe von Senkrechten.

Abstand: A zu g: *2,8 cm*; B zu g: *1,4 cm*

C zu g: 2,1 cm; D zu g: 1,1 cm

h zu g: 2,3 cm

Senkrechte Geraden   Parallele Geraden

Senkrecht, parallel, Abstand ☒

	senkrecht zueinander	parallel zueinander	Abstand
	a ⊥ b	a ∥ b	P
	ein rechter Winkel wird gebildet	überall der gleiche Abstand	Länge der senkrechten Verbindung

1 Überprüfe mit dem Geodreieck, welche der Geraden parallel oder senkrecht zueinander sind.

parallel zueinander: f∥h; b∥d; e∥g

senkrecht zueinander: a⊥b; a⊥d; c⊥i

2 Miss alle Abstände zur Geraden g.

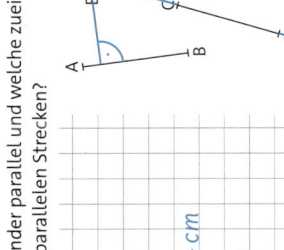

Abstand: A zu g: 2 cm; B zu g: 8 mm

C zu g: 1,7 cm; D zu g: 1,9 cm

E zu g: 2,3 cm; h zu g: 1,6 cm

k zu g: 1,2 cm

3 Finde auf dem Kartenausschnitt Straßen, die annähernd senkrecht oder parallel zueinander verlaufen. Notiere sie mit der Kurzform.

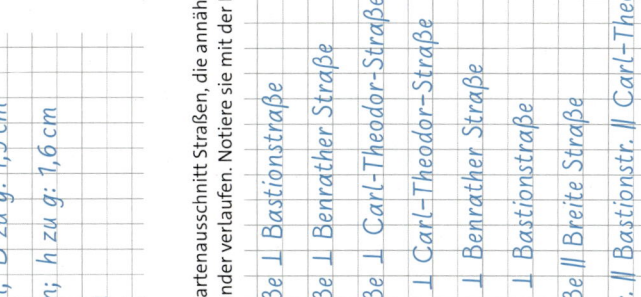

Kasernenstraße ⊥ Bastionstraße

Kasernenstraße ⊥ Benrather Straße

Kasernenstraße ⊥ Carl-Theodor-Straße

Breite Straße ⊥ Carl-Theodor-Straße

Breite Straße ⊥ Benrather Straße

Breite Straße ⊥ Bastionstraße

Kasernenstraße ∥ Breite Straße

Benrather Str. ∥ Bastionstr. ∥ Carl-Theodor-Str.

Senkrechte Geraden   Parallele Geraden

Senkrecht, parallel, Abstand ☒

1 Kreuze an, ob die Aussage wahr oder falsch ist.

Aussage	wahr	falsch
Zueinander parallele Geraden haben einen Schnittpunkt.		x
Zueinander senkrechte Geraden schneiden sich in einem rechten Winkel.	x	
Der Abstand von einem Punkt zu einer Geraden ist immer die kürzeste Entfernung.	x	
g ∥ h drückt aus, dass die Geraden g und h senkrecht zueinander stehen.		x
Der Abstand von zwei Geraden kann nur in der Mitte der Geraden gemessen werden.		x

2 Finde heraus, welche Strecken zueinander parallel und welche zueinander senkrecht verlaufen. Welchen Abstand haben die zueinander parallelen Strecken?

GH ∥ MN; KL ∥ OP

AB ⊥ EF ; CD ⊥ KL; CD ⊥ OP

Abstand von GH zu MN: 2,4 cm

Abstand von KL zu OP: 3 cm

3 Parallel und senkrecht in Bild und Wirklichkeit: Formuliere zu diesem Thema möglichst viele Aussagen.

z.B. Im Bild stehen die Lampen parallel zueinander, auch zu Baumstämmen. Quer zur Straße stehen die Lampen und Baumstämme jeweils senkrecht. Auch in der Wirklichkeit trifft das zu, was zum Bild gesagt wurde. In der Wirklichkeit sind aber die Wegränder und die weiße Linie noch parallel zueinander.

Koordinatensystem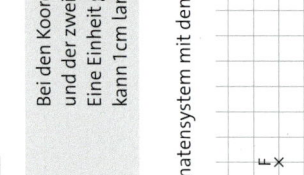

  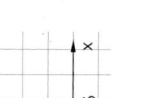 

1 Ergänze rechts die Koordinaten der Punkte.

Tipp
Erst den Wert senkrecht zur x-Achse ablesen, dann den Wert waagerecht zur y-Achse.

A(1 | 2)   B(2 | 6)   C(3 | 0)
D(5 | 7)   E(6 | 4)   F(7 | 2)
G(8 | 5)   H(0 | 5)   I(10 | 3)
J(12 | 7)   K(11 | 1)   L(13 | 4)

2 Beschrifte das Koordinatensystem.
Die Einheit soll 2 Kästchen betragen.
Trage die Punkte ein.
Verbinde A mit B, B mit C, C mit D ...
Welche Figur entsteht, wenn du auch M mit A verbindest?

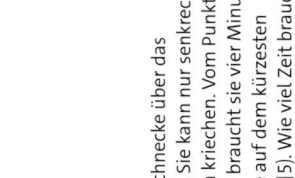

Tipp
Die Einheit ist der Abstand zwischen zwei aufeinanderfolgenden Zahlen, z.B. 0 und 1.
Die Einheit soll 1cm betragen.

A(0|2)   B(1|3)   C(2|3)
D(3|4)   E(4|4)   F(3|3)
G(5|3)   H(6|4)   I(6|2)
J(3|2)   K(4|1)   L(3|1)
M(2|2)

z.B. Es wirkt wie ein Flugzeug.

3 Beschrifte das Koordinatensystem.
Die Einheit soll 5 mm (1 Kästchen) betragen.
Trage die Punkte ein und verbinde wie in Aufgabe 2.
Welche Figur entsteht, wenn du auch L mit A verbindest?

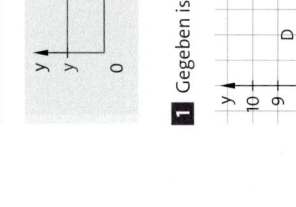 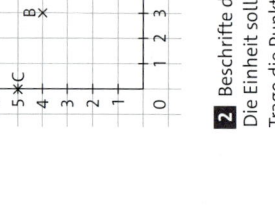

A(2|2)   B(0|5)   C(3|5)
D(4|7)   E(6|7)   F(6|9)
G(7|9)   H(7|7)   I(10|7)
J(10|5)   K(13|5)   L(12|2)

z.B. Es wirkt wie ein Dampfschiff.

Punkte ablesen

Koordinatensystem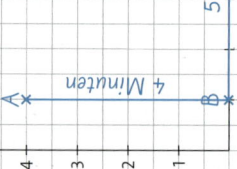

Bei den Koordinaten von A bezieht sich der erste Wert auf die x-Achse und der zweite Wert auf die y-Achse.
Eine Einheit geht im Koordinatensystem zum Beispiel von 0 bis 1. Sie kann 1cm lang sein. Sie kann aber auch beliebige andere Längen haben.

A(x|y)

1 Gegeben ist das Koordinatensystem mit den markierten Punkten.

a) Wie groß ist eine Einheit?
Die Einheit beträgt 5mm.

b) Ergänze die Koordinaten der Punkte.
A(7 | 6)   B(3 | 4)   C(0 | 5)
D(2 | 8)   E(4 | 10)   F(8 | 9)
G(10 | 7)   H(13 | 6)   I(12 | 3)
J(11 | 0)   K(9 | 1)   L(6 | 2)

2 Beschrifte das Koordinatensystem.
Die Einheit soll 1,5cm (3 Kästchen) sein.
Trage die Punkte A(1|0), B(2|2), C(0|2), D(4|1) und E(3|1) ein.

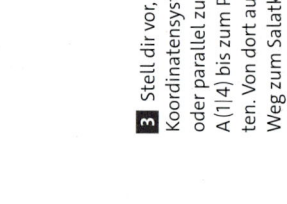

3 Stell dir vor, dass eine Schnecke über das Koordinatensystem kriecht. Sie kann nur senkrecht oder parallel zu den Achsen kriechen. Vom Punkt A(1|4) bis zum Punkt B(1|0) braucht sie vier Minuten. Von dort aus kriecht sie auf dem kürzesten Weg zum Salatkopf bei S(6|5). Wie viel Zeit braucht sie? Vergleich untereinander, ob ihr gleiche Wege gefunden habt. Sind eure Zeiten unterschiedlich?

Für den Weg benötigt sie
10 Minuten (z.B. 5 + 5),
unabhängig vom gewählten Weg.

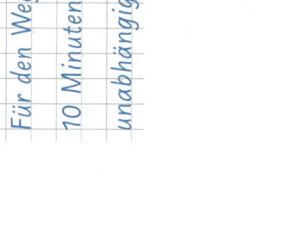

Punkte ablesen

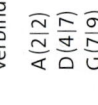 

An einer Geraden spiegeln

Achsensymmetrie ▷

1 Zeichne alle Symmetrieachsen ein.

a)
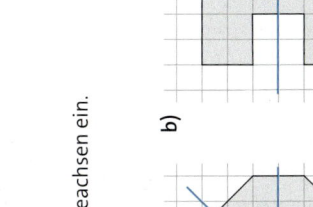

b)
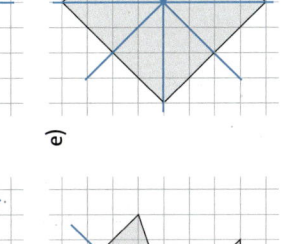

c)
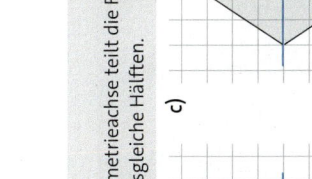

Tipp
Die Symmetrieachse teilt die Figur in zwei deckungsgleiche Hälften.

d)
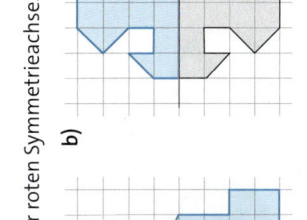

e)
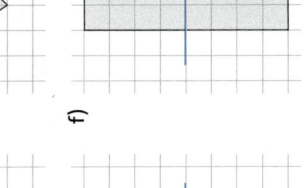

f)
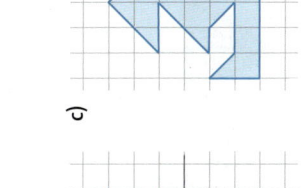

2 Spiegle die Figur an der roten Symmetrieachse.

a)
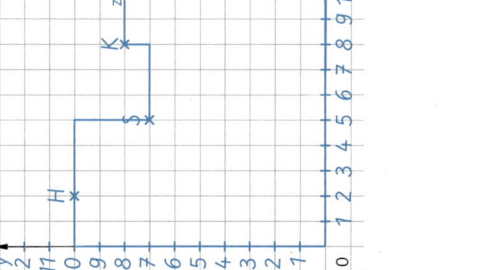

b)
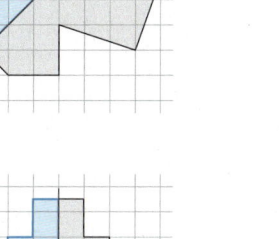

c)
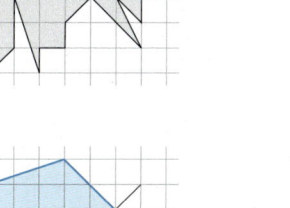

d)
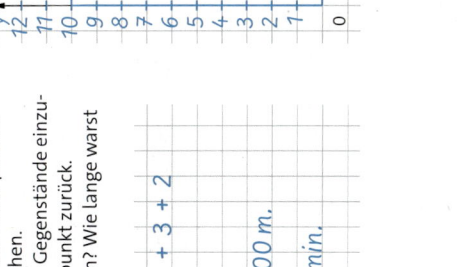

e)

f)

👆 Punkte ablesen   👆 Punkte eintragen

Koordinatensystem ⊠

1 Kreuze an, ob die Aussage wahr oder falsch ist.

Aussage	wahr	falsch
Die x-Achse nennt man auch Hochachse.		×
Die Koordinaten sind die beiden Zahlen, die die Lage eines Punktes beschreiben.	×	
Der Schnittpunkt der beiden Achsen ist der Nullpunkt oder Ursprung.	×	
Die y-Achse zeigt nach links.		×

2 In diesem Koordinatensystem ist eine kleine Einheit festgelegt, sodass die Achsenbeschriftung nicht alle Zahlen nacheinander enthält.

a) Ergänze die fehlenden Koordinaten der Punkte, die markiert sind.

A(4 | 8) B(8 | 16) C(24 | 12)

D(12 | 12) E(4 | 2) F(2 | 12)

G(18 | 14) H(24 | 18) I(0 | 14)

J(22 | 0) K(18 | 6) L(10 | 10)

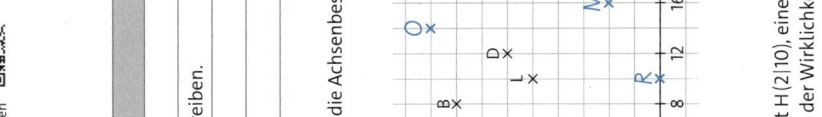

b) Trage die Punkte M(16|4), N(6|4), O(14|18), P(20|10), Q(26|6) und R(10|0) ein.

3 Sachen sammeln im Koordinatensystem – ein Spiel:
Beschrifte das Koordinatensystem mit der Einheit 5 mm. Trage ein: ein Heft H(2|10), einen Strumpf S(5|7), einen Kugelschreiber K(8|8) und eine Brille B(12|0). Eine Einheit beträgt in der Wirklichkeit 100 Meter.
Dafür werden zwei Minuten benötigt.
Starte beim Nullpunkt (0|0). Du darfst nur parallel oder senkrecht zu den Achsen gehen.
Finde einen kurzen Weg, um alle Gegenstände einzusammeln. Kehre dann zum Nullpunkt zurück.
Wie lang ist die Strecke in Metern? Wie lange warst du unterwegs?

12 + 8 + 4 + 1 + 3 + 3 + 3 + 2
+ 10 = 46
46-mal 100 m sind 4600 m.
46-mal 2 min sind 92 min.

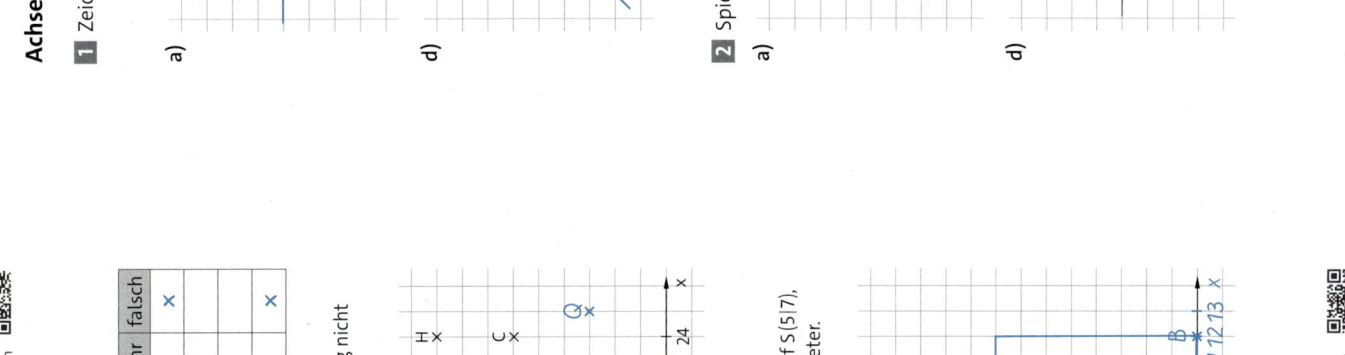

👆 Punkte ablesen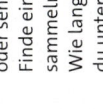

Achsensymmetrie

1 Kreuze an, ob die Aussage wahr oder falsch ist.

Aussage	wahr	falsch
Eine Figur ist achsensymmetrisch, wenn du die beiden Hälften genau passend übereinander klappen kannst.	x	
Die Symmetrieachse wird auch Spiegelachse genannt.	x	
Bei einer Geradenspiegelung gibt es zu jedem Originalpunkt genau zwei Bildpunkte.		x
Der Abstand zwischen Originalpunkt und Symmetrieachse ist genauso groß wie der Abstand zwischen Bildpunkt und Symmetrieachse.	x	

2 Kreuze an, welche Schilder achsensymmetrisch sind. Zeichne dann die Symmetrieachsen ein.

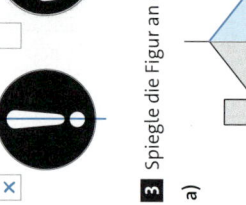

3 Spiegle die Figur an der roten Symmetrieachse.

a)

b)

c)

4 Manche Fahrzeuge sind mit Spiegelschrift beschriftet. Erkläre, warum das so ist.

z.B. *Man kann im Rückspiegel des vorausfahrenden Fahrzeugs richtig lesen, dass es zum Beispiel ein Rettungswagen ist.*

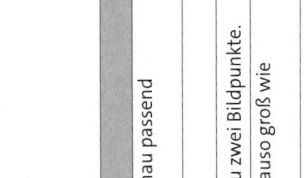

Achsensymmetrie

Eine Figur ist achsensymmetrisch, wenn sie aus zwei gespiegelten Hälften besteht.
Man spiegelt an einer Symmetrieachse (hier rot).
Originalpunkt A und Bildpunkt A' haben den gleichen Abstand zur Symmetrieachse.
Es kann eine oder mehrere Symmetrieachsen geben.

Beispiel:

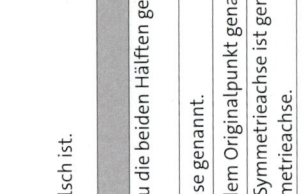

$\overline{AE} = \overline{EA'}$

1 Sind die Figuren achsensymmetrisch? Zeichne die Symmetrieachsen ein, wenn möglich.

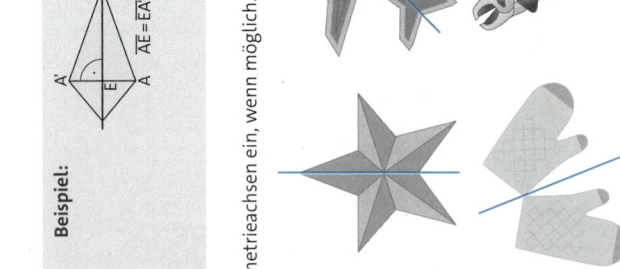

2 Schreibe die Buchstaben wie in den Beispielen unten. E und M sind achsensymmetrisch, G nicht. Spiegle die Buchstaben OT, dann entsteht ein achsensymmetrisches Wort. Finde weitere Beispiele für achsensymmetrische Wörter.

z.B. EGM OT TO

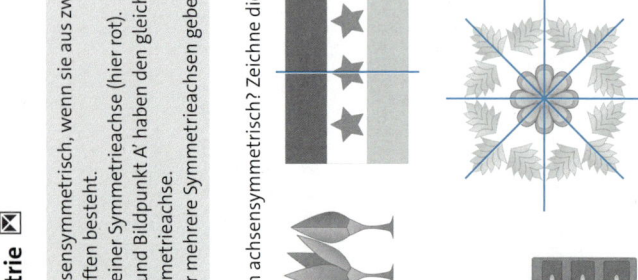

z.B. A OHO AHA OMO

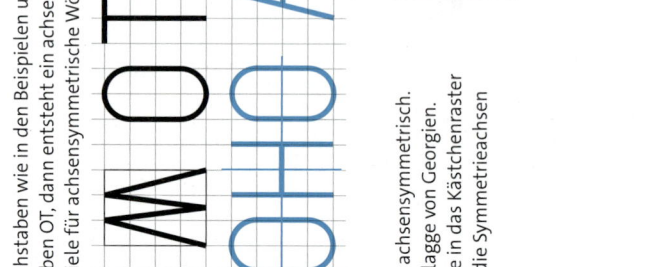

3 Flaggen sind oft achsensymmetrisch. Ein Beispiel ist die Flagge von Georgien. Übertrage die Flagge in das Kästchenraster rechts und zeichne die Symmetrieachsen ein.

Punktsymmetrie

1 Sind die Bilder punktsymmetrisch? Schreibe ja oder nein.

nein   ja   ja   nein   ja

Tipp
Eine punktsymmetrische Figur sieht nach einer halben Drehung so aus wie vorher.

2 Färbe genauso viele Quadrate ein, dass die Figur punktsymmetrisch ist.

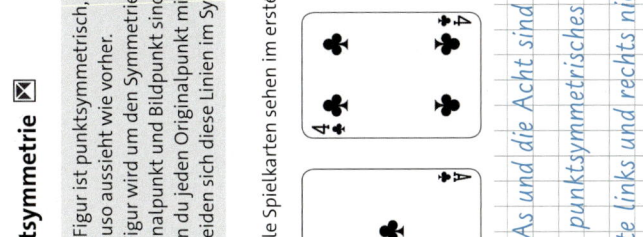

3 Ist die Figur punktsymmetrisch? Wenn ja, dann ergänze den Symmetriepunkt.

a)

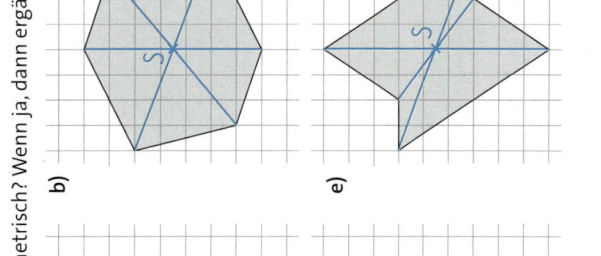

b)

c)

d)

e)

f)

Punktsymmetrie erkennen

Punktsymmetrie

Eine Figur ist punktsymmetrisch, wenn sie sich nach einer halben Drehung genauso aussieht wie vorher.
Die Figur wird um den Symmetriepunkt S gedreht. Er liegt „in der Mitte".
Originalpunkt und Bildpunkt sind vom Punkt S gleich weit entfernt.
Wenn du jeden Originalpunkt mit seinem Bildpunkt verbindest, dann schneiden sich diese Linien im Symmetriepunkt S.

Beispiel:

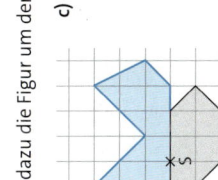

1 Viele Spielkarten sehen im ersten Moment punktsymmetrisch aus. Stimmt das? Begründe.

z.B. As und die Acht sind nicht punktsymmetrisch. Beim As ist in der Mitte kein punktsymmetrisches Symbol. Bei der Acht kann man die Symbole in der Mitte links und rechts nicht an einem Punkt spiegeln. Die Spielkarten sind also nicht alle punktsymmetrisch.

2 Ergänze zu einer punktsymmetrischen Figur. Drehe dazu die Figur um den Symmetriepunkt.

a)

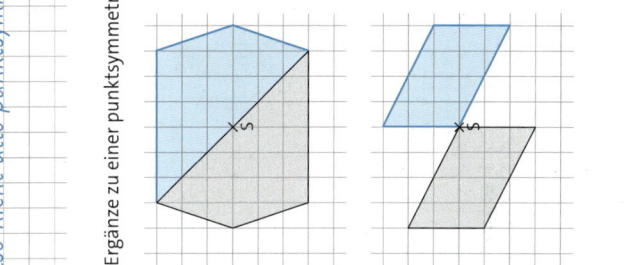

b)

c)

d)

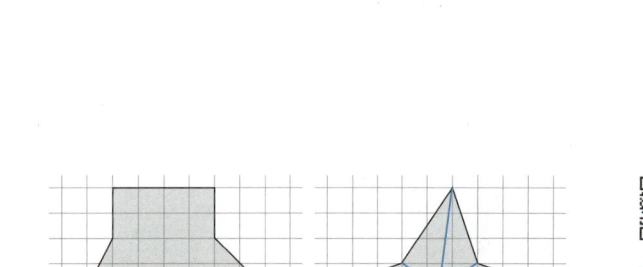

e)

f)

Punktsymmetrie erkennen

Im Kopf multiplizieren   Im Kopf dividieren

Im Kopf multiplizieren und dividieren

Tipp „halbschriftlich" multiplizieren:
Multipliziere zuerst mit den Hundertern des größeren Faktors, dann mit den Zehnern, ...

Beispiel: 3 · 234
3 · 200   ist 600   600 merken
3 · 30   ist 90   + 600, ist 690
3 · 4   ist 12   + 690, also 702

1 Berechne im Kopf.
a) 7 · 36 = 252
b) 6 · 28 = 168
c) 4 · 143 = 572
d) 5 · 210 = 1050
e) 136 · 6 = 816
f) 120 · 7 = 840
g) 262 · 3 = 786
h) 352 · 4 = 1408

Tipp
Zerlege vorteilhaft in Zahlen, die du leicht im Kopf teilen kannst.

Beispiel: 96 : 4 ist z. B. 80 : 4 und 16 : 4
80 : 4 ist 20   20 merken
16 : 4 ist 4   + 20, also 24

2 Berechne im Kopf.
a) 68 : 4 = 17
b) 81 : 3 = 27
c) 105 : 5 = 21
d) 150 : 6 = 25
e) 156 : 3 = 52
f) 140 : 5 = 28
g) 128 : 4 = 32
h) 342 : 6 = 57

3 Multipliziere im Kopf.
a) 11 · 12 = 132
b) 15 · 22 = 330
c) 25 · 21 = 525
d) 12 · 13 = 156
e) 18 · 30 = 540
f) 24 · 40 = 960
g) 33 · 12 = 396
h) 72 · 11 = 792
i) 45 · 21 = 945
j) 50 · 13 = 650
k) 70 · 11 = 770
l) 64 · 20 = 1280

4 Dividiere im Kopf.
a) 96 : 8 = 12
b) 78 : 6 = 13
c) 98 : 7 = 14
d) 120 : 8 = 15
e) 270 : 30 = 9
f) 144 : 9 = 16
g) 420 : 70 = 6
h) 630 : 90 = 7
i) 126 : 7 = 18
j) 720 : 90 = 8
k) 130 : 5 = 26
l) 114 : 6 = 19

5 Verbinde jede Aufgabe mit dem passenden Ergebnis. Zwei Kästchen bleiben übrig.

3 · 58   455 : 5   216 · 4   340 : 4   3 · 290

6 · 28

91   85   174   864   168   874

Im Kopf multiplizieren   Im Kopf dividieren

Punktsymmetrie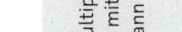

1 Kreuze an, ob die Aussage wahr oder falsch ist.

Aussage	wahr	falsch
Eine Figur ist punktsymmetrisch, wenn sie nach einer halben Drehung um einen Punkt in der Mitte genauso aussieht wie vorher.	x	
Originalpunkte haben denselben Abstand zum Symmetriepunkt wie ihre Bildpunkte.	x	
Die Verbindungsstrecke von Originalpunkt und Bildpunkt kann durch den Symmetriepunkt verlaufen.		x
Liegt der Originalpunkt auf dem Symmetriepunkt, dann ist dieser gleichzeitig auch Bildpunkt.	x	

2 Ergänze zu einer punktsymmetrischen Figur.

a)   b)   c)

3 Die Flagge von Georgien wurde vereinfacht gezeichnet. Die Zeichnung ist achsensymmetrisch.

a) Ist die Flagge auch punktsymmetrisch? Untersuche.

Ja, die Flagge ist auch punktsymmetrisch.

b) Suche weitere Flaggen, die auch achsensymmetrisch und punktsymmetrisch sind. Was fällt dir auf?

z.B. *Flagge von Schweiz, Österreich, Mazedonien, Costa Rica, New Mexico, Israel*
Die Flaggen haben zwei Symmetrieachsen. Der Symmetriepunkt ist ihr Schnitt-
punkt.

c) Finde eine Regel, unter welchen Bedingungen eine Figur achsensymmetrisch und punktsymmetrisch ist.

z.B. *Eine Figur ist achsensymmetrisch und punktsymmetrisch, wenn sie*
senkrecht aufeinander stehende Symmetrieachsen besitzt.

Punktsymmetrie erkennen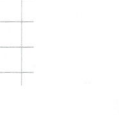

Im Kopf multiplizieren und dividieren

Zerlege den größeren Faktor.
Multipliziere zuerst mit den Hundertern, dann mit den Zehnern, dann mit den Einern.

Beispiel:
4 · 563
4 · 500 ist 2000   2000 merken
4 · 60 ist 240   +
4 · 3 ist 12   + 2240, also 2252

Wenn du dividierst, dann zerlege in Zahlen, die du leicht teilen kannst.

Beispiel:
96 : 6 ist z.B. 60 : 6 und 36 : 6
60 : 6 ist 10   10 merken
36 : 6 ist 6   + 10, also 16

1 Multipliziere im Kopf.

a) 3 · 245 = 735
b) 4 · 321 = 1284
c) 7 · 212 = 1484
d) 360 · 5 = 1800

e) 125 · 5 = 625
f) 265 · 3 = 795
g) 380 · 4 = 1520
h) 6 · 132 = 792

i) 5 · 424 = 2120
j) 410 · 7 = 2870
k) 8 · 515 = 4120
l) 125 · 6 = 750

2 Dividiere im Kopf.

a) 84 : 6 = 14
b) 105 : 7 = 15
c) 128 : 8 = 16
d) 840 : 70 = 12

e) 136 : 4 = 34
f) 195 : 3 = 65
g) 235 : 5 = 47
h) 1260 : 60 = 21

i) 192 : 2 = 96
j) 315 : 9 = 35
k) 248 : 4 = 62
l) 510 : 30 = 17

3 Ergänze die fehlende Zahl. Schreibe die Probe unter die Aufgabe.

a) 4 · 12 = 48
   48 : 4 = 12
b) 6 · 15 = 90
   90 : 6 = 15
c) 7 · 21 = 147
   147 : 7 = 21
d) 8 · 32 = 256
   256 : 8 = 32

e) 8 · 16 = 128
   128 : 8 = 16
f) 5 · 24 = 120
   120 : 5 = 24
g) 3 · 41 = 123
   123 : 3 = 41
h) 9 · 19 = 171
   171 : 9 = 19

i) 91 : 7 = 13
   13 · 7 = 91
j) 144 : 8 = 18
   18 · 8 = 144
k) 168 : 14 = 12
   12 · 14 = 168
l) 72 : 12 = 6
   6 · 12 = 72

4 Finde die Ergebnisse, die in den beiden unteren Karten stehen müssen. Verbinde sie dann mit allen passenden Aufgaben.

128 000 : 4000   12 800 : 40   128 : 4   128 000 : 400

1280 : 4

32   320

Im Kopf multiplizieren

Im Kopf dividieren

Im Kopf multiplizieren und dividieren

1 Ergänze die fehlende Zahl. Schreibe darunter die Probe mit der Umkehraufgabe.

a) 4 · 34 = 136
   136 : 4 = 34
b) 8 · 35 = 280
   280 : 8 = 35
c) 7 · 38 = 266
   266 : 7 = 38
d) 6 · 42 = 252
   252 : 6 = 42

e) 6 · 65 = 390
   390 : 6 = 65
f) 5 · 82 = 410
   410 : 5 = 82
g) 3 · 43 = 129
   129 : 3 = 43
h) 9 · 18 = 162
   162 : 9 = 18

i) 252 : 7 = 36
   36 · 7 = 252
j) 285 : 5 = 57
   57 · 5 = 285
k) 328 : 41 = 8
   8 · 41 = 328
l) 468 : 52 = 9
   9 · 52 = 468

2 Immer zwei nebeneinanderstehende Zahlen werden multipliziert. Das Ergebnis steht darüber. Achtung: In der Spitze steht der Wert der Summe der zwei Zahlen darunter.

a)
1368
288   1080
24   12   90
6   4   3   30

b)
3840
1280   2560
40   32   80
5   8   4   20

c)
7560
2160   5400
120   18   300
40   3   6   50

d)
11700
5400   6300
180   30   210
30   6   5   42

3 Berechne zuerst die fünf Aufgaben. Sortiere sie dann nach der Größe ihrer Ergebnisse.

560 : 40 = 14 ; 78 : 3 = 26 ; 415 : 5 = 83 ; 2800 : 700 = 4 ; 114 : 6 = 19

2800 : 700 < 560 : 40 < 114 : 6 < 78 : 3 < 415 : 5

4 Finde alle möglichen fehlenden Ziffern, sodass du eine natürliche Zahl als Ergebnis erhältst. Schreibe die entsprechenden Aufgaben mit den Ergebnissen auf.

a) 85■ : 50 =   850 : 50 = 17
b) 16■ : 4 =   160 : 4 = 40; 164 : 4 = 41; 168 : 4 = 42
c) 2■2 : 6 =   222 : 6 = 37; 252 : 6 = 42; 282 : 6 = 47
d) 3■0 : 40 =   320 : 40 = 8; 360 : 40 = 9

Im Kopf multiplizieren

Im Kopf dividieren

Rechengesetze und Rechenvorteile

Wenn in einer Aufgabe +, −, ·, : stehen, dann musst du die Regeln Punkt− vor Strichrechnung und Klammern zuerst beachten.

Das Vertauschungsgesetz (Kommutativgesetz) und das Verbindungsgesetz (Assoziativgesetz) helfen, Rechenvorteile zu nutzen. Dabei können Summanden oder Faktoren vertauscht bzw. mit Klammern zusammengefasst werden.

Mit dem Verteilungsgesetz (Distributivgesetz) kannst du Klammern ausmultiplizieren oder gemeinsame Faktoren ausklammern.

Beispiele:

Ausmultiplizieren: $4 \cdot 8 = 4 \cdot (3 + 5) = 4 \cdot 3 + 4 \cdot 5$

denn $4 \cdot 8 = 32$ und $12 + 20 = 32$

Ausklammern: $15 + 21 = 3 \cdot 5 + 3 \cdot 7$

$15 + 21 = 3 \cdot (5 + 7) = 3 \cdot 12$

1 Nutze Rechenvorteile. Notiere deine Rechenschritte untereinander.

a) $125 \cdot 7 \cdot 8$
$= 125 \cdot 8 \cdot 7$
$= 1000 \cdot 7$
$= 7000$

b) $208 + 19 + 32$
$= 208 + 32 + 19$
$= 240 + 19$
$= 259$

c) $40 \cdot 6 \cdot 25$
$= 40 \cdot 25 \cdot 6$
$= 1000 \cdot 6$
$= 6000$

d) $124 + 180 + 16$
$= 124 + 16 + 180$
$= 140 + 180$
$= 320$

e) $25 \cdot 16 \cdot 8 \cdot 5$
$= (8 \cdot 5 \cdot 25) \cdot 16$
$= 1000 \cdot 16$
$= 16\,000$

f) $98 + 19 + 32 + 91$
$= 98 + 32 + (19 + 91)$
$= 130 + 110$
$= 240$

2 Verwende das Verteilungsgesetz. Rechne aus und schreibe deine Rechenschritte untereinander.

a) $5 \cdot (7 + 8)$
$= 5 \cdot 7 + 5 \cdot 8$
$= 35 + 40 = 75$

b) $6 \cdot 54$
$= 6 \cdot 50 + 6 \cdot 4$
$= 300 + 24 = 324$

c) $(50 + 23) \cdot 4$
$= 50 \cdot 4 + 23 \cdot 4$
$= 200 + 92 = 292$

d) $340 \cdot 5$
$= 300 \cdot 5 + 40 \cdot 5$
$= 1500 + 200 = 1700$

e) $5 \cdot (200 + 13)$
$= 5 \cdot 200 + 5 \cdot 13$
$= 1000 + 65 = 1065$

f) $(20 − 8) \cdot 8$
$= 20 \cdot 8 − 8 \cdot 8$
$= 160 − 64 = 96$

Rechengesetze und Rechenvorteile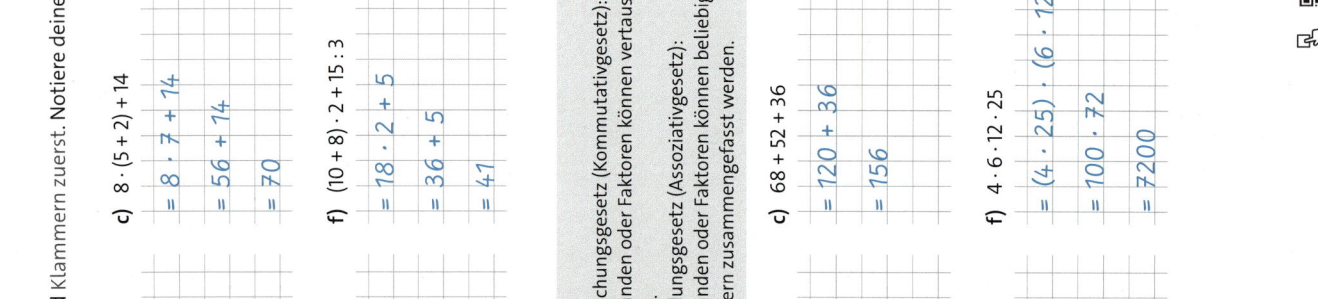

1 Beachte die Rechenregeln Punkt− vor Strichrechnung und Klammern zuerst. Notiere deine Rechenschritte untereinander.

a) $5 + 7 \cdot 4 − 8$
$= 5 + 28 − 8$
$= 25$

b) $4 \cdot (9 + 5) − 6$
$= 4 \cdot 14 − 6$
$= 56 − 6$
$= 50$

c) $8 \cdot (5 + 2) + 14$
$= 8 \cdot 7 + 14$
$= 56 + 14$
$= 70$

d) $5 \cdot 7 − (9 + 4)$
$= 35 − 13$
$= 22$

e) $6 + 7 \cdot 3 + 18 : 6$
$= 6 + 21 + 3$
$= 30$

f) $(10 + 8) \cdot 2 + 15 : 3$
$= 18 \cdot 2 + 5$
$= 36 + 5$
$= 41$

2 Nutze Rechenvorteile. Notiere deine Rechenschritte untereinander.

Tipp

Vertauschungsgesetz (Kommutativgesetz): Summanden oder Faktoren können vertauscht werden.

Verbindungsgesetz (Assoziativgesetz): Summanden oder Faktoren können beliebig mit Klammern zusammengefasst werden.

a) $74 + 57 + 26$
$= (74 + 26) + 57$
$= 100 + 57$
$= 157$

b) $26 + 77 + 23$
$= 26 + (77 + 23)$
$= 26 + 100$
$= 126$

c) $68 + 52 + 36$
$= 120 + 36$
$= 156$

d) $5 \cdot 3 \cdot 4 \cdot 6$
$= (5 \cdot 4) \cdot (3 \cdot 6)$
$= 20 \cdot 18$
$= 360$

e) $8 \cdot 20 \cdot 11 \cdot 5$
$= (8 \cdot 11) \cdot (20 \cdot 5)$
$= 88 \cdot 100$
$= 8800$

f) $4 \cdot 6 \cdot 12 \cdot 25$
$= (4 \cdot 25) \cdot (6 \cdot 12)$
$= 100 \cdot 72$
$= 7200$

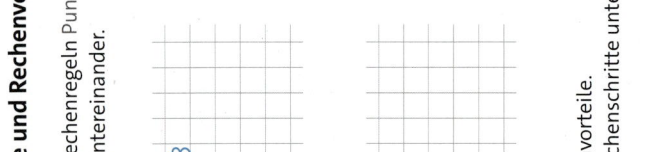

Rechengesetze und Rechenvorteile

Vorrangregeln

1 Nutze Rechenvorteile. Notiere deine Rechenschritte untereinander.

a) $5 \cdot 120 \cdot 4$
$= 600 \cdot 4 = 2400$

b) $37 + 17 + 13$
$= 37 + 13 + 17$
$= 67$

c) $5 \cdot 8 + 5 \cdot 9$
$= 5 \cdot (8 + 9)$
$= 5 \cdot 17 = 85$

d) $9 \cdot 50 \cdot 2 \cdot 7$
$= 50 \cdot 2 \cdot (9 \cdot 7)$
$= 100 \cdot 63 = 6300$

e) $318 + 14 + 52$
$= 318 + 52 + 14$
$= 370 + 14 = 384$

f) $4 \cdot 125 \cdot 2 \cdot 5$
$= (4 \cdot 2 \cdot 125) \cdot 5$
$= 1000 \cdot 5 = 5000$

2 Berechne möglichst vorteilhaft.

a) $25 \cdot (2 + 4) + 48 : 6$
$= 50 + 100 + 8 = 158$

b) $3 \cdot (12 + 15) - 2 \cdot (30 + 10)$
$= 3 \cdot 27 - 2 \cdot 40 = 81 - 80 = 1$

c) $18 + 6 \cdot (3 + 4) + 40$
$= 18 + 42 + 40 = 100$

d) $9 \cdot (16 - 4) + 4 \cdot (3 + 5)$
$= 9 \cdot 12 + 4 \cdot 8 = 108 + 32 = 140$

e) $3 \cdot (25 - 7) - 8 \cdot 6$
$= 3 \cdot 18 - 48 = 54 - 48 = 6$

f) $4 \cdot (250 + 5) - 8 \cdot (125 + 2)$
$= 1000 + 20 - 1000 - 16 = 4$

3 Berechne möglichst vorteilhaft.

a) $3 \cdot (18 + 21) - 4 \cdot (3 + 15) - 15$
$= 3 \cdot 39 - 4 \cdot 18 - 15$
$= 117 - 72 - 15 = 117 - 87 = 30$

b) $5 \cdot (24 + 9) + 6 \cdot (3 + 7)$
$= 5 \cdot 33 + 6 \cdot 10 = 165 + 60$
$= 225$

c) $7 \cdot (30 - 14) + 8 \cdot (5 + 6) + 150$
$= 7 \cdot 16 + 8 \cdot 11 + 150$
$= 112 + 88 + 150 = 350$

d) $8 \cdot (32 + 8) - 5 \cdot (4 + 20) - 24$
$= 8 \cdot 40 - 20 - 100 - 24$
$= 320 - 20 - 124 = 176$

Vorteilhaft multiplizieren

Schriftlich multiplizieren

Schriftlich multiplizieren

> **Tipp**
> Multipliziere Stelle für Stelle von rechts. Es können Überträge entstehen. Die kommen bei der Stelle links davon dazu. Es können mehrere Zwischenergebnisse entstehen, die stellengerecht addiert werden müssen.
>
> **Beispiel:**
> $728 \cdot 59$: 36400; 6552; $= 42952$
> $728 \cdot 406$: 291200; 4368; $= 295568$

1 Berechne schriftlich.

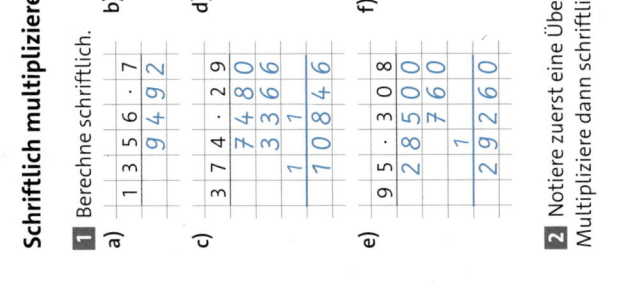

a) $1356 \cdot 7 = 9492$

b) $798 \cdot 3 = 2394$

c) $374 \cdot 29$: 7480; 3366; $= 10846$

d) $526 \cdot 45$: 21040; 2630; $= 23670$

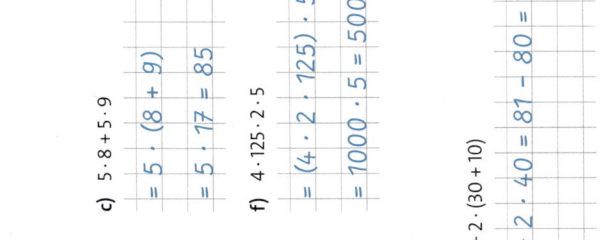

e) $95 \cdot 308$: 28500; 760; $= 29260$

f) $57 \cdot 860$: 45600; 3420; $= 49020$

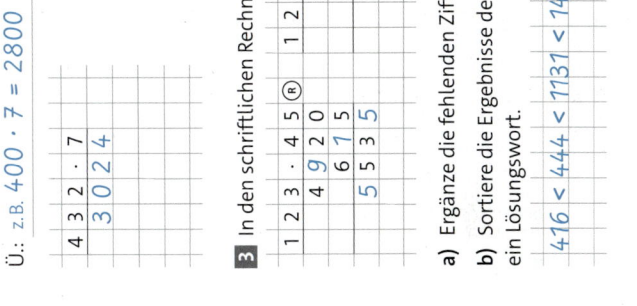

2 Notiere zuerst eine Überschlagsrechnung. Multipliziere dann schriftlich.

a) $432 \cdot 7$ Ü.: z.B. $400 \cdot 7 = 2800$
$= 3024$

b) $123 \cdot 48$ Ü.: z.B. $100 \cdot 50 = 5000$
$= 5904$

c) $1824 \cdot 26$ Ü.: z.B. $1800 \cdot 30 = 54000$
$= 47424$

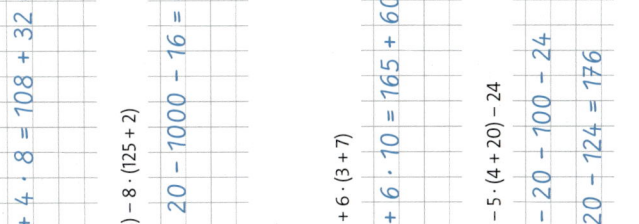

3 In den schriftlichen Rechnungen sind Ziffern verloren gegangen.

$123 \cdot 45$ (R): 4920; 615; $= 5535$
$12 \cdot 37$ (A): 360; 84; $= 444$
$29 \cdot 39$ (K): 870; 261; $= 1131$
$39 \cdot 37$ (T): 1170; 273; $= 1443$
$52 \cdot 8$ (F): 416
$421 \cdot 7$ (O): 2947

a) Ergänze die fehlenden Ziffern.

b) Sortiere die Ergebnisse der Größe nach. Beginne mit der kleinsten Zahl. Die Buchstaben bilden ein Lösungswort.

$416 < 444 < 1131 < 1443 < 2947 < 5535$; Lösungswort: FAKTOR

Schriftlich multiplizieren

 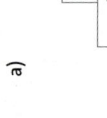
Schriftlich multiplizieren

Schriftlich multiplizieren

Multipliziere stellenweise. Beginne rechts.
Die Überträge kommen bei der Stelle links davon dazu. Wenn es Zwischenergebnisse gibt, dann addiere sie Stelle für Stelle.

Überschlage die Rechnung, um dein Ergebnis zu überprüfen.

Beispiele:

```
8 3 9 · 6 7
5 0 3 4 0
  5 8 7 3
    1 1
5 6 2 1 3
```

```
7 8 6 · 9 0 8
7 0 7 4 0 0
    6 2 8 8
        1
7 1 3 6 8 8
```

1 Notiere zuerst einen Überschlag. Multipliziere dann schriftlich. Vergleiche dein Ergebnis mit dem Überschlag.

a) 547 · 23

```
Ü.: z.B. 550 · 20
       = 11000
5 4 7 · 2 3
1 0 9 4 0
  1 6 4 1
      1
1 2 5 8 1
```

b) 334 · 59

```
Ü.: z.B. 330 · 60
       = 19800
3 3 4 · 5 9
1 6 7 0 0
  3 0 0 6
1 9 7 0 6
```

c) 1953 · 48

```
Ü.: z.B. 2000 · 50
       = 100000
1 9 5 3 · 4 8
7 8 1 2 0
1 5 6 2 4
      1
9 3 7 4 4
```

2 In den schriftlichen Rechnungen sind Ziffern verloren gegangen. Ergänze die fehlenden Ziffern.

```
5 7 6 · 6 4
3 4 5 6 0
  2 3 0 4
3 6 8 6 4
```

```
3 4 9 · 3 5
1 0 4 7 0
  1 7 4 5
1 2 2 1 5
```

```
6 6 3 · 8 4
5 3 0 4 0
  2 6 5 2
5 5 6 9 2
```

```
4 7 7 · 1 2 8
4 7 7 0 0
  9 5 4 0
  3 8 1 6
6 1 0 5 6
```

3 Immer zwei nebeneinanderstehende Zahlen werden multipliziert. Das Ergebnis steht darüber. Achtung: In der Spitze steht der Wert der Summe der zwei Zahlen darunter.

a)

	6912	
3456		3456
48	72	48
4	12	6	8

```
4 8 · 7 2
3 3 6 0
    9 6
3 4 5 6
```

```
3 4 5 6
+3 4 5 6
6 9 1 2
```

b)

	10318	
2695		7623
35	77	99
5	7	11	9

```
3 5 · 7 7
2 4 5 0
  2 4 5
2 6 9 5
```

```
7 7 · 9 9
6 9 3 0
  6 9 3
7 6 2 3
```

```
2 6 9 5
+7 6 2 3
1 0 3 1 8
```

Schriftlich multiplizieren

Schriftlich multiplizieren

1 Notiere einen Überschlag, den du im Kopf gerechnet hast. Multipliziere dann schriftlich. Vergleiche das Ergebnis mit dem Überschlag, ob es annähernd übereinstimmt.

a) 397 · 34

```
Ü.: z.B. 400 · 30
       = 12000
3 9 7 · 3 4
1 1 9 1 0
  1 5 8 8
      1
1 3 4 9 8
```

b) 486 · 97

```
Ü.: z.B. 500 · 100
       = 50000
4 8 6 · 9 7
4 3 7 4 0
  3 4 0 2
      1
4 7 1 4 2
```

c) 2538 · 49

```
Ü.: z.B. 2500 · 50
       = 125000
2 5 3 8 · 4 9
1 0 1 5 2 0
  2 2 8 4 2
1 2 4 3 6 2
```

2 In den schriftlichen Rechnungen sind Ziffern verloren gegangen. Ergänze die fehlenden Ziffern.

```
5 3 6 · 9 8
4 8 2 4 0
  4 2 8 8
5 2 5 2 8
```

```
4 7 9 · 1 2 7
4 7 9 0 0
  9 5 8 0
  3 3 5 3
6 0 8 3 3
```

```
6 3 9 · 2 4 3
1 2 7 8 0 0
  2 5 5 6 0
    1 9 1 7
1 5 5 2 7 7
```

```
2 3 4 5 · 3 2 1
7 0 3 5 0 0
  4 6 9 0 0
    2 3 4 5
7 5 2 7 4 5
```

3 Immer zwei nebeneinanderstehende Zahlen werden multipliziert. Das Ergebnis steht darüber. Achtung: In der Spitze steht der Wert der Summe der zwei Zahlen darunter.

a)

	9052	
1364		7688
22	62	124
11	2	31	4

```
6 2 · 2 2
1 2 4 0
  1 2 4
1 3 6 4
```

```
1 2 4 · 6 2
7 4 4 0
  2 4 8
7 6 8 8
```

```
1 3 6 4
+7 6 8 8
9 0 5 2
```

b)

	7956	
6936		1020
204	34	30
12	17	2	15

```
2 0 4 · 3 4
6 1 2 0
  8 1 6
6 9 3 6
```

4 Wie verändert sich der Wert des Produktes, wenn ein Faktor verdoppelt und der andere Faktor verdreifacht wird? Rechne ein paar Beispiele und formuliere dann eine allgemeine Aussage.

z.B. 4 · 15 = 60; 4 · 2 = 8 und 15 · 3 = 45; 8 · 45 = 360; 360 : 6 = 6 · 60
5 · 40 = 200; 5 · 2 = 10 und 40 · 3 = 120; 10 · 120 = 1200; 1200 = 6 · 200

Wird ein Faktor verdoppelt und der andere verdreifacht, dann versechsfacht sich der Wert des Produktes.

Systematisch zählen und schätzen ⊠

Mit der Rastermethode kannst du größere Anzahlen abschätzen, zum Beispiel auf Bildern.
Bei der Fermi-Methode kannst du Vergleichsgrößen (meist Längen) verwenden.
Mit einer Vergleichsgröße kannst du die Größe eines anderen Objekts abschätzen.

1 Wie viele Himbeeren sind ungefähr auf dem Bild zu sehen?

z.B. *Ein Feld enthält ca. 5 Beeren.*
Es sind 12 Felder. 5 · 12 = 60
Es sind ca. 60 Beeren im Bild zu sehen.

2 Wie viele Sonnenblumen sind ungefähr auf dem Bild zu sehen?

z.B. *Ein Streifen enthält ca. 25 Blüten.*
Es sind 8 Streifen. 8 · 25 = 200
Es sind ca. 200 Blüten im Bild zu sehen.

3 Wie hoch ist das Glas mit den Nudeln ungefähr in der Wirklichkeit?

z.B. *Eine Nudel ist ca. 5 cm lang.*
Ungefähr 5 Nudeln passen in der Höhe übereinander.
5 · 5 cm = 25 cm
Das Glas ist ca. 25 cm hoch.

Systematisch zählen und schätzen ⊠

1 Bestimme mit der Rastermethode, wie viele Zitronen auf dem Foto abgebildet sind.

Tipp
Rechne die Anzahl in einem Feld mal die Anzahl aller Felder.

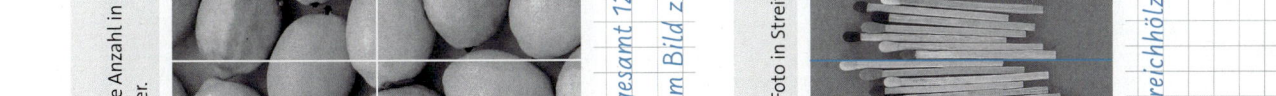

z.B. *In einem Feld sind ca. 4 Zitronen. Es sind insgesamt 12 Felder.*
12 · 4 = 48   Es sind ca. 48 Zitronen in dem Bild zu sehen.

2 Schätze schnell ab, wie viele Streichhölzer hier nebeneinander liegen.

Tipp
Teile das Foto in Streifen ein.

z.B. *Ein Streifen mit 3 cm Breite enthält ca. 13 Streichhölzer.*
Es sind insgesamt 6 Streifen. 13 · 6 = 78
Es liegen ca. 78 Streichhölzer nebeneinander.

Schriftlich dividieren   Schriftlich dividieren – mit Nullen

Schriftlich dividieren

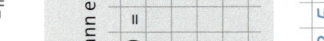

Tipp
Rechne wie im Beispiel. Es kann ein Rest bleiben.

Beispiel:
```
8 5 7 : 9 = 9 5 Rest 2
- 8 1
    4 7
  - 4 5
      2
```

1 Berechne schriftlich.

a)
```
8 1 0 : 5 = 1 6 2
- 5
  3 1
- 3 0
    1 0
  - 1 0
       0
```

b)
```
1 6 2 8 : 8 = 2 0 3 Rest 4
- 1 6
  0 2 8
  -   2 4
        4
```

c)
```
2 4 6 4 : 7 = 3 5 2
- 2 1
  3 6
- 3 5
    1 4
  - 1 4
       0
```

Tipp
Runde die Zahlen so, dass du schnell im Kopf rechnen kannst.

2 Rechne den Überschlag.

a) 614 : 3   Ü.: z.B. 600 : 3 = 200

b) 127 : 9   Ü.: z.B. 130 : 10 = 13

c) 378 : 21   Ü.: z.B. 380 : 20 = 19

d) 639 : 33   Ü.: z.B. 600 : 30 = 20

3 Rechne einen Überschlag im Kopf. Verbinde die Aufgabe mit dem passenden Ergebnis.

540 : 5   805 : 5   1616 : 8   756 : 7   606 : 3   1414 : 7

161   108   202   1288

4 Notiere zuerst den Überschlag. Dividiere dann schriftlich. Vergleiche das Ergebnis mit dem Überschlag. Rechne dann eine Probe, indem du multiplizierst.

```
3 1 4 1 : 3
3 0 0 0 : 3 = 1 0 0 0
```

```
3 1 4 1 : 3 = 1 0 4 7
- 3
  0 1 4
  - 1 2
    2 1
  - 2 1
     0
```

```
1 0 4 7 · 3
    3 1 4 1
```

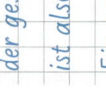   

Schriftlich dividieren   Sachaufgaben mit Multiplikation und Division

---

Systematisch zählen und schätzen

1 Im Labor müssen unter dem Mikroskop betrachtete rote Blutkörperchen gezählt werden. Wie viele rote Blutkörperchen sind in diesem Bildausschnitt ungefähr zu sehen?

z.B. Ein Feld enthält ca. 13 davon.

Es sind 15 Felder. 13 · 15 = 195

Es sind ca. 195 rote Blutkörperchen zu sehen.

2 Angenommen, die in dem Bild abgebildeten Sparschweine sollen in der fünften Klassenstufe einer Schule verteilt werden, also an 125 Kinder. Schätze ab, ob das geht.

z.B. Ein Feld enthält ca. 12 davon.

Es sind 20 Felder. 12 · 20 = 240

Mit ca. 240 Sparschweinen können
125 Kinder versorgt werden.

3 Wie hoch ist die Skulptur des Daumens? Wievielmal größer ist die Skulptur als ein normaler Daumen?

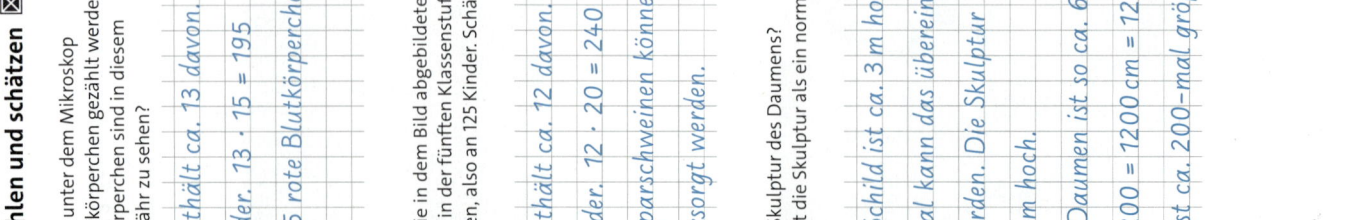

z.B. Das linke Schild ist ca. 3 m hoch.
ungefähr 4-mal kann das übereinander gesetzt werden. Die Skulptur ist also ca. 12 m hoch.

Ein normaler Daumen ist so ca. 6 cm lang. 6 cm · 200 = 1200 cm = 12 m
Die Skulptur ist ca. 200-mal größer.

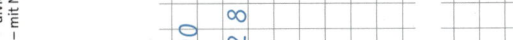

Schriftlich dividieren

Schriftlich dividieren – mit Nullen

Schriftlich dividieren ☒

Wenn du schriftlich dividierst, dann rechne wie im Beispiel. Es kann ein Rest bleiben.
Mit einem Überschlag kannst du herausfinden, ob dein Ergebnis ungefähr stimmt.
Eine Probe führst du durch, indem du multiplizierst.

Beispiele:

```
6 9 8 : 8 = 8 7  Rest 2
-6 4
  5 8
 -5 6
    2
```

1 Rechne zuerst einen Überschlag. Dividiere dann schriftlich. Vergleiche das Ergebnis mit dem Überschlag.

a) 5244 : 12
Ü.: z.B. 5000 : 10 = 500

```
5 2 4 4 : 1 2 = 4 3 7
-4 8
  4 4
 -3 6
    8 4
   -8 4
     0
```

b) 8073 : 23
Ü.: z.B. 8000 : 20 = 400

```
8 0 7 3 : 2 3 = 3 5 1
-6 9
1 1 7
-1 1 5
    2 3
   -2 3
     0
```

c) 5897 : 19
Ü.: z.B. 6000 : 20 = 300

```
5 8 9 7 : 1 9 = 3 1 0  Rest 7
-5 7
  1 9
 -1 9
   0 7
```

d) 6432 : 21
Ü.: z.B. 6400 : 20 = 320

```
6 4 3 2 : 2 1 = 3 0 6  Rest 6
-6 3
  1 3 2
 -1 2 6
      6
```

2 Rechne zuerst den Überschlag im Kopf. Verbinde dann die Aufgabe mit dem passenden Ergebnis.

| 384:12 | 1066:26 | 168:28 | 336:28 | 837:31 | 969:17 |

| 12 | 32 | 41 | 27 | 57 | 6 |

3 Rechne eine Probe zu der Aufgabe 1 c.

310 · 19 = 3100 + 2790 = 5890
5890 + 7 = 5897

Schriftlich dividieren

Sachaufgaben mit Multiplikation und Division

Schriftlich dividieren

Schriftlich dividieren – mit Nullen

Schriftlich dividieren ☒

1 Rechne zuerst einen Überschlag. Dividiere dann schriftlich. Vergleiche das Ergebnis mit dem Überschlag.

a) 5232 : 16
Ü.: z.B. 4800 : 16 = 300

```
5 2 3 2 : 1 6 = 3 2 7
-4 8
  4 3
 -3 2
  1 1 2
 -1 1 2
     0
```

b) 6844 : 24
Ü.: z.B. 7200 : 24 = 300

```
6 8 4 4 : 2 4 = 2 8 5  Rest 4
-4 8
  2 0 4
 -1 9 2
    1 2 4
   -1 2 0
       4
```

2 Rechne die Probe zu der Aufgabe 1 b.

```
2 8 5 · 2 4
5 7 0 0
1 1 4 0
6 8 4 0
6840 + 4 = 6844
```

3 Rechne zuerst den Überschlag im Kopf. Verbinde dann die Aufgabe mit dem passenden Ergebnis.

| 399:19 | 868:28 | 255:17 | 432:36 | 612:18 | 968:22 |

| 31 | 12 | 21 | 44 | 34 | 15 |

4 Ein Fußballverein bestellt Trainingsanzüge für die jüngeren Mannschaften: G-Jugend, F-Jugend, E-Jugend und D-Jugend. In jeder Mannschaft gibt es 36 Spieler. Für alle vier Mannschaften müssen zusammen 4176 € gezahlt werden.

a) Wie teuer ist ein Trainingsanzug?

z.B. 4176 : (36 · 4) = 4176 : 144

```
4 1 7 6 : 1 4 4 = 2 9
-2 8 8
  1 2 9 6
 -1 2 9 6
       0
```

Ein Trainingsanzug kostet 29 €.

b) Wie viel Geld wird pro Gruppe ausgegeben?

z.B. 4176 : 4 = 1044

Pro Gruppe sind es 1044 €.

Schriftlich dividieren

Sachaufgaben mit Multiplikation und Division

Anteile von Ganzen

Bei Brüchen gibt der Nenner an, in wie viele gleich große Teile das Ganze aufgeteilt wurde.
Der Zähler gibt an, wie viele Teile des Ganzen genommen werden.

1 Welcher Teil des Ganzen ist farbig? Gib als Bruch an.

a) $\frac{4}{5}$

b) $\frac{5}{9}$

c) $\frac{3}{8}$

d) $\frac{7}{12}$

2 Markiere den angegebenen Bruchteil. Schreibe zu dem markierten Teil einen anderen passenden Bruch auf, der im Nenner angibt, in wie viele gleich große Teile das Ganze aufgeteilt ist.

a) $\frac{2}{5} = \frac{4}{10}$

b) $\frac{3}{4} = \frac{9}{12}$

c) $\frac{4}{5} = \frac{16}{20}$

d) $\frac{5}{8} = \frac{15}{24}$

e) $\frac{4}{7} = \frac{8}{14}$

3 Rechtecke als Bruchteile von Ganzen

① $\frac{2}{5}$ des Ganzen

② $\frac{3}{8}$ des Ganzen

a) Vervollständige die Figur zum Ganzen.

b) Zeichne Linien in die Rechtecke ein, sodass die folgenden Anteile stimmen:
In ① sind $\frac{6}{15}$ des Ganzen dargestellt und in ② sind es $\frac{9}{24}$ des Ganzen.

Anteile von Ganzen

1 Welcher Teil des Ganzen ist eingefärbt? Gib als Bruch an.

a) $\frac{3}{4}$

b) $\frac{2}{3}$

c) $\frac{3}{5}$

d) $\frac{5}{8}$

Tipp
Anzahl gleicher Teile insgesamt (Nenner)
Anzahl der ausgewählten Teile (Zähler)

2 Markiere den Bruchteil $\frac{3}{4}$

a) z.B. $\frac{3}{4}$

b) z.B. $\frac{6}{8}$

c) z.B. $\frac{6}{8}$

d) z.B. $\frac{12}{16}$

Tipp
Es müssen 3 von 4 gleichen Bruchteilen eingefärbt werden.

3 Schreibe jeweils zu dem markierten Teil aus Aufgabe 2 einen passenden Bruch auf. Im Nenner soll stehen, in wie viele gleich große Teile das Ganze aufgeteilt ist.

a) $\frac{3}{4}$

b) $\frac{6}{8}$

c) $\frac{6}{8}$

d) $\frac{12}{16}$

4 Markiere in der Figur die Anzahl der angegebenen Kästchen. Gib dann den markierten Teil als Bruch an.

a) 7 Kästchen — z.B. $\frac{7}{30}$

b) 9 Kästchen — z.B. $\frac{9}{40}$

c) 11 Kästchen — z.B. $\frac{11}{45}$

d) 13 Kästchen — z.B. $\frac{13}{50}$

Bruchteile von Größen berechnen

Bruchteile von Größen

1 Bestimme den Anteil an den Geldbeträgen.

Tipp
Teile durch den Nenner und multipliziere mit dem Zähler.

a) $\frac{3}{4}$ von 44 ct = _33 ct_
b) $\frac{2}{5}$ von 45 € = _18 €_
c) $\frac{3}{8}$ von 56 ct = _21 ct_
d) $\frac{2}{7}$ von 56 € = _16 €_
e) $\frac{5}{6}$ von 36 ct = _30 ct_
f) $\frac{3}{5}$ von 60 € = _36 €_
g) $\frac{4}{9}$ von 99 ct = _44 ct_
h) $\frac{3}{11}$ von 55 € = _15 €_
i) $\frac{7}{12}$ von 48 ct = _28 ct_
j) $\frac{3}{13}$ von 52 € = _12 €_

2 Bestimme den Anteil an den Längen.

a) $\frac{2}{5}$ von 35 cm = _14 cm_
b) $\frac{2}{3}$ von 36 m = _24 m_
c) $\frac{5}{6}$ von 54 dm = _45 dm_
d) $\frac{5}{8}$ von 64 mm = _40 mm_
e) $\frac{4}{5}$ von 25 km = _20 km_
f) $\frac{3}{4}$ von 56 m = _42 m_
g) $\frac{5}{8}$ von 56 dm = _35 dm_
h) $\frac{6}{7}$ von 56 m = _48 m_
i) $\frac{6}{11}$ von 99 cm = _54 cm_

3 Der farbig markierte Teil einer Stunde ist vergangen. Gib als Bruchteil an. Zeige das auch rechnerisch.

Tipp
60 Minuten (min) = 1 Stunde (h)
Beispiel:
10 min: 60 : 10 = 6, also $\frac{1}{6}$ h

a) $\frac{1}{4}$ h; 15 min sind vergangen; 60 : 15 = 4, also $\frac{1}{4}$ h
b) $\frac{1}{2}$ h; 30 min sind vergangen; 60 : 30 = 2, also $\frac{1}{2}$ h
c) $\frac{1}{3}$ h; 20 min sind vergangen; 60 : 20 = 3, also $\frac{1}{3}$ h
d) $\frac{3}{4}$ h; 45 min sind vergangen; 3 · 15 min, also 3 · $\frac{1}{4}$ h = $\frac{3}{4}$ h
e) $\frac{2}{3}$ h; 40 min sind vergangen; 2 · 20 min, also 2 · $\frac{1}{3}$ h = $\frac{2}{3}$ h

4 Wie viele Stunden sind vergangen?

Tipp
24 Stunden (h) = 1 Tag (d)

a) $\frac{1}{2}$ d = _12 h_
b) $\frac{1}{3}$ d = _8 h_
c) $\frac{1}{4}$ d = _6 h_
d) $\frac{1}{8}$ d = _3 h_
e) $\frac{3}{4}$ d = _18 h_
f) $\frac{2}{3}$ d = _16 h_

Bruchteile berechnen — Umwandeln in die kleinere Einheit

Bruchteile berechnen

Bruchteile angeben und einfärben

Anteile von Ganzen

1 Bruchteile von Strecken

a) Markiere zuerst $\frac{1}{3}$ und $\frac{2}{3}$ der Strecke. Gib dann die Längen der Strecken an.

$\frac{1}{3}$ ist 4 cm lang, $\frac{2}{3}$ sind 8 cm lang.

b) Markiere zuerst $\frac{1}{5}$ und $\frac{3}{5}$ der Strecke. Gib dann die Längen der Strecken an.

$\frac{1}{5}$ ist 3 cm lang, $\frac{3}{5}$ sind 9 cm lang.

c) Markiere zuerst $\frac{1}{8}$ und $\frac{5}{8}$ der Strecke. Gib dann die Längen der Strecken an.

$\frac{1}{8}$ ist 2 cm lang, $\frac{5}{8}$ sind 10 cm lang.

2 Ordne jedem Bruch die passende Darstellung zu. Es sind mehrere Zuordnungen möglich und es gibt auch Brüche, die nicht zugeordnet werden können.

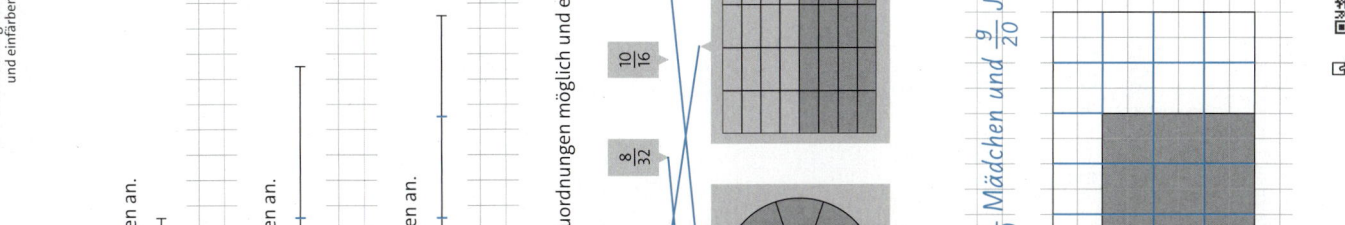

$\frac{12}{16}$ $\frac{3}{4}$ $\frac{3}{10}$ $\frac{4}{5}$ $\frac{1}{4}$ $\frac{6}{8}$ $\frac{1}{2}$ $\frac{8}{32}$ $\frac{10}{16}$ $\frac{8}{10}$

3 In einer Schulklasse sind 11 Mädchen und 9 Jungen.
a) Welche Bruchteile können für die Mädchen und für die Jungen angegeben werden?

Es sind $\frac{11}{20}$ Mädchen und $\frac{9}{20}$ Jungen.

b) Für die Jungen wurde die Bruchteildarstellung rechts gezeichnet. Ist diese richtig? Begründe.

Ja, das ist richtig. z.B. Es können insgesamt 20 Quadrate mit 1 cm Länge gezeichnet werden. 9 sind farbig.

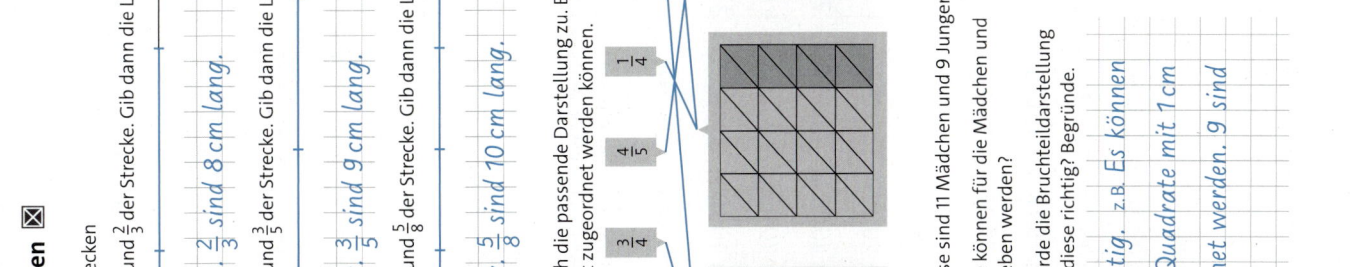

Brüche ablesen und darstellen

Bruchteile von Größen berechnen

Bruchteile von Größen ☒

So berechnest du den Bruchteil von Größen: Teile die Größe durch den Nenner und multipliziere dann mit dem Zähler. Manchmal musst du vorher die Größe in eine kleinere Einheit umrechnen.

1 Wie viele Minuten sind das?

a) $\frac{2}{3}$ von 2 h: 120 min : 3 = 40 min; 2 · 40 min = 80 min

b) $\frac{2}{3}$ von 3 h: 180 min : 3 = 60 min; 2 · 60 min = 120 min

c) $\frac{3}{4}$ von 3 h: 180 min : 4 = 45 min; 3 · 45 min = 135 min

d) $\frac{3}{5}$ von 4 h: 240 min : 5 = 48 min; 3 · 48 min = 144 min

2 Gib in der nächstkleineren Einheit an.

a) $\frac{3}{5}$ km: von 1000 m; 3 · 200 m = 600 m

b) $\frac{3}{4}$ kg: von 1000 g; 3 · 250 g = 750 g

c) $\frac{2}{5}$ cm: von 10 mm; 2 · 2 mm = 4 mm

e) $\frac{3}{8}$ kg: von 1000 g; 3 · 125 g = 375 g

f) $\frac{4}{25}$ km: von 1000 m; 4 · 40 m = 160 m

3 Ein Ausflug für die fünfte Klassenstufe soll insgesamt 2400 € kosten. Der Veranstalter verlangt vorher eine Anzahlung von einem Viertel des Preises. Welcher Betrag muss angezahlt werden?

z.B. $\frac{1}{4}$ von 2400 €: 2400 € : 4 = 600 €

Es müssen für den Ausflug 600 € angezahlt werden.

4 Die Schule bestellt neue Tablets. Pro Tablet müssen zwei Drittel des 600 € vorher angezahlt werden. Wie teuer ist die Anzahlung pro Tablet?

z.B. $\frac{2}{3}$ von 600 €: 2 · 200 € = 400 €

Pro Tablet müssen 400 € angezahlt werden.

5 Gib den Bruchteil in einer kleineren Einheit ohne Komma an.

a) $\frac{2}{5}$ von 4 m   z.B. $\frac{2}{5}$ von 40 dm; 2 · 8 dm = 16 dm

b) $\frac{2}{3}$ von 1,2 dm   z.B. $\frac{2}{3}$ von 12 cm; 2 · 4 cm = 8 cm

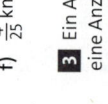

Bruchteile berechnen

Bruchteile berechnen – Umwandeln in die

Bruchteile von Größen berechnen

Bruchteile von Größen ☒

1 Gib in der nächstkleineren Einheit an.

a) $\frac{4}{5}$ kg: $\frac{4}{5}$ von 1000 g; 4 · 200 g = 800 g

b) $\frac{6}{25}$ t: $\frac{6}{25}$ von 1000 kg; 6 · 40 kg = 240 kg

c) $\frac{7}{40}$ km: $\frac{7}{40}$ von 1000 m; 7 · 25 m = 175 m

d) $\frac{4}{5}$ h: $\frac{4}{5}$ von 60 min; 4 · 12 min = 48 min

e) $\frac{7}{8}$ d: $\frac{7}{8}$ von 24 h; 3 · 7 h = 21 h

f) $\frac{5}{12}$ min: $\frac{5}{12}$ von 60 s; 5 · 5 s = 25 s

2 Gib als Bruchteil in der nächstgrößeren Einheit an.

a) 250 g: 1 kg = 1000 g; 1000 : 250 = 4, also $\frac{1}{4}$ kg

b) 40 m: 1 km = 1000 m; 1000 : 40 = 25, also $\frac{1}{25}$ km

c) 5 kg: 1 t = 1000 kg; 1000 : 5 = 200, also $\frac{1}{200}$ t

d) 600 m: 1 km = 1000 m; 600 m = 3 · 200 m, also 3 · $\frac{1}{5}$ km = $\frac{3}{5}$ km

e) 400 g: 1 kg = 1000 g; 400 g = 2 · 200 g, also 2 · $\frac{1}{5}$ kg = $\frac{2}{5}$ kg

f) 75 m: 1 km = 1000 m; 75 m = 3 · 25 m, also 3 · $\frac{1}{40}$ km = $\frac{3}{40}$ km

3 Ein Gemüsehändler bestellt 72 Melonen. $\frac{1}{8}$ davon sind während des Transportes verschimmelt und $\frac{7}{9}$ wurden verkauft. Berechne, wie viele Melonen verschimmelt, verkauft und übriggeblieben sind.

72 : 8 = 9; 9 Melonen sind verschimmelt.

72 : 9 = 8; 7 · 8 = 56; 72 – 9 – 56 = 7

56 Melonen wurden verkauft und 7 Melonen blieben übrig.

4 Im Unterricht wird ein Kuchen gebacken. Es werden 400 g Mehl, 250 g Zucker, 200 g Butter und 125 g Schokolade benötigt. Gib die Zutaten als Bruchteile in kg an.

Mehl: 400 g = 2 · 200 g, also 2 · $\frac{1}{5}$ kg = $\frac{2}{5}$ kg;   Zucker: 250 g = $\frac{1}{4}$ kg;

Butter: 200 g = $\frac{1}{5}$ kg;   Schokolade: 125 g = $\frac{1}{8}$ kg

Bruchteile berechnen

Bruchteile berechnen – Umwandeln in die

Gemischte Zahlen

1 Schreibe als Bruch und als gemischte Zahl.

a) $\frac{5}{3} = 1\frac{2}{3}$

b)

$\frac{11}{6} = 1\frac{5}{6}$

c) $\frac{17}{12} = 1\frac{5}{12}$

Tipp
Wenn du mehr als ein Ganzes hast, dann kannst du den Bruch als gemischte Zahl schreiben.

Beispiel:
$\frac{5}{4}$ sind $\frac{4}{4}$ und $\frac{1}{4}$, also $1\frac{1}{4}$

2 Verbinde jeweils die gemischte Zahl mit dem passenden Bild und dem Bruch.

$2\frac{1}{12}$ $2\frac{5}{12}$ $1\frac{4}{12}$ $1\frac{6}{12}$

$\frac{16}{12}$ $\frac{18}{12}$ $\frac{25}{12}$ $\frac{29}{12}$

3 Schreibe als gemischte Zahl. Überlege wie im Beispiel.

a) $\frac{13}{10} = 1\frac{3}{10}$
b) $\frac{14}{11} = 1\frac{3}{11}$
c) $\frac{14}{9} = 1\frac{5}{9}$
d) $\frac{20}{9} = 2\frac{2}{9}$
e) $\frac{11}{4} = 2\frac{3}{4}$
f) $\frac{14}{3} = 4\frac{2}{3}$

Tipp
gemischte Zahl: ganze Zahl und Bruch

Beispiele:
denke $\frac{7}{4}$ sind $\frac{4}{4}$ und $\frac{3}{4}$, schreibe $\frac{7}{4} = 1\frac{3}{4}$

denke $\frac{12}{5}$ sind 2-mal $\frac{5}{5}$ und $\frac{2}{5}$, schreibe $\frac{12}{5} = 2\frac{2}{5}$

4 Stelle die gemischte Zahl als Bild dar. Schreibe dann als Bruch.

a) $1\frac{2}{6}$ $1\frac{2}{6} = \frac{8}{6}$

b) $1\frac{7}{10}$ $1\frac{7}{10} = \frac{17}{10}$

c) $2\frac{5}{6}$ $2\frac{5}{6} = \frac{17}{6}$

d) $2\frac{4}{5}$ $2\frac{4}{5} = \frac{14}{5}$

c) $4\frac{1}{2} = \frac{9}{2}$

d) $3\frac{6}{8} = \frac{30}{8}$

5 Schreibe die gemischte Zahl als Bruch.

a) $3\frac{1}{5} = \frac{16}{5}$
b) $2\frac{5}{7} = \frac{19}{7}$

Gemischte Zahlen umwandeln

Gemischte Zahlen

Es gibt Brüche, die größer sind als ein Ganzes.
Einen solchen Bruch kannst du als gemischte Zahl schreiben.
Sie besteht aus einer natürlichen Zahl und einem Bruch.

Beispiel:
$\frac{13}{5}$ ist 2-mal $\frac{5}{5}$ und $\frac{3}{5}$, also $2\frac{3}{5}$

1 Schreibe als Bruch und als gemischte Zahl.

a) $\frac{17}{6} = 2\frac{5}{6}$

b)

$\frac{19}{6} = 3\frac{1}{6}$

c) $\frac{16}{9} = 1\frac{7}{9}$

d)

$\frac{24}{9} = 2\frac{6}{9}$

2 Schreibe als gemischte Zahl. Schreibe wie im Beispiel oben.

a) $\frac{13}{7}$ sind $\frac{7}{7}$ und $\frac{6}{7}$, also $\frac{13}{7} = 1\frac{6}{7}$
b) $\frac{11}{4}$ sind 2-mal $\frac{4}{4}$ und $\frac{3}{4}$, also $\frac{11}{4} = 2\frac{3}{4}$
c) $\frac{17}{5}$ sind 3-mal $\frac{5}{5}$ und $\frac{2}{5}$, also $\frac{17}{5} = 3\frac{2}{5}$
d) $\frac{22}{7}$ sind 3-mal $\frac{7}{7}$ und $\frac{1}{7}$, also $\frac{22}{7} = 3\frac{1}{7}$
e) $\frac{38}{5}$ sind 7-mal $\frac{5}{5}$ und $\frac{3}{5}$, also $\frac{38}{5} = 7\frac{3}{5}$
f) $\frac{38}{7}$ sind 5-mal $\frac{7}{7}$ und $\frac{3}{7}$, also $\frac{38}{7} = 5\frac{3}{7}$

3 Stelle die gemischte Zahl in Rechtecken dar. Das erste Rechteck ist jeweils schon vorgegeben.

a) $1\frac{3}{12}$

b) $2\frac{2}{9}$

c) $3\frac{3}{5}$

d) $1\frac{5}{6}$

4 Nach einem Schulfest sind in den Kästen ein paar Flaschen übriggeblieben. Die Flaschen sollen sortiert werden, sodass wieder volle Kästen entstehen. Schreibe die Anzahl der gefüllten Kästen als gemischte Zahl.

   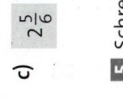

Insgesamt sind 25 Flaschen übrig. Dadurch entstehen $2\frac{1}{12}$ Kisten

Gemischte Zahlen umwandeln

Gemischte Zahlen ⊠

1 Schreibe als gemischte Zahl. Schreibe wie in der Beispielaufgabe a).

a) $\frac{13}{4}$ = _sind $\frac{12}{4}$ und $\frac{1}{4}$, also $3\frac{1}{4}$_

b) $\frac{25}{7}$ = _sind $\frac{21}{7}$ und $\frac{4}{7}$, also $3\frac{4}{7}$_

c) $\frac{19}{6}$ = _sind $\frac{18}{6}$ und $\frac{1}{6}$, also $3\frac{1}{6}$_

d) $\frac{39}{5}$ = _sind $\frac{35}{5}$ und $\frac{4}{5}$, also $7\frac{4}{5}$_

e) $\frac{47}{11}$ = _sind $\frac{44}{11}$ und $\frac{3}{11}$, also $4\frac{3}{11}$_

f) $\frac{85}{9}$ = _sind $\frac{81}{9}$ und $\frac{4}{9}$, also $9\frac{4}{9}$_

2 Fünf Kreise wurden alle in gleich große Teile aufgeteilt und einzelne Anteile ausgewählt.

a) Schreibe die einzelnen Bruchteile zu jeder Figur als Bruch auf. Welchem Anteil entsprechen alle Bruchteile zusammen? Schreibe auch als gemischte Zahl.

$\frac{2}{8}$ $\frac{4}{8}$ $\frac{3}{8}$ $\frac{5}{8}$ $\frac{4}{8}$

insgesamt $\frac{18}{8}$, also $\frac{16}{8}$ und $\frac{2}{8}$, das sind $2\frac{2}{8}$

b) Veranschauliche das Ergebnis aus a) in der Zeichnung rechts.

3 Notiere die einzelnen Bruchteile. Zeichne dann rechts ein Bild für den Anteil aller Bruchteile an einem der Rechtecke. Notiere auch diesen Anteil.

$\frac{5}{20}$ $\frac{9}{20}$ $\frac{8}{20}$ $\frac{6}{20}$

$\frac{28}{20}$, also $1\frac{8}{20}$

4 Sortiere die Bruchteile rechts passend. Gib den Anteil auch als andere Bruchteile an.

$\frac{10}{20}$ ist $\frac{1}{2}$, ist $\frac{2}{4}$, ist $\frac{5}{10}$

Gemischte Zahlen umwandeln

Brüche als Verhältnisse ▶

1 Verschiedene Säfte sollen gemischt werden. Die fünf Bilder zeigen verschiedene Mischungen.

Apfelsaft   Orangensaft   Kirschsaft   Heidelbeersaft

① ② ③ ④ ⑤

a) Welche Säfte wurden jeweils gemischt? Notiere das Mischungsverhältnis.

Tipp
Die Anteile werden mit zu verbunden.

Beispiel:
„Apfelsaft zu Kirschsaft wie 4 zu 6."

① _Kirschsaft zu Heidelbeersaft wie 3 zu 1_

② _Orangensaft zu Apfelsaft wie 3 zu 3_

③ _Orangensaft zu Heidelbeersaft wie 2 zu 1_

④ _Apfelsaft zu Kirschsaft wie 7 zu 3_

⑤ _Kirschsaft zu Orangensaft wie 1 zu 1_

b) Zeichne die angegebene Mischung in die drei Bilder ein. Nimm verschiedene Farben.

Orangensaft zu Kirschsaft wie 5 zu 5

Heidelbeersaft zu Apfelsaft wie 4 zu 1

Apfelsaft zu Orangensaft wie 3 zu 2

2 Bestimme das Verhältnis von Rot zu Orange.

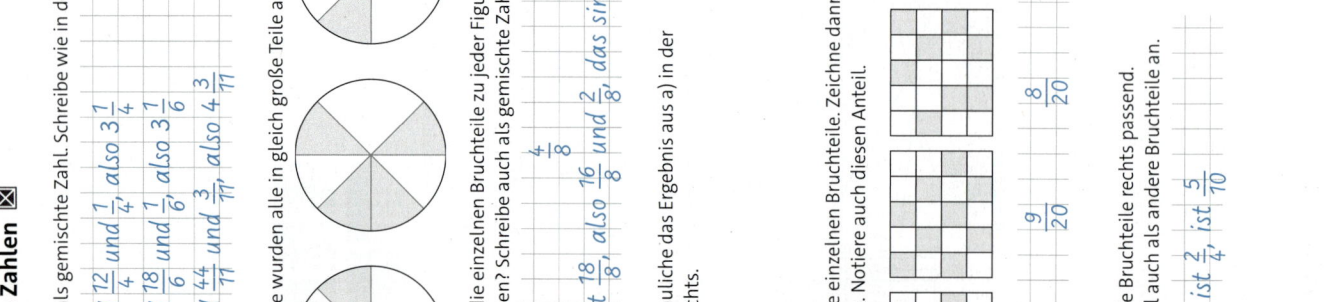

a) _2 zu 3_

b) _3 zu 5_

c) _8 zu 2 oder 4 zu 1_

Mischungsverhältnisse ablesen

Brüche als Verhältnisse ⊠

Bei Mischungen werden die Anteile als Verhältnisse mit zu verbunden, zum Beispiel „4 zu 6".

1 Auf dem Billardtisch liegen rote und gelbe Kugeln.

a) Bestimme das Verhältnis von roten zu gelben Kugeln. Gib die Anteile auch als Brüche an.

Rot zu Gelb wie 5 zu 3
$\frac{5}{8}$ Rot und $\frac{3}{8}$ Gelb

b) Ein Spieler spielt drei rote Kugeln in die Löcher. Bestimme das neue Verhältnis der Kugeln auf dem Billardtisch. Gib die Anteile auch als Brüche an.

Rot zu Gelb wie 2 zu 3
$\frac{2}{5}$ Rot und $\frac{3}{5}$ Gelb

c) Welche Kugeln müssen in die Löcher gespielt werden, damit das Verhältnis 1 zu 3 ist? Gib die Anteile auch als Brüche an.

Es werden zwei mal gelbe und zwei rote Kugeln eingelocht: Gelb zu Rot wie 1 zu 3;
$\frac{1}{4}$ Gelb; $\frac{3}{4}$ Rot
Es werden vier rote Kugeln eingelocht: Rot zu Gelb wie 1 zu 3; $\frac{1}{4}$ Rot; $\frac{3}{4}$ Gelb

2 Um bei Goldschmuck den Goldanteil anzugeben, werden 1000 Anteile gewählt. Bei einem 585er Goldring ist der Anteil Gold 585 von 1000. Der Rest sind andere Metalle.

a) Wie ist das Mischungsverhältnis von Gold zu den anderen Metallen?

Mischungsverhältnis 585 zu 415

b) In Goldringen gibt es auch Stempel mit den Nummern 333, 750 und 925. Was bedeutet das?

Das bedeutet ein Mischungsverhältnis von Gold und anderen Metallen wie
333 zu 667 bzw. 750 zu 250 bzw. 925 zu 75.

c) Gold ist ein weiches Metall. Welche der Sorten Goldringe in b) ist am weichsten?

Goldringe mit dem Stempel 925 haben den größten Goldanteil und sind
demnach am weichsten und nutzen sich schneller ab.

Brüche als Verhältnisse ⊠

1 Gegeben sind acht „Steckbriefe" von Kindern.

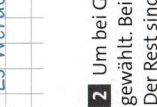

- Mädchen / treibt keinen Sport / findet Mathe gut / liebt die Farbe Grün
- Junge / spielt Fußball / findet Mathe gut / liebt die Farbe Grün
- Mädchen / reitet gerne / findet Mathe gut / liebt die Farbe Blau
- Mädchen / schwimmt gerne / findet Mathe doof / liebt die Farbe Rot
- Junge / treibt keinen Sport / findet Mathe doof / liebt die Farbe Blau
- Mädchen / spielt Fußball / findet Mathe gut / liebt die Farbe Rot
- Mädchen / schwimmt gerne / findet Mathe gut / liebt die Farbe Blau
- Junge / spielt Fußball / findet Mathe gut / liebt die Farbe Grün

Kreuze an, ob die Aussage wahr oder falsch ist.

Aussage	wahr	falsch
Die Steckbriefe sind von Jungen und Mädchen im Verhältnis 3 : 5 (3 zu 5).		x
$\frac{6}{10}$ der Kinder betätigen sich sportlich.	x	
Das Verhältnis Mathe gut finden zu Mathe doof finden ist 6 zu 2.	x	
Die Lieblingsfarbe Blau steht im Verhältnis zur Farbe Grün wie 3 : 3.		x
Die Lieblingsfarbe Blau steht im Verhältnis zur Farbe Rot wie 3 : 1.		

2 Der Klassenraum der Klasse 5 a soll neu gestrichen werden und zwar mit einem hellen Grün. Zum Mischen der gewünschten Farbe werden Büchsen mit grüner Farbe und Büchsen mit weißer Farbe benötigt.

a) Für ein helles Grün sollen Grün zu Weiß im Verhältnis 1 : 3 gemischt werden. Wie viel weiße Farbe müssen dann zu 600ml grüner Farbe zugegeben werden?

1800 ml Weiß sind das Dreifache von 600 ml.
Es müssen 1800 ml weiße Farbe zugegeben werden.

b) Für etwas dunkleres Grün sollen Grün zu Weiß im Verhältnis 6 : 3 gemischt werden. Wie viel Milliliter (ml) grüne Farbe müssen dann mit 450 ml weißer Farbe gemischt werden?

z.B. 6 : 3 ist genauso wie 2 : 1, also doppelt so viel Grün wie Weiß, also 900 ml.
Es müssen 900 ml grüne Farbe mit der weißen Farbe gemischt werden.

3 Ein Platinring hat einen Stempel mit der Nummer 950 bekommen. Das bedeutet, 950 von 1000 Anteilen sind Platin, der Rest sind andere Metalle.

a) Welches Mischungsverhältnis von Platin zu anderen Metallen liegt vor?

950 : 50

b) Welches Mischungsverhältnis besteht bei einem Stempel mit der Nummer 600?

600 : 400

Maßstab

Der Maßstab ist das Verhältnis Länge im Bild : Länge in der Wirklichkeit.

1 Ergänze die Tabelle. Du darfst nur mit gleichen Einheiten rechnen. Rechne in passende Einheiten um, wenn nötig.

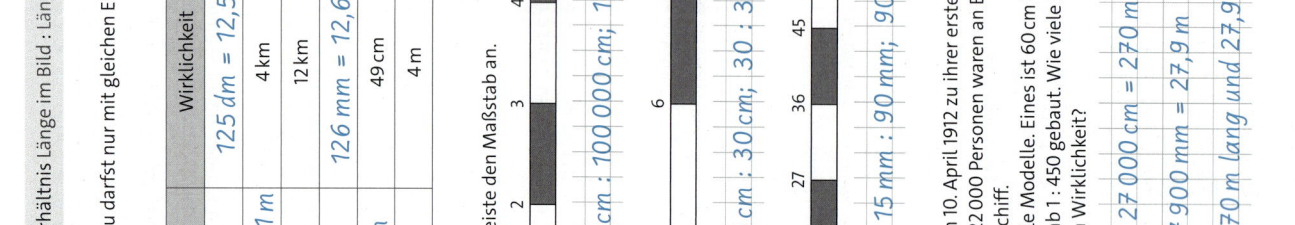

Zeichnung	Wirklichkeit	Maßstab
5 dm	125 dm = 12,5 m	1:25
4000 m : 4000 = 1 m	4 km	1:4000
6 m	12 km	z.B. in m: 12 000 : 6 = 2000; 1:2000
3 mm	126 mm = 12,6 cm	1:42
49 cm : 7 = 7 cm	49 cm	1:7
5 cm	4 m	z.B. in cm: 400 : 5 = 80; 1:80

2 Gib zu der Maßstabsleiste den Maßstab an.

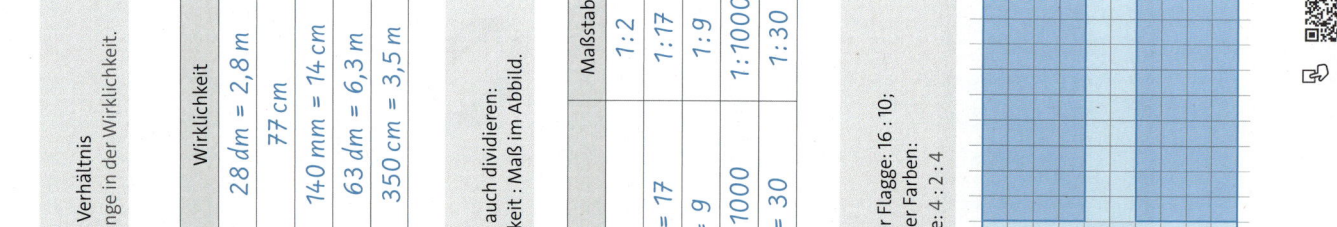

a) z.B. 2 cm = 1 km; 2 cm : 100 000 cm; 100 000 : 2 = 50 000; 1:50 000

b) z.B. 3 cm = 3 dm; 3 cm : 30 cm; 30 : 3 = 10; 1:10

c) z.B. 15 mm : 9 cm; 15 mm : 90 mm; 90 : 15 = 6; 1:6

3 Die Titanic startete am 10. April 1912 zu ihrer ersten Fahrt über den Atlantischen Ozean. 22 000 Personen waren an Bord. Vier Tage später verunglückte das Schiff.
Von der Titanic gibt es viele Modelle. Eines ist 60 cm lang und 62 mm breit. Es wurde im Maßstab 1 : 450 gebaut. Wie viele Meter hoch und breit war das Schiff in Wirklichkeit?

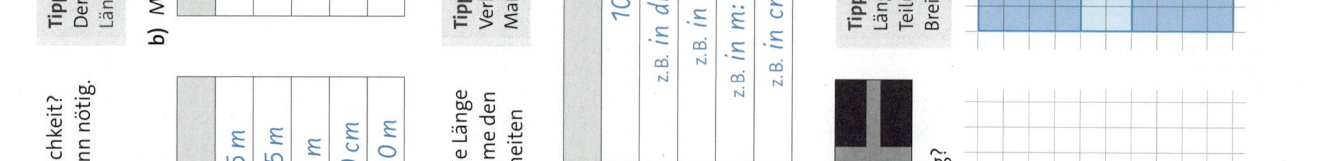

z.B. 450 · 60 cm = 27 000 cm = 270 m

450 · 62 mm = 27 900 mm = 27,9 m

Die Titanic war 270 m lang und 27,9 m breit.

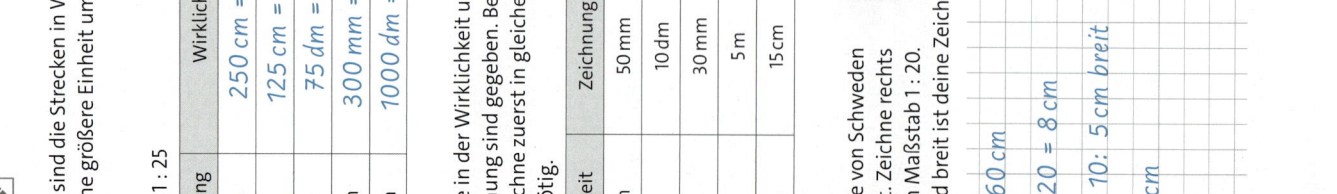

Mit Maßstäben rechnen

Maßstab

1 Wie lang sind die Strecken in Wirklichkeit? Rechne in eine größere Einheit um, wenn nötig.

a) Maßstab 1 : 25

Zeichnung	Wirklichkeit
10 cm	250 cm = 2,5 m
5 cm	125 cm = 1,25 m
3 dm	75 dm = 7,5 m
12 mm	300 mm = 30 cm
40 dm	1000 dm = 100 m

Tipp
Der Maßstab ist das Verhältnis
Länge im Abbild : Länge in der Wirklichkeit.

b) Maßstab 1 : 7

Zeichnung	Wirklichkeit
4 dm	28 dm = 2,8 m
11 cm	77 cm
20 mm	140 mm = 14 cm
9 dm	63 dm = 6,3 m
50 cm	350 cm = 3,5 m

2 Die Länge in der Wirklichkeit und die Länge in der Zeichnung sind gegeben. Bestimme den Maßstab. Rechne zuerst in gleiche Einheiten um, wenn nötig.

Wirklichkeit	Zeichnung	Rechnung	Maßstab
100 mm	50 mm	100 : 50 = 2	1:2
17 m	10 dm	z.B. in dm: 170 : 10 = 17	1:17
27 cm	30 mm	z.B. in cm: 27 : 3 = 9	1:9
5 km	5 m	z.B. in m: 5000 : 5 = 1000	1:1000
4,5 m	15 cm	z.B. in cm: 450 : 15 = 30	1:30

Tipp
Verhältnis bedeutet auch dividieren:
Maß in der Wirklichkeit : Maß im Abbild.

3 Die Flagge von Schweden ist 1,6 m breit. Zeichne rechts die Flagge im Maßstab 1 : 20. Wie hoch und breit ist deine Zeichnung?

Tipp
Längenverhältnis der Flagge: 16 : 10;
Teilungsverhältnis der Farben:
Breite: 5 : 2 : 9; Höhe: 4 : 2 : 4

1,6 m = 160 cm

160 cm : 20 = 8 cm

nach 16 : 10: 5 cm breit

8 cm × 5 cm

Mit Maßstäben rechnen

Maßstab ☒

1 Ergänze die Tabelle. Rechne in passende Einheiten um, wenn nötig.

Zeichnung	Wirklichkeit	Maßstab
77 dm	847 dm = 84,7 m	1:11
96 dm : 12 = 8 dm	9,6 m	1:12
8 cm	0,64 km	z.B. in cm: 64 000 : 8 = 8000; 1:8000
32 m	288 m	1:9
560 cm : 70 = 8 cm	5,6 m	1:70
9 mm	6,3 m	z.B. in mm: 6300 : 9 = 700; 1:700

2 Eine Wohnung ist im Maßstab 1:120 gezeichnet. Ergänze die Tabelle möglichst ohne Nebenrechnungen.

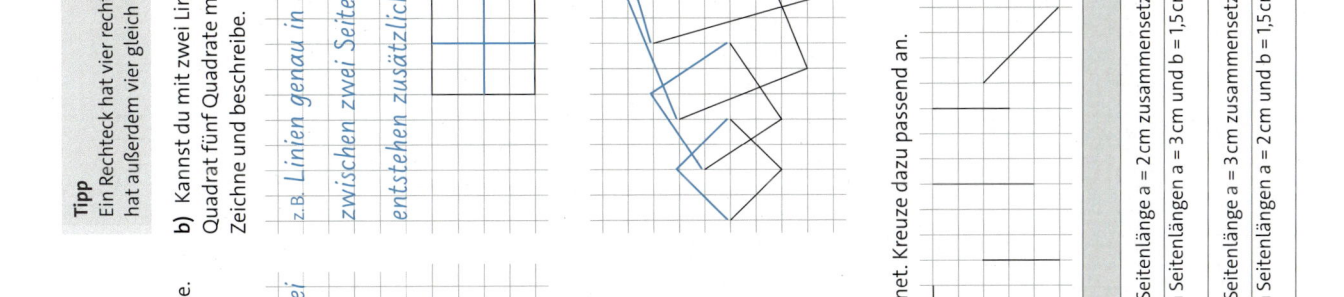

Raum	Zeichnung	Wirklichkeit
Breite Wohnen	3,3 cm	3,96 m
Länge Wohnen	5,5 cm	6,6 m
Türbreite	1 cm	1,2 m
Breite Dusche	2,1 cm	2,52 m
Länge Diele	2,5 cm	3 m
Breite Arbeiten	3,3 cm	3,96 m
Länge Küche	2,3 cm	2,76 m

3 Das „Atomium" ist ein Kunstwerk in Brüssel. Es wurde für die Expo 1958 errichtet. Es ist 102 m hoch. Es soll Atome eines Eisenkristalls darstellen, was nur 600 pm (Pikometer) groß ist. Ein Meter entspricht 1 Billion pm (1 000 000 000 000 pm).

a) Mit welchem Maßstab müsste das Atomium verkleinert werden, um es wieder in die Ursprungs-größe zu bringen?

102 000 000 000 000 : 600
= 170 000 000 000
1 : 170 000 000 000 (170 Mrd.)

b) In Österreich in der Stadt Klagenfurt steht auch ein Modell des Atomiums. Dieses ist im Maßstab 1 : 25 zum Atomium in Brüssel gebaut worden. Wie hoch ist das Modell?

10 200 cm : 25 = 408 cm = 4,08 m
Das Modell ist 4,08 m hoch.

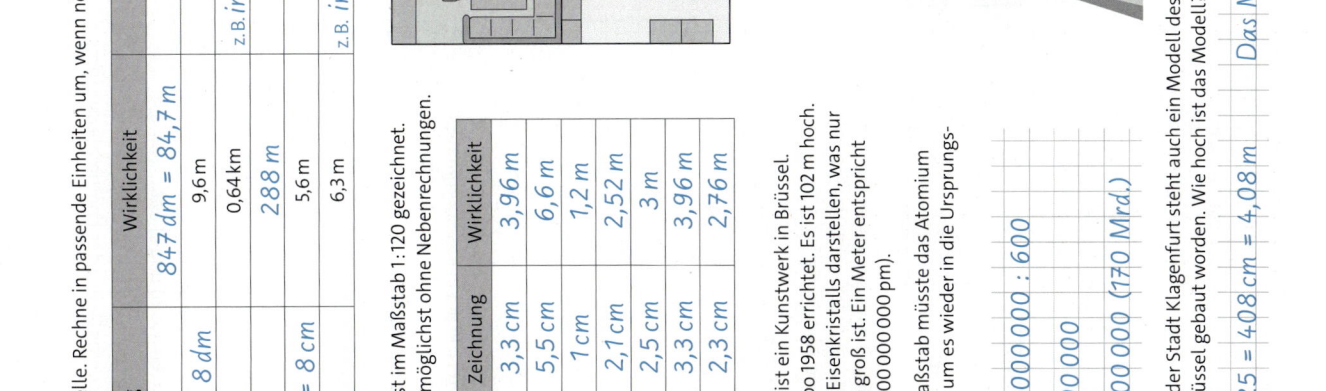

Rechteck und Quadrat ▷

1 Zerteile Rechtecke und Quadrate.

Tipp
Ein Rechteck hat vier rechte Winkel. Ein Quadrat hat außerdem vier gleich lange Seiten.

a) Mache aus einem Rechteck drei Rechtecke. Du darfst nur eine Linie zeichnen. Beschreibe deine Linie.
z.B. Eine Linie parallel zwischen zwei Seiten zeichnen. Es entstehen zu-sätzlich zwei Teilrechtecke.
z.B.:

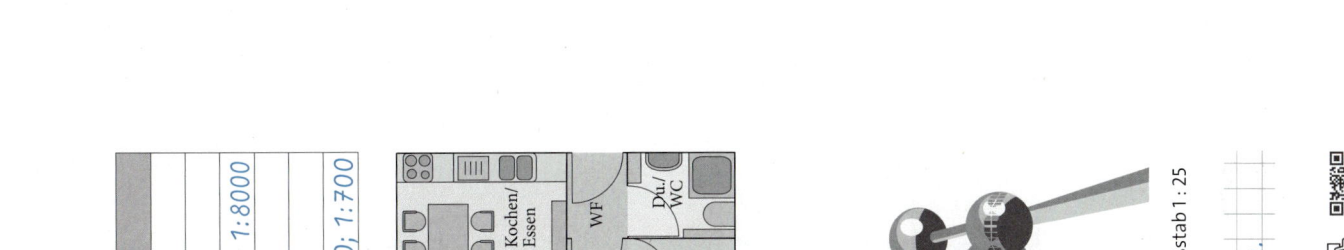

b) Kannst du mit zwei Linien aus einem Quadrat fünf Quadrate machen? Zeichne und beschreibe.
z.B. Linien genau in der Mitte parallel zwischen zwei Seiten zeichnen. Es entstehen zusätzlich vier Quadrate.

2 Ergänze zu vier Quadraten. Es entsteht ein Muster.

3 Luis hat Strecken auf Karopapier gezeichnet. Kreuze dazu passend an.

Aussage	wahr	falsch
Aus den Strecken kann ich ein Quadrat mit der Seitenlänge a = 2 cm zusammensetzen.	x	
Aus den Strecken kann ich ein Rechteck mit den Seitenlängen a = 3 cm und b = 1,5 cm zusammensetzen.	x	
Aus den Strecken kann ich ein Quadrat mit der Seitenlänge a = 3 cm zusammensetzen.		x
Aus den Strecken kann ich ein Rechteck mit den Seitenlängen a = 2 cm und b = 1,5 cm zusammensetzen.	x	

Rechteck und Quadrat

Ein Rechteck hat vier rechte Winkel. Deshalb stehen benachbarte Seiten senkrecht aufeinander. Die gegenüberliegenden Seiten sind parallel zueinander und gleich lang.

Ein Quadrat ist ein Rechteck mit vier gleich langen Seiten.

Die Eckpunkte bei Vierecken heißen meistens A, B, C, D.

Beispiel:

1 Zähle die Quadrate und die Rechtecke in der Zeichnung. Trage deine Ergebnisse in die Tabelle ein. Vergleicht eure Ergebnisse.

Viereck	Anzahl
Quadrat	3
Rechteck	16

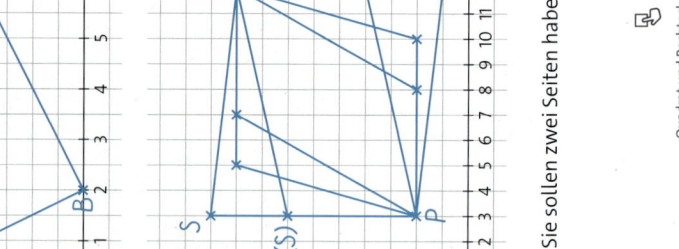

2 Melanie hat im Koordinatensystem ein Rechteck ABCD gezeichnet. Sie gibt die Koordinaten der Eckpunkte mit A(1|2), B(2|0), C(6|2) und D(4|4) an. Stimmt das? Korrigiere, wenn nötig.

Eckpunkt D ist falsch angegeben.

D hat die Koordinaten D (5|4).

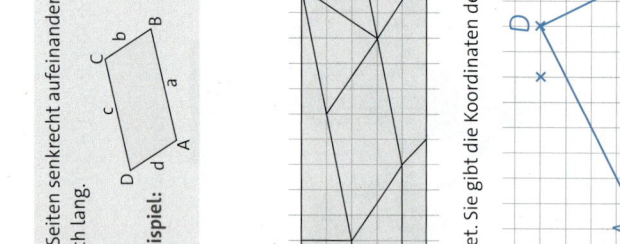

3 Gegeben sind die Punkte P(3|2), Q(12|1), R(12|9) und S(3|10).

a) Zeichne das Viereck PQRS in das Koordinatensystem.

b) Vervollständige den Satz:
Im Viereck PQRS sind die Seiten $\overline{QR}$ und $\overline{PS}$ gleich lang.

c) Vervollständige den Satz:
Das Viereck PQRS hat zwei Seiten, die parallel sind zur *y* -Achse des Koordinatensystems.

d) Zeichne ein weiteres Viereck ein, dass die Eigenschaften aus b) und c) hat.

e) Zeichne zwei weitere Vierecke mit den Punkten P und R ein. Sie sollen zwei Seiten haben, die parallel sind zur anderen Achse des Koordinatensystems.

Rechteck und Quadrat

1 Kreuze an, ob die Aussage wahr oder falsch ist.

Aussage	wahr	falsch
Jedes Rechteck ist auch ein Quadrat.		x
Jedes Quadrat ist auch ein Rechteck.	x	
Wenn in einem Viereck genau zwei benachbarten Seiten senkrecht zueinander sind, ist es ein Rechteck.		x
Eine Figur mit vier Eckpunkten ist immer ein Viereck.		x
Eine Strecke zwischen zwei Eckpunkten eines Vierecks, die nicht direkt nebeneinander liegen, heißt Diagonale.	x	
Wenn ich in ein Quadrat die beiden Diagonalen einzeichne, dann entstehen genau vier Dreiecke.		x
Wenn ich in ein Fünfeck eine Diagonale einzeichne, dann entstehen ein Viereck und ein Dreieck.	x	

2 Ergänze die Figur so, dass fünf Quadrate entstehen.

3 Arbeite im Koordinatensystem.

a) Zeichne das Rechteck ABCD mit A(5|5), B(11|1) und C(13|4). Welche Koordinaten hat der Eckpunkt D?

D (7|8)

b) Zeichne das Quadrat EFGH mit E(8|15), G(12|9) und H(13|14). Welche Koordinaten hat der Eckpunkt F?

F (7|10)

c) Zeichne das Viereck KLMN mit L(6|12), M(11|14), N(0|10) und K(5|8). Entscheide, ob das Viereck ein Rechteck ist.

Das Viereck KLMN ist kein Rechteck.

Umfang

1 Miss die Seitenlängen in Millimeter. Schreibe die Längen an die Seiten. Berechne den Umfang im Kopf.

Tipp
Umfang berechnen: Addiere alle Seitenlängen.

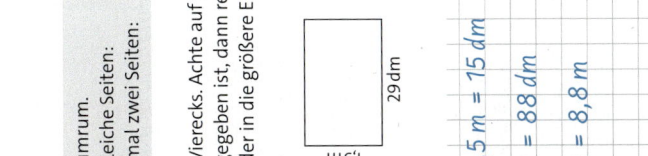

u = 99 mm u = 91 mm u = 101 mm u = 104 mm

2 Berechne den Umfang des Quadrats. Rechne im Kopf.

Tipp
viermal die gleiche Seitenlänge, also 4 · a

a) a = 9 mm; u = 36 mm **b)** a = 5 m; u = 20 m **c)** a = 22 cm; u = 88 cm

d) a = 33 dm; u = 132 dm **e)** a = 25 mm; u = 100 mm **f)** a = 18 m; u = 72 m

3 Berechne den Umfang des Rechtecks. Rechne im Kopf.

Tipp
zweimal zwei Seitenlängen, also entweder 2 · a + 2 · b oder 2 · (a + b)

a) a = 2 cm; b = 3 cm; u = 10 cm **b)** a = 4 cm; b = 5 cm; u = 18 cm

c) a = 6 cm; b = 9 cm; u = 30 cm **d)** a = 9 cm; b = 3 cm; u = 24 cm

e) a = 11 cm; b = 19 cm; u = 60 cm **f)** a = 13 cm; b = 8 cm; u = 42 cm

4 Bestimme den Umfang des Vierecks. Rechne im Kopf.

u = 68 m u = 70 cm u = 128 dm u = 8 km

Umfang

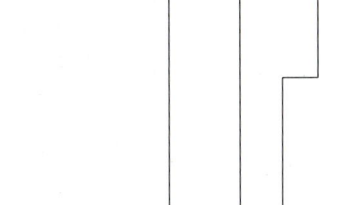

Umfang bedeutet einmal drumrum.
Beim Quadrat sind das die vier gleiche Seiten: u = 4 · a
Beim Rechteck sind das zweimal zwei Seiten: u = 2 · a + 2 · b oder u = 2 · (a + b)

1 Berechne den Umfang des Vierecks. Achte auf gleiche Einheiten.
Wenn eine Länge mit Komma gegeben ist, dann rechne in eine kleinere Einheit ohne Komma um.
Rechne das Ergebnis dann wieder in die größere Einheit um.

u = 4 · 29 mm   1,5 m = 15 dm   4,7 cm = 47 mm   u = 4 · 1300 m
u = 116 mm   u = 88 dm   3,6 cm = 36 mm   u = 5200 m
u = 11,6 cm   u = 8,8 m   u = 166 mm   u = 5,2 km
                                          u = 16,6 cm

2 Lena berechnet den Umfang der Figur rechts:
u = 2 · 7 cm + 2 · 5 cm = 24 cm.
Stimmt das? Begründe.

*Ja, das stimmt. z.B. Zwei kürzere
Seiten sind jeweils so lang wie
die gegenüberliegende längere Seite.*

3 Berechne den Umfang der Figur rechts.
Nutze eine möglichst kurze Rechnung.

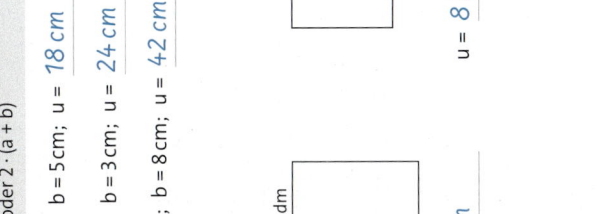

u = 2 · (36 mm + 38 mm + 41 mm)
u = 2 · 115 mm = 230 mm
u = 23 cm

Umfang

1 Betrachte die Seitenlängen: Handelt es sich um ein Quadrat oder um ein Rechteck? Berechne den Umfang. Rechne im Kopf.

a) $a = 2{,}6\,m$
   a) Quadrat; $u = 4 \cdot 26\,dm = 104\,dm = 10{,}4\,m$

b) $a = 13\,cm;\ b = 24\,mm$
   b) Rechteck; $u = 2 \cdot (130\,mm + 24\,mm)$
     $= 308\,mm = 30{,}8\,cm$

c) $a = 0{,}5\,km$
   c) Quadrat; $u = 4 \cdot 500\,m = 2000\,m = 2\,km$

d) $a = 2{,}2\,m;\ b = 116\,cm$
   d) Rechteck; $u = 2 \cdot (220\,cm + 116\,cm)$
     $= 672\,cm = 6{,}72\,m$

e) $a = 0{,}74\,m$
   e) Quadrat; $u = 4 \cdot 74\,cm = 296\,cm = 2{,}96\,m$

f) $a = 1{,}9\,cm;\ b = 4{,}7\,cm$
   f) Rechteck; $u = 2 \cdot (19\,mm + 47\,mm)$
     $= 132\,mm = 13{,}2\,cm$

2 Bestimme alle möglichen ganzzahligen Seitenlängen (in m) für ein Viereck mit diesem Umfang.

a) Quadrat mit $u = 96\,m$
   $96\,m = 4 \cdot a$; Es geht nur für $a = 24\,m$

b) Rechteck mit $u = 8\,m$
   $8\,m = 2 \cdot (a + b)$ oder $4\,m = a + b$
   $a = 1\,m;\ b = 3\,m$ oder $a = 2\,m;\ b = 2\,m$ oder
   $a = 3\,m;\ b = 1\,m$

3 An einen Schuppen soll ein Zaun angebaut werden, um ein Rechteck einzuzäunen. Die Wand des Schuppens ist 12 m lang. Zwei Seiten des Zauns sollen 7 Meter lang sein. Gegenüber der Schuppenwand soll ein 4 m breites Tor in den Zaun eingebaut werden. Der Zaun wird an Pfeiler befestigt. Die Pfeiler dürfen maximal 2 m voneinander entfernt stehen.

a) Zeichne links eine Skizze. Berechne, wie viel Meter Zaun und wie viele Pfeiler benötigt werden.

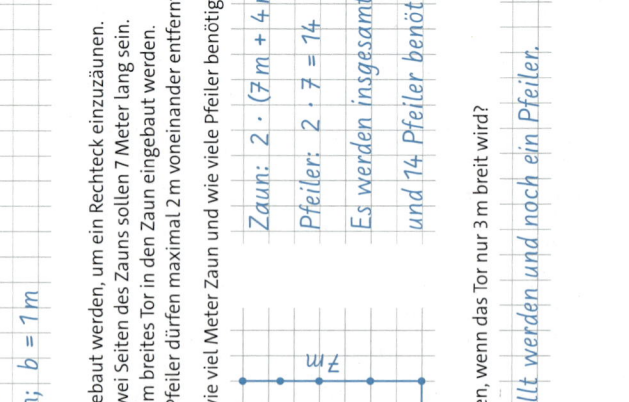

z.B.
12 m Schuppenwand
7 m · 7 m
4 m · 4 m Tor · 4 m

Zaun: $2 \cdot (7\,m + 4\,m) = 22\,m$
Pfeiler: $2 \cdot 7 = 14$
Es werden insgesamt 22 m Zaun und 14 Pfeiler benötigt.

b) Was ändert sich an deinen Ergebnissen, wenn das Tor nur 3 m breit wird?
Es muss 1 m mehr Zaun bestellt werden und noch ein Pfeiler.

Flächeninhalte vergleichen

1 Zähle die Kästchen in den Rechtecken. Ordne die Rechtecke der Größe nach. Beginne mit dem kleinsten Rechteck.

Tipp
Wenn du die Größe von Flächen vergleichen sollst, dann zähle die Rechenkästchen.

Ⓐ 24   Ⓑ 30   Ⓒ 28   Ⓓ 22

Rechteck D < Rechteck A < Rechteck C < Rechteck B

2 Till und Leo haben ihre Namen in Großbuchstaben geschrieben.

18   7   11   11   11   19   18   11   11

a) Welcher Name hat den größeren Flächeninhalt?
   Till: $18 + 7 + 11 + 11 = 47$;   Leo: $11 + 19 + 18 = 48$
   Der Name von Leo nimmt mehr Fläche ein.

b) Elli sagt, dass ihr Name einen größeren Flächeninhalt hat. Zeichne ihren Namen. Hat Elli recht?
   $19 + 7 + 11 + 11 = 48$
   Nein, beide Flächen sind gleich groß.

c) Zeichne den Namen Theo. Wie groß ist der Flächeninhalt? Vergleicht eure Lösungen.
   18   7   19   15   18
   $18 + 15 + 19 + 18 = 70$
   Die Fläche nimmt 70 Kästchen ein.

Flächeninhalte vergleichen ⊠

Wenn du die Flächeninhalte vergleichen sollst, dann kannst du die Rechenkästchen zählen. Es können auch halbe Kästchen vorkommen. Zwei halbe Kästchen ergeben ein ganzes Kästchen.

1 Zähle die Kästchen in den Figuren. Ordne die Figuren von klein nach groß.

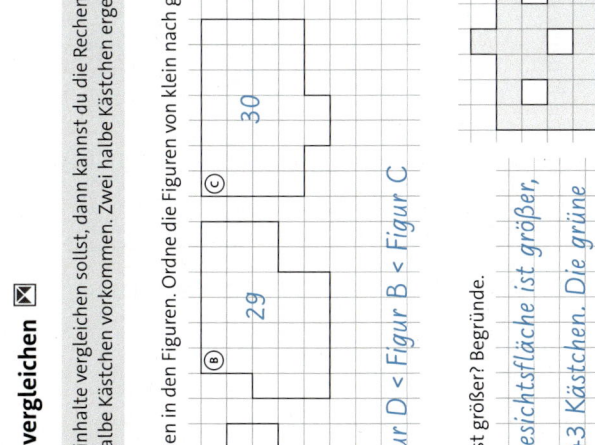

A 23 B 29 C 30 D 27

Figur A < Figur D < Figur B < Figur C

2 Welche Fläche ist größer? Begründe.

40   43

Die orange Gesichtsfläche ist größer, denn es sind 43 Kästchen. Die grüne Gesichtsfläche hat nur 40 Kästchen.

3 Zeichne zwei Rechtecke und zwei andere Figuren, die den gleichen Flächeninhalt haben wie das Rechteck links.

32   z.B.

4 Zeichne zwei verschiedene Rechtecke mit einem Flächeninhalt von 24 Kästchen.

z.B.

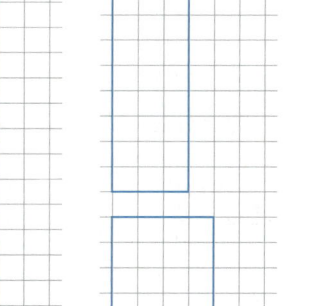

Flächeninhalte vergleichen

Flächeninhalte vergleichen ⊠

1 Marek hat ein Detektivspiel entworfen. Dazu brauchte er zwei Spielkarten, auf denen SOS und 110 steht. Auf welcher Spielkarte wird die größere Fläche ausgefüllt? Begründe.

13 16 13

11 11 16

SOS: 13 + 16 + 13 = 42; 110: 11 + 11 + 16 = 38

Auf der Spielkarte mit SOS wurde mit 42 Kästchen die größere Fläche ausgefüllt gegenüber 38 bei „110".

2 Kennst du das Spiel Tetris? Daraus stammen die sieben Figuren.

a) Zeichne Rechtecke, in die alle Kästchen der Tetrisfiguren passen.

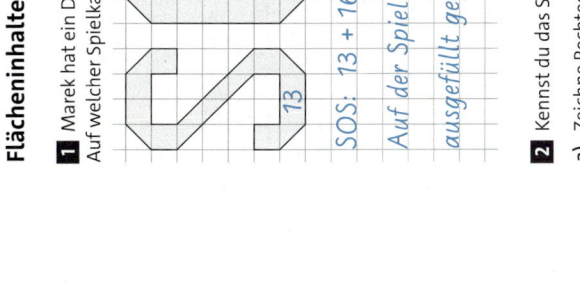

28

b) Zeichne die Rechtecke aus a. Fülle jedes Rechteck mit den sieben Tetrisfiguren aus. Wenn du das geschickt machst, dann ist nur ein Kästchen nicht im Rechteck enthalten. Du kannst dazu auch die Tetrisfiguren abzeichnen, ausschneiden und damit „puzzeln".

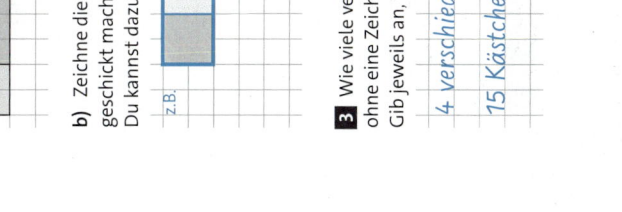

z.B.

3 Wie viele verschiedene Rechtecke kannst du zeichnen, die 30 Kästchen Flächeninhalt haben? Versuche, ohne eine Zeichnung auszukommen. Gib jeweils an, wie viele Kästchen die beiden Seiten lang sind.

4 verschiedene Rechtecke: (1) 1 Kästchen mal 30 Kästchen; (2) 2 Kästchen mal 15 Kästchen; (3) 3 Kästchen mal 10 Kästchen; (4) 5 Kästchen mal 6 Kästchen

Flächeninhalte vergleichen

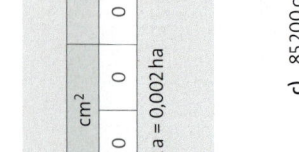 Umrechnungszahl Einheitentabelle

Flächeneinheiten

1 Rechne in die nächstkleinere Einheit um.
a) 17 a = 1700 m²
b) 240 km² = 24000 ha
c) 83 ha = 8300 a
d) 2400 a = 240000 m²
e) 570 ha = 57000 a

Tipp
Für große Flächen in der Landwirtschaft gibt es weitere Flächeneinheiten.
mal 100: 100 m² = 1 a (Ar); 100 a = 1 ha (Hektar)
100 ha = 1 km²

2 Rechne in die größere oder in die kleinere Einheit um.
a) 33000 cm² = 330 dm²
b) 8300 m² = 83 a
c) 500 dm² = 50000 cm²
d) 47 km² = 4700 ha
e) 24000 dm² = 240 m²
f) 50000 m² = 5 ha
g) 380 m² = 38000 dm²
h) 3080000 m² = 308 ha
i) 31 cm² = 3100 mm²
j) 3510000 mm² = 351 dm²
k) 906 a = 90600 m²
l) 702000 a = 7020 ha

3 Setze <, > oder = ein.
a) 4300 cm² < 430 dm²
b) 49000 dm² < 4900 m²
c) 12000 m² = 120 a
d) 57 cm² < 580000 m²
e) 28000 cm² > 28 dm²
f) 84 km² < 940000 a
g) 3900 m² > 30 cm²
h) 86 ha = 8600 a
i) 4500000 m² < 540 ha
j) 209 dm² = 20900 cm²
k) 770 a > 7 ha
l) 95 m² < 9500000 cm²

4 Gib die Flächeninhalte in der Einheitentabelle in m², in dm² und in cm² an.
274 cm²; 2,74 dm²; 0,0274 m²
16 dm²; 1600 cm²; 0,16 m²
283 cm²; 2,83 dm²; 0,0283 m²
40,1 cm²; 0,401 dm²; 0,00401 m²

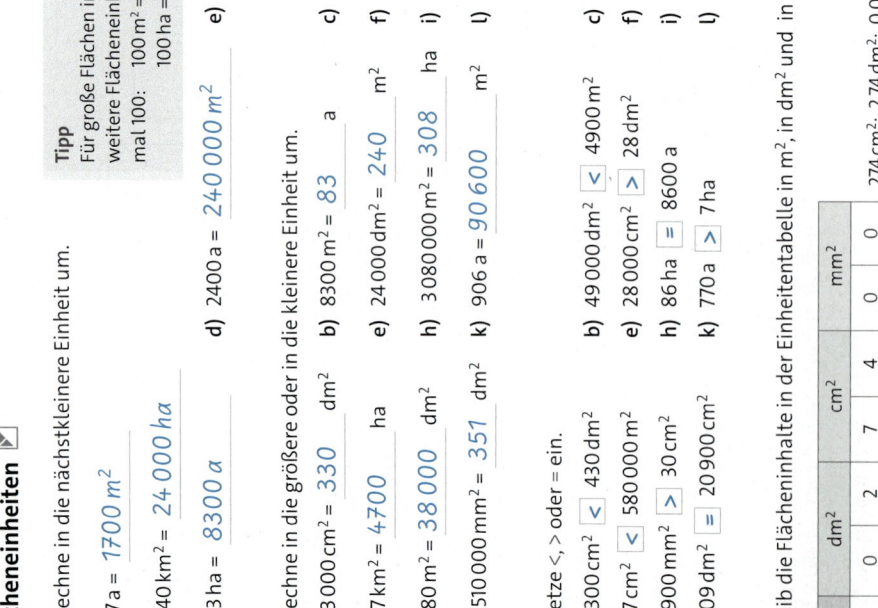

m²		dm²		cm²		mm²	
0	0	0	2	7	4	0	0
0	0	1	6	0	0	0	0
0	0	0	2	8	3	0	0
0	0	0	0	4	0	1	0

5 Rechne um.
a) 130 mm² = 1,3 cm²
b) 2410 cm² = 24,1 dm²
c) 6345 dm² = 63,45 m²
d) 2,5 m² = 250 dm²
e) 5,4 cm² = 540 mm²
f) 0,92 m² = 92 dm²
g) 18,46 dm² = 1846 cm²
h) 20,4 m² = 2040 dm²
i) 0,004 m² = 0,4 dm²

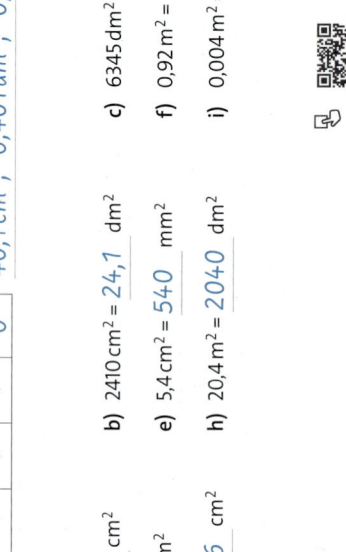

Umrechnungszahl Einheitentabelle

Flächeneinheiten

Mit einer Einheitentabelle kannst du Flächeninhalte umrechnen.

km²	ha	a	m²	dm²	cm²	mm²
0	0	0	2	0	0	0

20 m² = 2000 dm² = 200000 cm² = 0,2 a = 0,002 ha

In der Einheitentabelle erkennst du die Umrechnungszahl 100.

1 Rechne um.
a) 37000 cm² = 370 dm²
b) 49 m² = 4900 dm²
c) 85200 cm² = 8,52 m²
d) 4,31 cm² = 431 mm²
e) 18,6 a = 1860 m²
f) 250000 mm² = 25 dm²
g) 2700 ha = 27 km²
h) 21900 cm² = 219 dm²
i) 360000 m² = 36 ha
j) 930 mm² = 9,3 cm²
k) 58620 dm² = 586,2 m²
l) 1460 cm² = 14,6 dm²

2 Rechne in alle Einheiten um.

Quadratmeter	Quadratdezimeter	Quadratzentimeter	Quadratmillimeter
0,94 m²	94 dm²	9400 cm²	940000 mm²
0,125 m²	12,5 dm²	1250 cm²	125000 mm²
2,47 m²	247 dm²	24700 cm²	2470000 mm²
0,3865 m²	38,65 dm²	3865 cm²	386500 mm²
0,0074 m²	0,74 dm²	74 cm²	7400 mm²
0,0903 m²	9,03 dm²	903 cm²	90300 mm²

3 Ordne die Flächen nach der Größe. Beginne mit der kleinsten Fläche.
45700 mm²; 38 dm²; 0,03 m²; 0,0006 a; 18,3 dm²; 153,9 cm²
153,9 cm²; 0,03 m²; 45700 mm²; 0,0006 a; 18,3 dm²; 38 dm²

4 Rechne in die kleinere der beiden Einheiten um. Berechne dann möglichst im Kopf. Gib das Ergebnis in der größeren Einheit an.
a) 47,9 cm² + 2670 mm²
4790 mm² + 2670 mm² = 7460 mm²; 7460 mm² = 74,6 cm²
b) 26,8 m² + 517 dm²
2680 dm² + 517 dm² = 3197 dm²; 3197 dm² = 31,97 m²

Flächeneinheiten

1 Setze <, > oder = ein.

a) 640 cm² $>$ 6400 mm²
b) 83 m² $<$ 83 000 dm²
c) 7300 mm² $>$ 70 cm²
d) 5,1 m² $<$ 540 dm²
e) 5000 ha $>$ 5 km²
f) 7,6 m² $=$ 76 000 cm²
g) 390 a $>$ 3900 m²
h) 8,46 km² $=$ 846 ha
i) 630 000 m² $<$ 630 km²
j) 50,9 ha $=$ 5090 a
k) 0,74 m² $>$ 7000 cm²
l) 0,06 ha $<$ 6000 m²

2 Rechne in beide Einheiten um, die hier vorkommen.

a) 12 m² 86 dm² = 12,86 m² = 1286 dm²
b) 452 cm² 16 mm² = 452,16 cm² = 45 216 mm²
c) 530 dm² 5 cm² = 530,05 dm² = 53 005 cm²
d) 256 ha 7 a = 256,07 ha = 25 607 a
e) 80 km² 8 ha = 80,08 km² = 8008 ha

3 Rechne in die kleinere der beiden Einheiten um. Rechne dann im Kopf. Gib das Ergebnis in der größeren Einheit an.

a) 49,6 m² + 453 dm² = 4960 dm² + 453 dm² = 5413 dm² = 54,13 m²
b) 7630 mm² + 9,3 cm² = 7630 mm² + 930 mm² = 8560 mm² = 85,6 cm²
c) 5,94 ha – 318 a = 594 a – 318 a = 276 a = 2,76 ha
d) 27 040 mm² – 24,3 cm² = 27 040 mm² – 2430 mm² = 24 610 mm² = 246,1 cm²
e) 5,1 m² – 483 dm² = 510 dm² – 483 dm² = 27 dm² = 0,27 m²
f) 3 · 0,2 a + 193 m² = 3 · 20 m² + 193 m² = 60 m² + 193 m² = 253 m² = 2,53 a

4 Ein landwirtschaftlicher Betrieb bearbeitet eine Fläche von 23,7 ha. Der Betrieb kauft von einem Nachbarbetrieb 67 a dazu. Allerdings ist der Boden bei 1,2 ha der Fläche wenig fruchtbar und wird als Baugrund verkauft. Wie groß ist die Fläche jetzt noch?

23,7 ha + 67 a – 1,2 ha = 2370 a + 67 a – 120 a = 2317 a = 23,17 ha

Der landwirtschaftliche Betrieb hat 23,17 ha zu bewirtschaften.

Flächeninhalte von Rechtecken

1 Berechne den Flächeninhalt der Rechtecke.

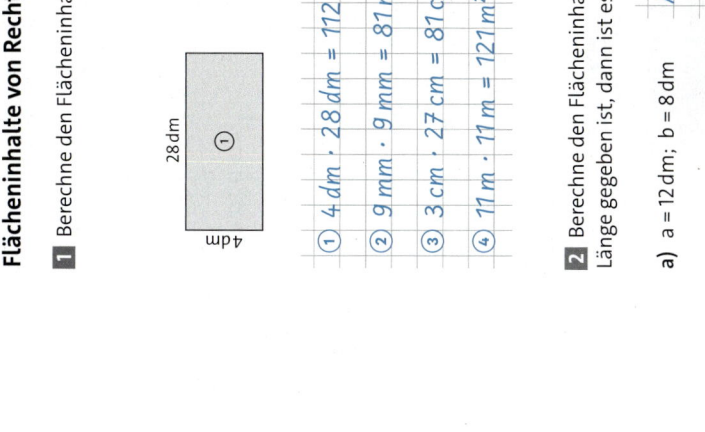
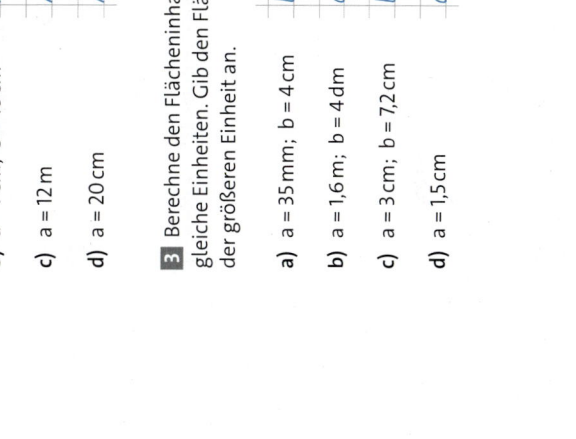

Tipp
Multipliziere die Längen der Seiten miteinander.
Beispiel: 6 cm · 8 cm = 48 cm²

① 4 dm · 28 dm = 112 dm²
② 9 mm · 9 mm = 81 mm²
③ 3 cm · 27 cm = 81 cm²
④ 11 m · 11 m = 121 m²

2 Berechne den Flächeninhalt. Wenn nur eine Länge gegeben ist, dann ist es ein Quadrat.

Tipp
Rechteck: A = a · b; Quadrat: A = a · a

a) a = 12 dm; b = 8 dm   A = 12 dm · 8 dm = 96 dm²
b) a = 7 cm; b = 18 cm   A = 7 cm · 18 cm = 126 cm²
c) a = 12 m   A = 12 m · 12 m = 144 m²
d) a = 20 cm   A = 20 cm · 20 cm = 400 cm²

3 Berechne den Flächeninhalt. Achte auf gleiche Einheiten. Gib den Flächeninhalt in der größeren Einheit an.

Tipp
Rechne zuerst Längen mit Komma in Längen ohne Komma um.

a) a = 35 mm; b = 4 cm   b = 40 mm; A = 35 mm · 40 mm = 1400 mm² = 14 cm²
b) a = 1,6 m; b = 4 dm   a = 16 dm; A = 16 dm · 4 dm = 64 dm² = 0,64 m²
c) a = 3 cm; b = 7,2 cm   b = 72 mm; A = 30 mm · 72 mm = 2160 mm² = 21,6 cm²
d) a = 1,5 cm   a = 15 mm; A = 15 mm · 15 mm = 225 mm² = 2,25 cm²

Flächen und Flächeninhalte

Flächeninhalte von Rechtecken

Den Flächeninhalt A von Rechtecken berechnest du aus Länge a mal Breite b.
Bei einem Quadrat rechnest du Länge a mal Länge a.

Rechteck: $A = a \cdot b$; Quadrat: $A = a \cdot a$

Rechne nur in gleichen Einheiten. Rechne Längen mit Komma in Längen ohne Komma um.

1 Berechne den Flächeninhalt. Wenn nur eine Länge gegeben ist, dann ist es ein Quadrat. Rechne den Flächeninhalt in eine größere Einheit um, wenn es nötig ist.

a) a = 2,4 m; b = 2 dm   a = 24 dm; A = 24 dm · 2 dm = 48 dm²

b) a = 30 cm; b = 15 dm   a = 3 dm; A = 3 dm · 15 dm = 45 dm²

c) a = 55 cm; b = 0,4 m   b = 40 cm; A = 55 cm · 40 cm = 2200 cm² = 22 dm²

d) a = 2,5 m   a = 25 dm; A = 25 dm · 25 dm = 625 dm² = 6,25 m²

2 Du kennst den Flächeninhalt und eine Seitenlänge von einem Rechteck. Bestimme die Länge der fehlenden Seite. Achte auf gleiche Einheiten.

a) A = 36 m²; b = 9 m   z.B. 9 m · 4 m = 36 m², also a = 4 m

b) A = 2600 cm²; b = 13 dm   z.B. A = 26 dm²; 2 dm · 13 dm = 26 dm², also a = 2 dm

3 Berechne den Flächeninhalt der Figur. Entweder zerlegst du die Figur in Rechtecke. Oder du ergänzt zu einem großen Rechteck und ziehst die ergänzte Fläche wieder ab.

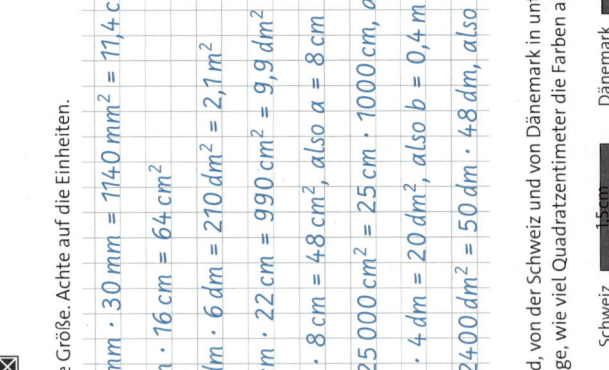

① z.B. 4 m · 6 m − 1 m · 3 m = 24 m² − 3 m² = 21 m²

② z.B. 5 dm · 2 dm + 3 dm · 3 dm = 10 dm² + 9 dm² = 19 dm²

③ z.B. 1 cm · 4 cm + 1 cm · 3 cm + 2 cm · 2 cm = 4 cm² + 3 cm² + 4 cm² = 11 cm²

④ z.B. 1 mm · 5 mm + 2 · 2 mm · 2 mm = 5 mm² + 8 mm² = 13 mm²

Flächen und Flächeninhalte

Flächeninhalte von Rechtecken

1 Berechne für das Rechteck die fehlende Größe. Achte auf die Einheiten.

a) a = 3,8 cm; b = 3 cm   A = 38 mm · 30 mm = 1140 mm² = 11,4 cm²

b) a = 40 mm; b = 1,6 dm   A = 4 cm · 16 cm = 64 cm²

c) a = 35 dm; b = 0,6 m   A = 35 dm · 6 dm = 210 dm² = 2,1 m²

d) a = 0,45 m; b = 2,2 dm   A = 45 cm · 22 cm = 990 cm² = 9,9 dm²

e) A = 48 cm²; b = 60 mm   z.B. 6 cm · 8 cm = 48 cm², also a = 8 cm

f) A = 2,5 m²; a = 25 cm   z.B. A = 25000 cm² = 25 cm · 1000 cm, also b = 10 m

g) A = 20 dm²; a = 0,5 m   z.B. 5 dm · 4 dm = 20 dm², also b = 0,4 m

h) A = 24 m²; b = 4,8 dm   z.B. A = 2400 dm² = 50 dm · 48 dm, also a = 5 m

2 Conny hat die Flaggen von Deutschland, von der Schweiz und von Dänemark in unterschiedlichen Größen gezeichnet. Berechne für jede Flagge, wie viel Quadratzentimeter die Farben ausmachen.

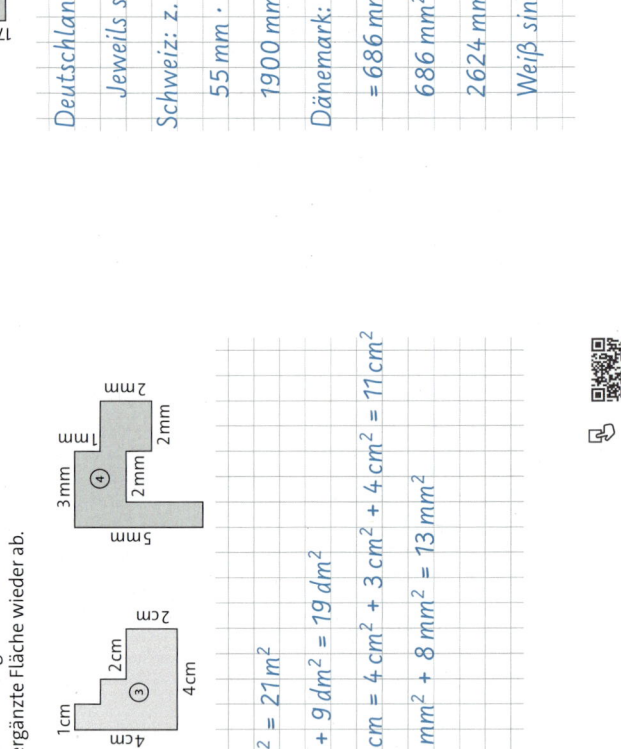

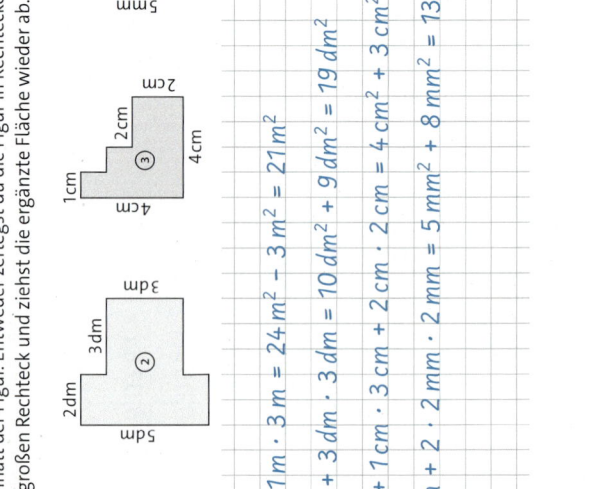

Deutschland: 17 mm · 80 mm = 1360 mm² = 13,6 cm²

Jeweils schwarz, rot und gelb sind 13,6 cm².

Schweiz: z.B. 5 · 15 mm · 15 mm = 1125 mm² = 11,25 cm²

55 mm · 55 mm = 3025 mm² = 30,25 cm²; 3025 mm² − 1125 mm² = 1900 mm²

1900 mm² = 19 cm²; Weiß sind 11,25 cm² und rot sind 19 cm².

Dänemark: z.B. 64 mm · 7 mm + 2 · 17 mm · 7 mm = 448 mm² + 238 mm²

= 686 mm²

686 mm² = 6,86 cm²; 64 mm · 41 mm = 2624 mm² = 26,24 cm²

2624 mm² − 686 mm² = 1938 mm² = 19,38 cm²

Weiß sind 6,86 cm² und rot sind 19,38 cm².

Inhaltsverzeichnis

Am Zahlenstrahl eintragen

Vergleichen

Natürliche Zahlen vergleichen und ordnen

1 Auf welche Zahlen zeigen die Pfeile?
Trage sie ein.

Tipp
Auf einem Zahlenstrahl sind Zahlen gleichmäßig angeordnet.

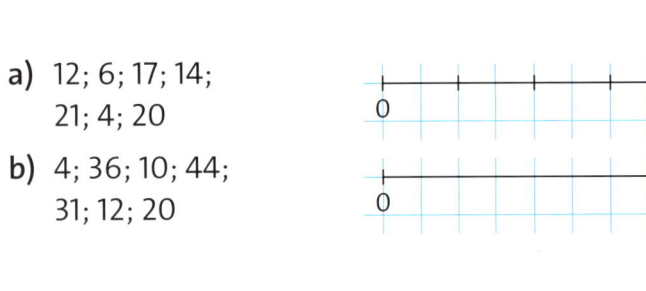

2 Beschrifte zuerst den Zahlenstrahl.
Markiere dann die Zahlen mit einem Kreuz.

Tipp
Beschrifte den Zahlenstrahl gleichmäßig, sodass die größte Zahl mit darauf passt.

a) 12; 6; 17; 14;
   21; 4; 20

b) 4; 36; 10; 44;
   31; 12; 20

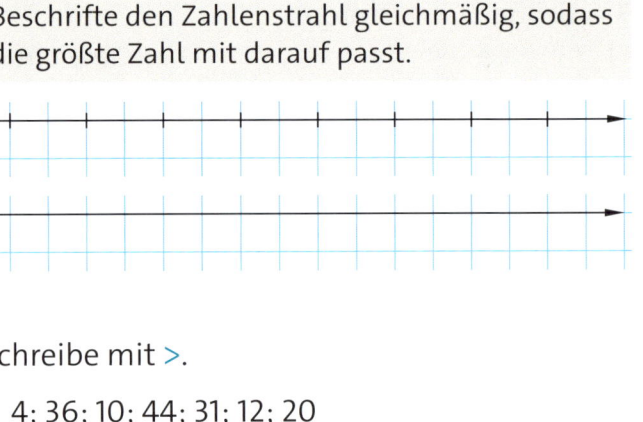

3 Ordne die Zahlen. Beginne mit der größten Zahl. Schreibe mit >.

a) 12; 6; 17; 14; 21; 4; 20

b) 4; 36; 10; 44; 31; 12; 20

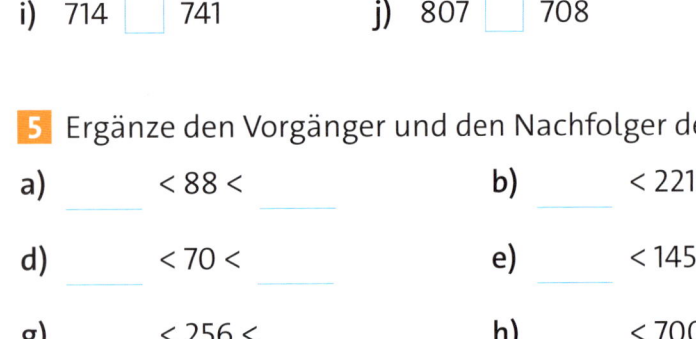

4 Setze < oder > ein.

Tipp
Die kleinere Zahl steht am Zahlenstrahl links, die größere Zahl rechts.

a) 90 ☐ 40   b) 32 ☐ 66   c) 90 ☐ 89   d) 120 ☐ 200

e) 210 ☐ 149   f) 65 ☐ 56   g) 57 ☐ 75   h) 365 ☐ 364

i) 714 ☐ 741   j) 807 ☐ 708   k) 436 ☐ 463   l) 544 ☐ 455

5 Ergänze den Vorgänger und den Nachfolger der Zahl.

a) ____ < 88 < ____   b) ____ < 221 < ____   c) ____ < 99 < ____

d) ____ < 70 < ____   e) ____ < 145 < ____   f) ____ < 333 < ____

g) ____ < 256 < ____   h) ____ < 700 < ____   i) ____ < 490 < ____

Zahlen vergleichen und ordnen

Am Zahlenstrahl eintragen

Vergleichen

Natürliche Zahlen vergleichen und ordnen ☒

Auf einem Zahlenstrahl stehen die Zahlen der Größe nach geordnet.
Die kleinere Zahl steht am Zahlenstrahl links, die größere Zahl steht rechts.

Die Zahl direkt links neben einer Zahl ist der Vorgänger.
Die Zahl direkt rechts neben einer Zahl ist der Nachfolger.

Beispiel:

```
|----*----|----*----|----|----|----|----|----|----|---->
0    7   14   21   28   35   42   49   56   63
```

7 < 21 und 21 > 7

7 ist der Vorgänger von 8.
9 ist der Nachfolger von 8.

1 Beschrifte zuerst den Zahlenstrahl. Markiere dann die Zahlen mit einem Kreuz.

a) 3; 15; 9; 6; 18

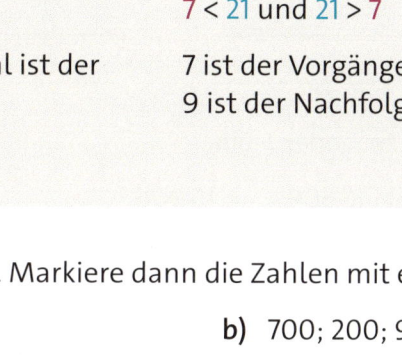

b) 700; 200; 900; 500; 600

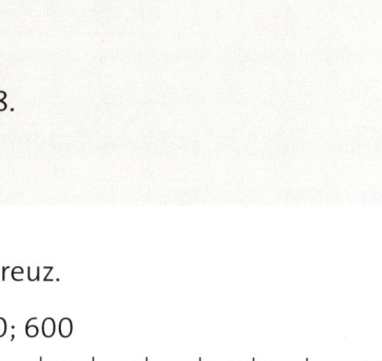

c) 60; 25; 45; 75; 10

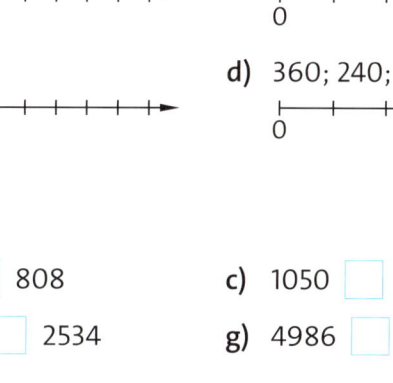

d) 360; 240; 60; 180; 540

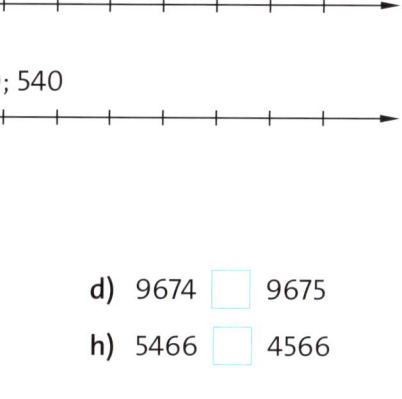

2 Setze < oder > ein.

a) 967 ☐ 956

b) 88 ☐ 808

c) 1050 ☐ 1005

d) 9674 ☐ 9675

e) 7003 ☐ 703

f) 2543 ☐ 2534

g) 4986 ☐ 4998

h) 5466 ☐ 4566

3 Ordne die Zahlen. Beginne mit der kleinsten Zahl.
Schreibe mit <.

a) 43; 19; 207; 56; 16; 48

b) 5023; 503; 305; 2305; 3025; 203

4 Hier wurde falsch geordnet. Korrigiere. Beginne mit der größten Zahl. Schreibe mit >.

a) *897 < 899 < 989 < 988 < 898*

b) *1323 < 1533 < 5315 < 3515*

5 Fünf Freunde haben mit einer App ihre Schritte gezählt.
Sie wollen wissen, wer am meisten gelaufen ist.
Ordne die Werte der Größe nach. Beginne mit der größten Zahl.

Achmet
9015 Schritte

Klaus
7059 Schritte

Kevin
7501 Schritte

Adam
9623 Schritte

Anton
9047 Schritte

Zahlen vergleichen und ordnen

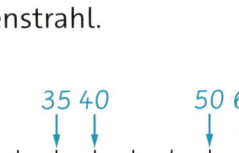

Natürliche Zahlen vergleichen und ordnen ⊠

1 Kann das stimmen? Ergänze zuerst eine passende Beschriftung am Zahlenstrahl.
Korrigiere dann die Pfeile, wenn nötig.

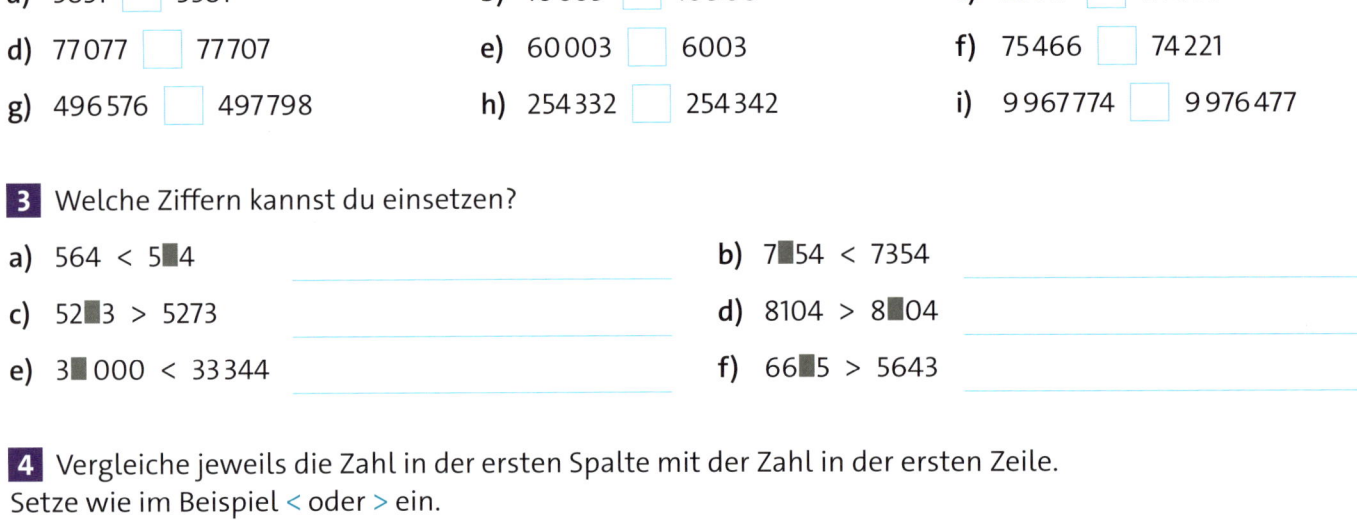

a)
```
      150   200        450   600        750
   |    ↓    ↓     |     ↓     ↓     |    ↓     →
   0
```

b)
```
               20              35 40         50 65
   |      ↓       |       ↓  ↓    |    ↓  ↓    →
   0
```

2 Vergleiche die zwei Zahlen und setze < oder > ein.

a) 3851 ☐ 3581

b) 16609 ☐ 16906

c) 25317 ☐ 24899

d) 77077 ☐ 77707

e) 60003 ☐ 6003

f) 75466 ☐ 74221

g) 496576 ☐ 497798

h) 254332 ☐ 254342

i) 9967774 ☐ 9976477

3 Welche Ziffern kannst du einsetzen?

a) 564 < 5■4 _____

b) 7■54 < 7354 _____

c) 52■3 > 5273 _____

d) 8104 > 8■04 _____

e) 3■000 < 33344 _____

f) 66■5 > 5643 _____

4 Vergleiche jeweils die Zahl in der ersten Spalte mit der Zahl in der ersten Zeile.
Setze wie im Beispiel < oder > ein.

a)

	106	130	310
105		<	
510			
501			

b)

	1001	1010	11000
9099		>	
9901			
1091			

5 Vom Flughafen Düsseldorf fliegen jedes Jahr viele Reisende in den Urlaub. Unten stehen die Anzahlen der Reisenden für die Jahre 2014 bis 2018. Ordne die Anzahl der Reisenden der Größe nach. In welchem Jahr flogen die meisten Reisenden?

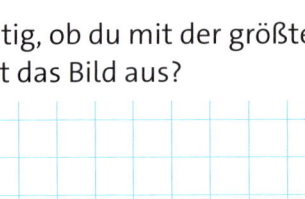

2014: 21850430   2015: 22476500   2016: 23521796   2017: 24640665   2018: 24284745

6 Verbinde die Punkte der Größe nach. Ist es wichtig, ob du mit der größten oder mit der kleinsten Zahl beginnst? Wonach sieht das Bild aus?

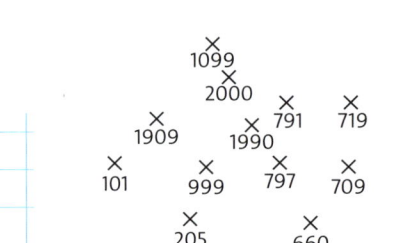

```
                            ×1099
                          ×2000
                       ×1909    ×791  ×719
                            ×1990
              ×101    ×999   ×797   ×709
                  ×205           ×660
```

Stellenwerttafel

Natürliche Zahlen im Dezimalsystem

1 Vergleiche mit der Stellenwerttafel unten.

a) Eine Zahl hat 8 Stellen.
Wie heißt die größte Stelle?

b) Schreibe die Zahlen aus der Stellenwerttafel
auf.

Millionen			Tausender					
HM	ZM	M	HT	ZT	T	H	Z	E
		5	0	0	7	4	0	0
	8	0	0	6	3	5	4	2
1	0	5	7	9	0	3	8	0
9	0	6	0	0	0	2	0	0

Tipp
Abkürzungen in der Stellenwerttafel:
HM (hundert Millionen), **ZM** (zehn Millionen),
M (Millionen), **HT** (Hunderttausender),
ZT (Zehntausender), **T** (Tausender),
H (Hunderter), **Z** (Zehner), **E** (Einer)

Schreibe große Zahlen in Dreiergruppen:
3 578 456

2 Zahlen kannst du auch mit ihren Stellenwerten aufschreiben. Stellen mit 0 werden
ausgelassen. Schreibe zu den Karten die
passende Zahl auf.

a) 3 ZT   3 H   3 E

b) 1 M   7 T   5 Z

c) 4 ZM   5 M   7 ZT   8 T

Tipp
Die Stellenwerttafel aus Aufgabe 1 hilft weiter.

Beispiele:
Stellenwerte: 4 Tausender, 2 Hunderter
$$4\,T \; + \; 2\,H$$
4200
Stellenwerte: 5 Zehntausender, 6 Zehner
$$5\,ZT \; + \; 6\,Z$$
50 060

3 Verbinde jeweils die Zahl mit dem passenden
Zahlwort. Drei Zahlen bleiben übrig.

Tipp
Zahlwörter werden von den Hunderttausendern
bis zu den Einern in einem Wort geschrieben.

Beispiel: 2 004 203
zwei Millionen viertausendzweihundertdrei

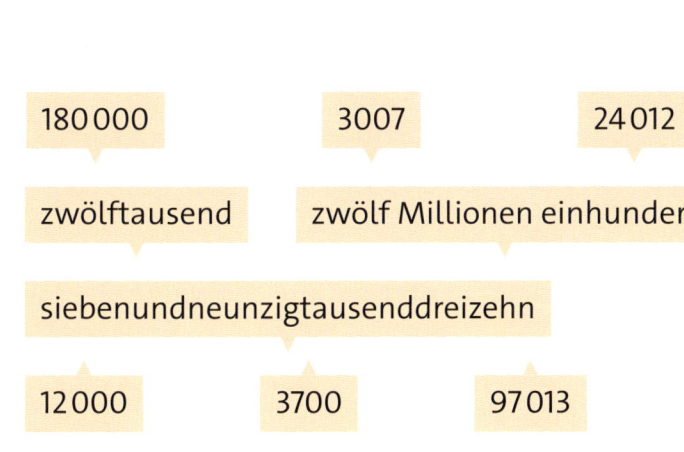

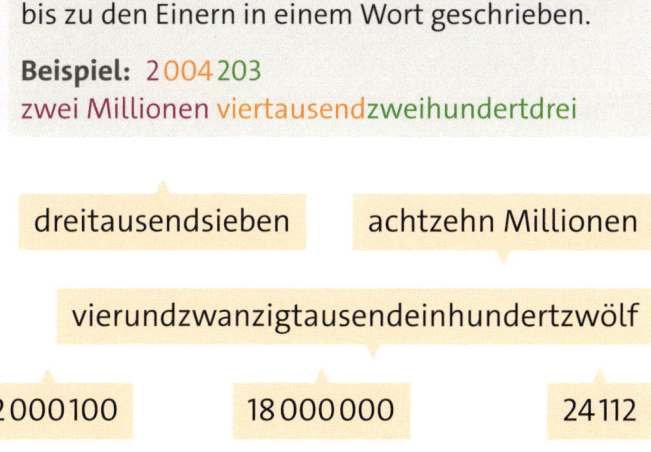

180 000   3007   24 012

zwölftausend   zwölf Millionen einhundert   dreitausendsieben   achtzehn Millionen

siebenundneunzigtausenddreizehn   vierundzwanzigtausendeinhundertzwölf

12 000   3700   97 013   12 000 100   18 000 000   24 112

Stellenwerttafel

Natürliche Zahlen im Dezimalsystem ☒

In einer Stellenwerttafel sind die Stellenwerte natürlicher Zahlen übersichtlich dargestellt.

Millionen			Tausender					
HM	ZM	M	HT	ZT	T	H	Z	E
				6	5	7	3	0

Beispiel: 65 730

Stellenwerte: 6 ZT + 5 T + 7 H + 3 Z
Zahlwort: fünfundsechzigtausendsiebenhundertdreißig

1 Wurde die linke Zahl richtig (r) oder falsch (f) eingetragen? Kreuze an.
Schreibe bei (f) die Zahl aus der Stellenwerttafel rechts daneben auf.

	HM	ZM	M	HT	ZT	T	H	Z	E		r	f
150 373				1	0	5	3	7	3			
37 909 023		3	7	9	0	9	0	2	3			
654 301 254	6	5	4	0	3	1	2	4	5			
1 011 010			1	0	1	1	1	0	1			
989 988 089	9	8	9	9	8	8	0	8	9			

2 Finde das Zahlwort. Die Kärtchen helfen dir.
Nummeriere die Kärtchen in der richtigen Reihenfolge. Schreibe dann das Zahlwort auf.

a) 83 015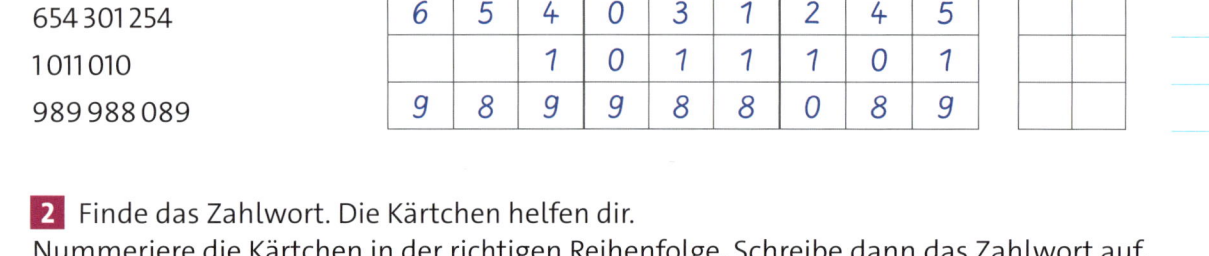

b) 912 760

3 Schreibe die Stellenwerte der Zahl auf.

a) 99 320 _____   b) 350 907 _____

4 In einem Escape Room befindet sich ein Zahlenschloss.
Mit welcher Zahl öffnet sich das Zahlenschloss?
Schreibe die Zahl auch mit Stellenwerten und als Zahlwort.

*Öffne das Zahlenschloss!
Die Zahl ist sechsstellig.
Jede Ziffer kommt maximal zweimal vor.
Finde die größtmögliche Zahl.*

Stellenwerttafel

Natürliche Zahlen im Dezimalsystem ☒

1 Ergänze die Zahlen in der Stellenwerttafel oder neben der Stellenwerttafel.

HMd	ZMd	Md	HM	ZM	M	HT	ZT	T	H	Z	E
						8	7	1	5	0	
					2	1	0	0	4	3	9
8	7	6	5	4	7	4	7	9	9	8	8
	9	9	0	0	9	9	0	0	9	9	0

157 865

18 000 230
5 410 000 000

979 757 535 313

2 Schreibe mit Stellenwerten.

a) 8 000 980

b) 12 000 500 400

c) 356 235 009 000

d) vierundneuzigtausendeinhundertfünfundzwanzig

e) achtzehn Millionen zweihundertdreißigtausend

f) fünf Milliarden vierhundertdreißig Millionen

3 Von einigen Mitgliedsstaaten der Europäischen Union (EU) sind die Bevölkerungszahlen angegeben (Stand 2018). Wie kannst du mithilfe der Stellenwerte eine Rangfolge der Länder nach Einwohnerzahlen erhalten? Erläutere und sortiere die Länder beginnend mit der geringsten Bevölkerungszahl.

Ungarn: 9 780 000   Deutschland: 83 000 000   Großbritannien: 66 470 000   Schweden: 10 230 000

4 Lina will sich einen Code für ein Zahlenschloss ausdenken. Jede Ziffer soll nur einmal vorkommen und die Zahl soll so klein wie möglich sein. Die erste Ziffer darf nicht null sein. Welche Zahl ergibt sich? Schreibe die Zahl auch mit Stellenwerten und als Zahlwort.

Stellenwerttafel

Daten untersuchen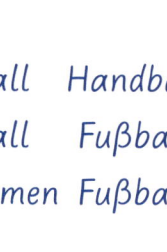

1 Tabelle mit Strichliste und Häufigkeit

a) Die Klasse 5 c macht eine Umfrage zum Thema Mein Lieblingsessen. Trage die Häufigkeiten der angegebenen Essen in die Tabelle ein.

Tipp
Striche für die Zählung – Zahl für die Häufigkeit

	Pizza	Pommes	Nudeln	Döner
Strichliste	⦀⦀ ‖	⦀⦀ ⦀⦀ ‖	⦀⦀ ∣	⦀
Häufigkeit				

b) In der Klasse 5 a wurde eine Umfrage zum Thema Mein Lieblingstier gemacht. Ergänze die Strichliste.

	Hund	Katze	Hamster	Pferd
Strichliste				
Häufigkeit	12	9	2	5

2 Die Kinder der Klasse 5 d haben eine Umfrage zu den Lieblingssportarten gemacht. Aus der Umfrage ergaben sich die folgenden Ergebnisse.

Handball   Fußball   Tischtennis   Fußball   Handball   Tischtennis   Fußball   Handball
Fußball   Schwimmen   Fußball   Handball   Fußball   Schwimmen   Fußball   Fußball
Handball   Schwimmen   Tischtennis   Schwimmen   Handball   Tischtennis   Schwimmen   Fußball

a) Ergänze die Tabelle mit der Strichliste und den Häufigkeiten.

Strichliste				
Häufigkeit				

b) Welche Sportart wurde am häufigsten genannt?

3 Mehmet und Emilia haben eine Umfrage in ihrer Klasse zum Thema Wie komme ich zur Schule? gemacht. 9 Kinder kommen zu Fuß, 5 fahren mit dem Fahrrad, 3 werden von ihren Eltern mit dem Auto gebracht und 7 nehmen morgens den Bus.

a) Ergänze die Tabelle mit der Strichliste und den Häufigkeiten.

Strichliste				
Häufigkeit				

b) Wie kommen die meisten Kinder zur Schule?

c) Wie kommen die wenigsten Kinder zur Schule?

Daten in Listen

Daten untersuchen

Mit Strichlisten und Häufigkeitstabellen können Daten übersichtlich zusammengefasst werden.
Striche für die Zählung – Zahl für die Häufigkeit

1 In der Stadt wurde eine Umfrage zur Lieblingsinsel gemacht.

a) Vervollständige die Tabelle mit den fehlenden Eintragungen zur Strichliste oder zur Häufigkeit.

	Föhr	Sylt	Rügen	Borkum	Mallorca
Strichliste	∦ ∦ ∦ ||||		∦ ||		∦ ∦ ∦ ∦
Häufigkeit		22		8	

b) Werte die Tabelle aus.

2 Kinder wurden befragt, in welchem Land sie am liebsten Urlaub machen würden. Zur Auswahl standen Deutschland, Großbritannien, Griechenland und die Türkei. Es konnten Kärtchen mit den Flaggen gezogen werden. Die folgenden Kärtchen lagen schließlich zur Auszählung bereit.

a) Ergänze die Tabelle mit der Strichliste und den Häufigkeiten.

Strichliste				
Häufigkeit				

b) Welches Reiseziel war am beliebtesten?

c) Kann die Antwort zur Frage b) so eindeutig gegeben werden? Begründe.

Daten in Listen

Daten untersuchen

1 Kreuze an, ob die Aussage wahr oder falsch ist.

Aussage	wahr	falsch
Bei einer Umfrage werden Antworten gesammelt.		
In einer Strichliste bündelt man immer 6 Striche zu einem Päckchen.		
Eine Strichliste hilft dabei, schneller abzählen zu können.		
Die Zahl, die angibt, wie oft eine Antwort gegeben wurde, nennt man Umfrage.		

2 In dem kurzen Ausschnitt aus dem Gedicht Erlkönig des berühmten Dichters Johann Wolfgang von Goethe soll die Häufigkeit der Buchstaben a, e und u bestimmt werden.

> Wer reitet so spät durch Nacht und Wind?
> Es ist der Vater mit seinem Kind.
> Er hat den Knaben wohl in dem Arm,
> er fasst ihn sicher, er hält ihn warm.

a) Ergänze die Tabelle mit der Strichliste und den Häufigkeiten.
Hinweis: Die Großbuchstaben A, E und U werden dabei nicht mitgezählt.

Strichliste			
Häufigkeit			

b) Welcher Buchstabe kommt am häufigsten vor?

c) Welcher Buchstabe kommt am wenigsten vor?

3 Sebastian macht eine Umfrage in seiner Klasse zum Thema Wie komme ich zur Schule?. Das Ergebnis hat er zusammengefasst, wie es rechts steht.

> Ich komme mit Timo, zusammen mit Aslan und Marco zu Fuß. Alex und sein Zwillingsbruder David werden von ihren Eltern mit dem Auto gebracht. Nina und Lisa nehmen zusammen mit Chris und Tobi den Bus. Mehmet holt Emilia, Caro und Basti mit dem Fahrrad ab. Nico und Murat gehen zu Fuß. Sina, Bashar und Jovan fahren mit dem Bus. Rene und Melis werden mit dem Auto zur Schule gebracht. Klara und Fatima kommen zu Fuß.

a) Ergänze die Tabelle mit der Strichliste und den Häufigkeiten.

Strichliste			
Häufigkeit			

b) Wie kommen die meisten Kinder zur Schule?

c) Wie kommen die wenigsten Kinder zur Schule?

d) Wie viele Kinder kommen am umweltfreundlichsten zur Schule, auf welche Art?

Daten in Listen

Maximum, Minimum,
Spannweite

Daten vergleichen

1 Ordne die Zahlen der Größe nach. Beginne mit der kleinsten Zahl. Gib das Maximum, das Minimum und die Spannweite an.

> **Tipp**
> Das Minimum ist die kleinste Zahl.
> Das Maximum ist die größte Zahl.
> Maximum minus Minimum = Spannweite

a) 123; 345; 321; 452; 342; 542; 263; 472; 444; 299

Minimum: Maximum: Spannweite:

b) 657; 445; 706; 847; 253; 899; 971; 585; 699; 1000

Minimum: Maximum: Spannweite:

c) 2436; 1388; 1704; 2208; 1039; 1983; 2418; 2812; 1002; 2009

Minimum: Maximum: Spannweite:

2 Fünf Kinder vergleichen die Längen ihrer Sprünge. Ordne die Längen der Größe nach. Beginne mit der kleinsten Länge.
Wie lauten das Minimum, das Maximum und die Spannweite?

Name	Elli	Jonas	Tasneem	Mehmet	Oli
Länge (in m)	2	4,2	3,35	5	2,5

Minimum: Maximum: Spannweite:

3 In der Tabelle stehen die Höhen von Bergen in Deutschland. Ordne die Höhen der Berge von klein nach groß. Ergänze dann die fehlenden Werte.

Rammelsberg	637 m
Kahler Asten	842 m
Clemensberg	839 m
Wurzelbrink	318 m
Hopperkopf	832 m
Hunau	817 m
Ziegenhelle	816 m
Drachenfels	321 m
Heidbrink	320 m
Langenberg	843 m
Stein	644 m
Homberg	630 m
Röhrenspring	629 m
Lahnkopf	625 m

Minimum: Bergname:

Maximum: Bergname:

Spannweite:

Minimum, Maximum,
Spannweite

Daten vergleichen

> Datenlisten kannst du der Größe nach ordnen. Daraus kannst du schnell das Minimum und das Maximum ablesen.
> Die Differenz aus Maximum und Minimum ist die Spannweite.

1 Ceren hat für Berlin die durchschnittlichen Tagestemperaturen pro Monat herausgefunden.

Monat	Jan.	Feb.	Mär.	Apr.	Mai	Jun.	Jul.	Aug	Sep.	Okt.	Nov.	Dez.
Temperatur (in °C)	2	3	6	11	15	19	21	20	16	11	6	5

Ergänze die fehlenden Werte.

Minimum: Maximum: Spannweite:

2 Neun Freunde haben ihre Schuhgrößen in der Tabelle zusammengestellt.

Name	Emily	David	Jasmin	Bashar	Erik	Melek	Paul	Carla	Eren
Schuhgröße	35	39	34	37	41	36	43	38	42

Ordne die Angaben von klein nach groß. Ergänze dann die fehlenden Werte.

Minimum: Maximum: Spannweite:

3 In der Tabelle stehen deutsche Seen und ihre Größe in Quadratkilometern. Ordne die Größen der Seen von klein nach groß. Ergänze dann die fehlenden Werte.

Steinhuder Meer	29 km^2
Müritz	113 km^2
Dümmer	12 km^2
Schweriner See	62 km^2
Großer Plöner See	28 km^2
Bodensee	536 km^2
Chiemsee	80 km^2
Kölpingsee	20 km^2

Minimum: Seename:

Maximum: Seename:

Spannweite:

4 Die Schülervertretung hat abgestimmt, was mit den Einnahmen gemacht werden soll. Beschreibe das Diagramm.

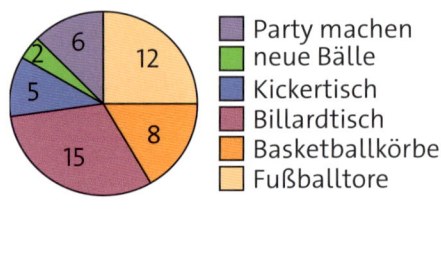

- Party machen
- neue Bälle
- Kickertisch
- Billardtisch
- Basketballkörbe
- Fußballtore

Daten vergleichen ⊠

1 Kreuze an, ob die Aussage wahr oder falsch ist.

Aussage	wahr	falsch
Das Maximum ist der kleinste Wert, das Minimum der größte Wert einer Datenmenge.		
Die Spannweite erhältst du aus der Differenz von Maximum und Minimum.		
Die Spannweite erhältst du aus der Summe von Maximum und Minimum.		

2 Selina hat für Berlin die durchschnittlichen Niederschlagsmengen pro Monat herausgefunden.

Monat	Jan.	Feb.	Mär.	Apr.	Mai	Jun.	Jul.	Aug	Sep.	Okt.	Nov.	Dez.
Niederschlag (in mm)	55	21	45	28	22	79	71	34	25	49	41	43

Ordne die Angaben von klein nach groß. Ergänze dann die fehlenden Werte.

Minimum: Maximum:

Spannweite:

3 Emilio hat ein Säulendiagramm zu den Längen von mehreren Flüssen in Deutschland erstellt. Bestimme das Maximum und das Minimum. Berechne die Spannweite.

Minimum: Flussname:

Maximum: Flussname:

Spannweite:

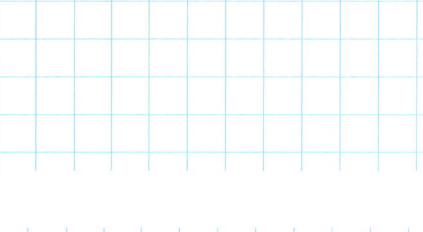

4 Kann man aus dem Minimum und der Spannweite einer Datenreihe ihr Maximum berechnen? Begründe.

Zahlen runden

1 Mit der Stellenwerttafel kannst du die Rundungsstelle schnell erkennen. Markiere die Spalte für die Rundungsstelle.

a) Runde auf Tausender.

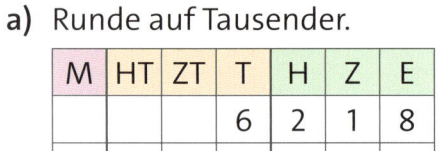

M	HT	ZT	T	H	Z	E
			6	2	1	8
		4	5	7	2	4
3	6	0	4	1	0	1

b) Runde auf Hunderter.

M	HT	ZT	T	H	Z	E
		4	2	6	3	9
1	0	3	4	8	5	
		6	8	7	5	1

c) Runde auf Zehntausender.

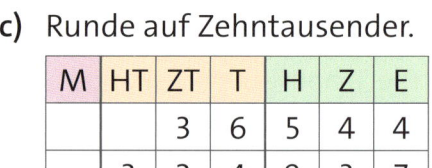

M	HT	ZT	T	H	Z	E
		3	6	5	4	4
	3	2	4	9	3	7
6	1	7	8	0	4	0

2 Schreibe für die Zahlen aus Aufgabe 1 auf, ob aufgerundet oder abgerundet wird.

Tipp
nach der Rundungsstelle 0, 1, 2, 3, 4: abrunden
nach der Rundungsstelle 5, 6, 7, 8, 9: aufrunden

a)

b)

c)

3 Fülle die Tabelle aus. Runde dazu die Zahl in der ersten Zeile auf die angegebene Stelle.

Tipp
abrunden: Stellen nach Rundungsstelle sind 0.
aufrunden: Ziffer der Rundungsstelle + 1
Stellen hinter der Rundungsstelle sind 0.

Zahl	6546	21496	3458	96 437	285 374	497 845
Runde auf Zehner.						
Runde auf Hunderter.						
Runde auf Tausender.						

4 Wenn man Zahlen rundet, dann schreibt man das Zeichen ≈. Notiere zuerst, auf welche Stelle gerundet wurde. Korrigiere, wenn falsch gerundet wurde.

a) 6588 ≈ 6590

b) 5422 ≈ 5500

c) 23 649 ≈ 23 000

d) 175 093 ≈ 180 000

e) 19 869 ≈ 19 000

Runden

Zahlen runden ☒

> abrunden: bei 0, 1, 2, 3, 4 nach der Rundungsstelle; Ziffer der Rundungsstelle bleibt, danach nur 0
> aufrunden: bei 5, 6, 7, 8, 9 nach der Rundungsstelle; Ziffer der Rundungsstelle +1, danach nur 0
>
> **Beispiele:** 4529 ≈ 4500; 4529 ≈ 5000

1 Runde die Zahl auf die angegebenen Stellen.

auf Zehner	auf Tausender

auf hundert Millionen		auf Zehntausender

993 142 577

auf Millionen		auf zehn Millionen

auf Hunderter	auf Hunderttausender

2 Die Zahl wurde auf Tausender gerundet. Nenne drei mögliche Ausgangszahlen.

a) 7000

b) 21 000

c) 80 000

d) 10 000

3 Die Zahl wurde falsch gerundet. Beschreibe den Rundungsfehler und runde richtig.

a) Rundung auf Hunderter: 16 736 ≈ 17 000

b) Rundung auf Tausender: 38 887 ≈ 38 000

c) Rundung auf Hunderttausender: 1 749 356 ≈ 1 800 000

4 Die Einwohnerzahlen der Bundesländer aus dem Jahr 2018 sind nicht gut vergleichbar.
Überlege zuerst, wie passend gerundet werden kann. Runde dann.

Nordrhein-Westfalen NW: 17 914 344	Niedersachsen NS: 7 984 894	Bremen HB: 681 592	Mecklenburg-Vorpommern MV: 1 211 119

Runden

Runden

Zahlen runden ☒

1 Fülle die Tabelle aus, indem du die Zahl in der ersten Zeile auf die angegebene Stelle rundest.

Zahl	16 736	321 483	73 698	196 542	297 285	839 704
runden auf Zehntausender						
runden auf Tausender						
runden auf Hunderter						

2 Verbinde die Zahl mit der passenden gerundeten Zahl.

13 400 000   130 460 000   13 040 700

13 040 721   127 411

130 000   13 411 344   130 461 999

3 Jedes Jahr findet in Düren (Nordrhein-Westfalen) eine Weltmeisterschaft im Weitspucken von Kirschkernen statt.
Thomas Steinhauer stellte im Jahr 2017 mit 2252 cm den Weltrekord der Herren auf.
Bei den Damen hält Andrea Kuck den Weltrekord mit 1601 cm.
Im Jahr 1974 fand die erste Weltmeisterschaft dieser Art statt.
Damals war ein Blasrohr erlaubt und Heinz Michels spuckte damit 1461 cm weit.
Wenn du die Weiten auf Hunderter rundest und die Einer und Zehner weglässt, dann kannst du sagen, wie viel Meter jeder ungefähr schaffte.
Gib die Personen mit den gerundeten Weiten in Meter an.

4 Das Kreuzfahrtschiff „Quantum of the Seas" ist 347,1 Meter lang, hat eine Breite von 41,4 Metern und besitzt 18 Decks. Das Schiff hat 2090 Passagierkabinen, die von 4180 Passagieren bewohnt werden können. Runde die Angaben sinnvoll und ergänze dazu die Lücken im folgenden Text. Vergleicht eure Angaben.

Das Schiff ist ungefähr _____ Meter lang, hat eine Breite von

etwa _____ Metern und besitzt fast _____ Decks.

Das Schiff hat fast _____ Passagierkabinen, die von ungefähr

_____ Passagieren bewohnt werden können.

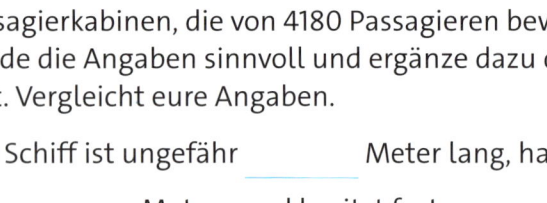

Runden

Diagramme

1 Beschreibe das Diagramm kurz.

a)
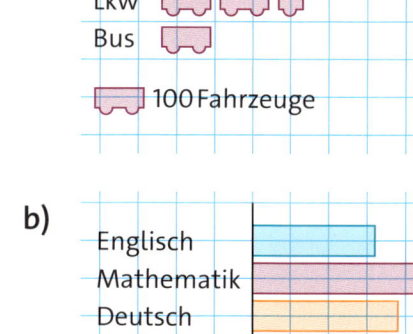

b)

c)

2 Die Klasse 5 b hat eine Umfrage gemacht zum Thema Frühstückst du morgens?. Das Diagramm rechts ist aus den Ergebnissen erstellt worden. Trage die Häufigkeiten in die Tabelle ein.

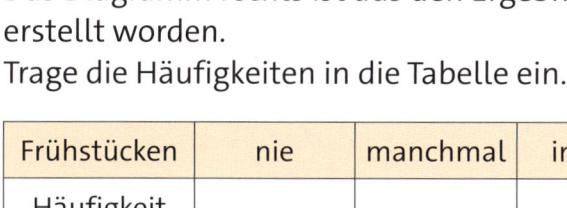

Frühstücken	nie	manchmal	immer
Häufigkeit			

3 Die Klasse 5 d hat eine Umfrage gemacht zum Thema Wie alt bist du?. Ergänze das Diagramm mit den Ergebnissen der Umfrage.

Alter in Jahren	10	11	12
Häufigkeit	6	9	5

Tipp
Zeichne den Balken jeweils bis zur Markierung für die zutreffende Anzahl.

Alter (in Jahren)

0

Diagramme ⊠

Mit Diagrammen kannst du Daten gut veranschaulichen.

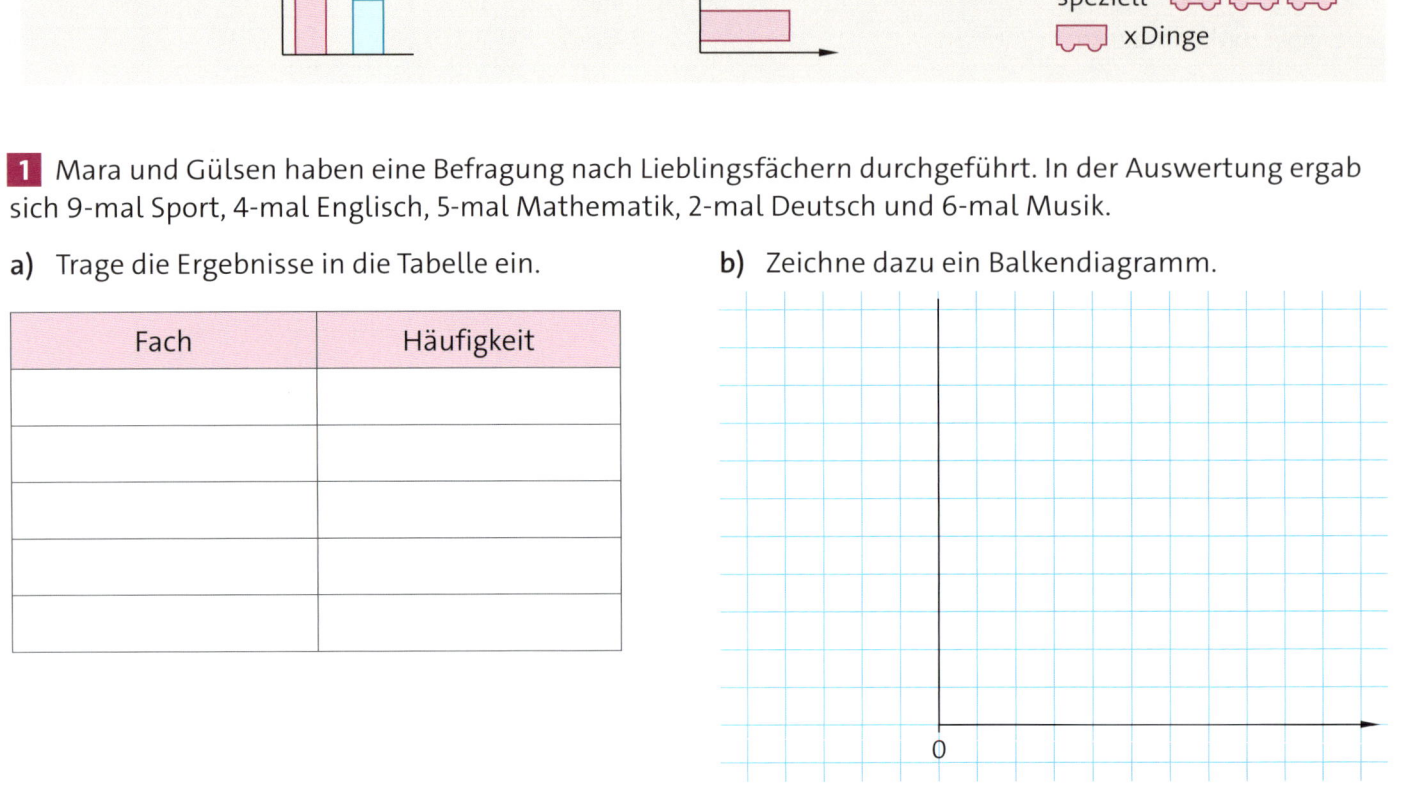

Säulendiagramm   Balkendiagramm   Figurendiagramm (Bilddiagramm)

speziell 🚃 🚃 🚃

🚃 x Dinge

1 Mara und Gülsen haben eine Befragung nach Lieblingsfächern durchgeführt. In der Auswertung ergab sich 9-mal Sport, 4-mal Englisch, 5-mal Mathematik, 2-mal Deutsch und 6-mal Musik.

a) Trage die Ergebnisse in die Tabelle ein.

Fach	Häufigkeit

b) Zeichne dazu ein Balkendiagramm.

2 Jens hat die Größen der Länder Griechenland, Frankreich, Island und Deutschland auf hunderttausend Quadratkilometer gerundet. Diese Werte hat er in einem Säulendiagramm dargestellt.

a) Ergänze die Tabelle mithilfe des Diagramms.

Land	Größe gerundet

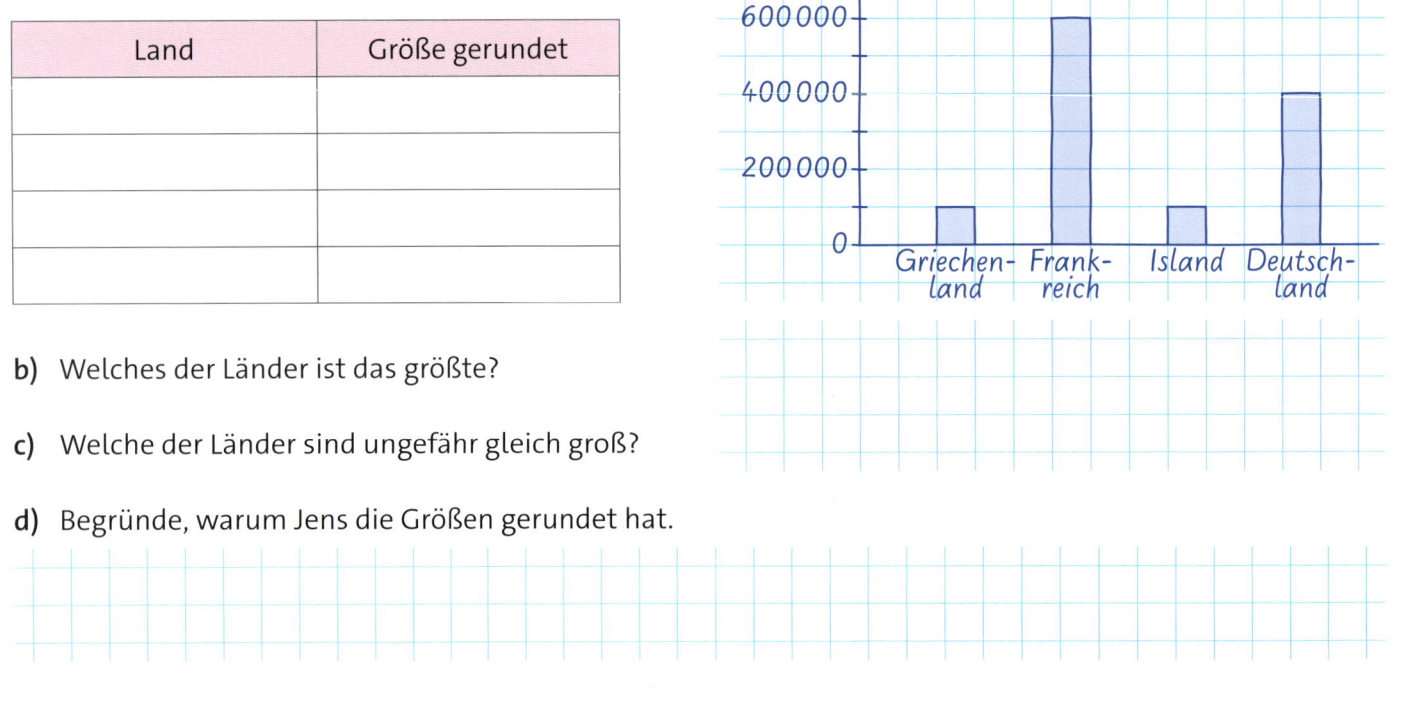

b) Welches der Länder ist das größte?

c) Welche der Länder sind ungefähr gleich groß?

d) Begründe, warum Jens die Größen gerundet hat.

Säulendiagramme
zeichnen

Diagramme ☒

1 Kreuze an, ob die Aussage wahr oder falsch ist.

Aussage	wahr	falsch
In einem Balkendiagramm kann man sofort die größte und kleinste Häufigkeit erkennen.		
Ein Balkendiagramm verwendet Symbole zur Verdeutlichung.		
In einem Säulendiagramm kann man an der Rechtsachse die Häufigkeit ablesen.		

2 Alex und Kim haben die Schülerzahlen an den Schulen ihrer Stadt herausgefunden.
Die Goethe-Schule hat 700 Schülerinnen und Schüler, die Herder-Schule 1600, die Schule am Markt 900,
die Schiller-Schule 1200 und die Waldschule 400.

a) Trage die Ergebnisse in die
Tabelle ein.

Schule	Schülerzahl

b) Zeichne dazu ein Balkendiagramm.

3 In dem Diagramm ist die Einwohnerzahl von zwei kleinen Dörfern in Deutschland dargestellt.
Welche Aussagen kannst du aus dem Diagramm ablesen?

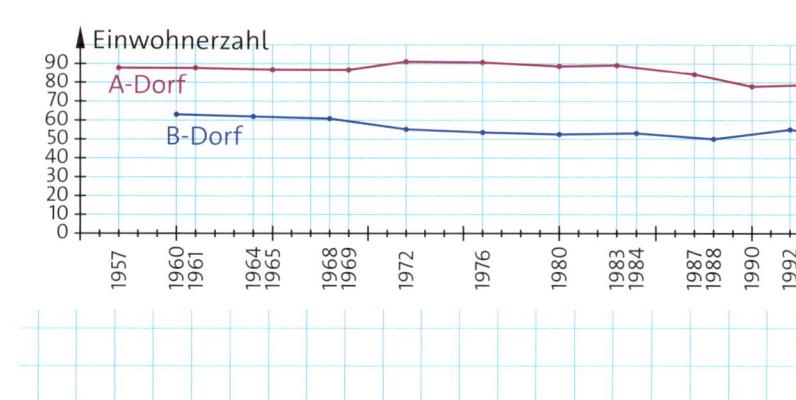

Aus Diagrammen
ablesen

Diagrammen
zeichnen

Im Kopf addieren
Im Kopf subtrahieren

Im Kopf addieren und subtrahieren

1 Rechne im Kopf.

a) 53 + 29 = ______ b) 46 + 33 = ______

c) 124 + 84 = ______ d) 72 + 137 = ______

e) 155 + 179 = ______ f) 224 + 237 = ______

g) 255 + 245 = ______ h) 325 + 235 = ______

Tipp
„halbschriftlich" rechnen:
Addiere zuerst die Hunderter der zweiten Zahl.
Addiere dann die Zehner und dann die Einer.

Beispiel: 154 + 67
154 + 60 ist 214
214 + 7 ist 221, also 221

2 Rechne im Kopf.

a) 54 – 13 = ______ b) 79 – 52 = ______

c) 164 – 83 = ______ d) 177 – 132 = ______

e) 235 – 123 = ______ f) 289 – 165 = ______

g) 223 – 167 = ______ h) 318 – 229 = ______

Tipp
Subtrahiere zuerst die Hunderter der zweiten Zahl.

Beispiele:
- 247 – 34
  247 – 30 ist 217
  217 – 4 ist 213, also 213
- 334 – 87
  334 – 80 ist 254
  254 – 7 ist 247, also 247

3 Addiere im Kopf.

a) 72 + 36 = ______ b) 84 + 27 = ______ c) 97 + 19 = ______

d) 125 + 55 = ______ e) 136 + 39 = ______ f) 144 + 117 = ______

g) 137 + 99 = ______ h) 202 + 133 = ______ i) 213 + 145 = ______

j) 254 + 251 = ______ k) 239 + 181 = ______ l) 271 + 209 = ______

4 Subtrahiere im Kopf.

a) 92 – 63 = ______ b) 122 – 47 = ______ c) 146 – 85 = ______

d) 155 – 124 = ______ e) 167 – 152 = ______ f) 189 – 57 = ______

g) 213 – 123 = ______ h) 250 – 224 = ______ i) 286 – 199 = ______

j) 321 – 271 = ______ k) 348 – 257 = ______ l) 388 – 278 = ______

Im Kopf addieren
Im Kopf subtrahieren
Überschlagen

 Im Kopf addieren   Im Kopf subtrahieren

Im Kopf addieren und subtrahieren

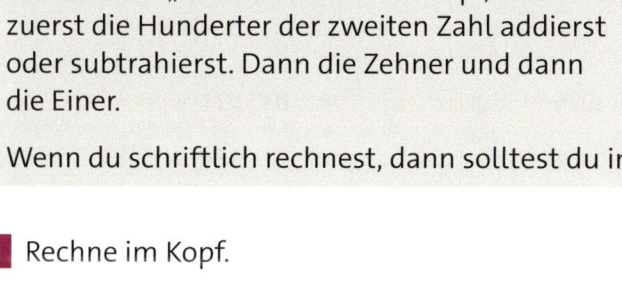

Du rechnest „halbschriftlich" im Kopf, wenn du zuerst die Hunderter der zweiten Zahl addierst oder subtrahierst. Dann die Zehner und dann die Einer.

Beispiel: 2589 + 378
2589 + 300 ist 2889
2889 + 70 ist 2959;
2959 + 8 ist 2967, also 2967

Wenn du schriftlich rechnest, dann solltest du im Kopf einen Überschlag machen.

1 Rechne im Kopf.

a) 29 + 138 = _____

b) 63 + 216 = _____

c) 137 − 115 = _____

d) 346 − 49 = _____

e) 177 + 95 = _____

f) 235 + 143 = _____

g) 499 − 378 = _____

h) 147 − 136 = _____

i) 414 + 381 = _____

j) 475 + 489 = _____

k) 363 − 249 = _____

l) 427 − 384 = _____

2 Ergänze die Additionstabelle.

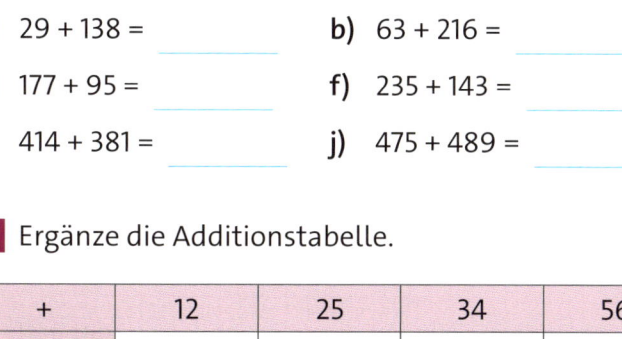

+	12	25	34	56	78	93	119
47							
126							
249							
358							

3 Ergänze die Subtraktionstabelle, indem du die Zahl in der ersten Zeile jeweils von der Zahl in der ersten Spalte subtrahierst.

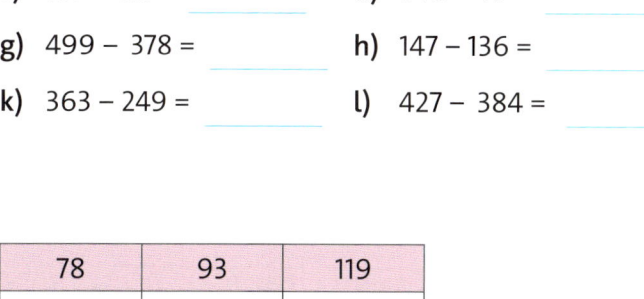

−	55	63	76	91	118	147	179
543	488						
325							
274							
197							

4 Rechne im Kopf.

a) 1250 − 655 = _____

b) 2457 + 1450 = _____

c) 1955 + 998 = _____

d) 2212 + 788 = _____

e) 3499 + 1850 = _____

f) 3450 + 1862 = _____

g) 2613 − 579 = _____

h) 5239 − 1254 = _____

i) 4505 − 2390 = _____

j) 4265 − 895 = _____

k) 3257 − 2950 = _____

l) 2786 − 1239 = _____

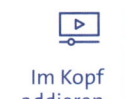  
Im Kopf addieren   Im Kopf subtrahieren

Im Kopf addieren und subtrahieren ☒

1 Rechne im Kopf.

a) 36 + 127 =

b) 75 + 258 =

c) 184 – 112 =

d) 324 – 29 =

e) 217 + 195 =

f) 238 + 157 =

g) 506 – 398 =

h) 193 – 131 =

i) 494 + 297 =

j) 435 + 466 =

k) 349 – 195 =

l) 454 – 334 =

2 Ergänze die Additionstabelle.

+	36	47	55	79	103	121	144
95							
141							
287							
308							

3 Ergänze die Subtraktionstabelle, indem du die Zahl in der ersten Zeile jeweils von der Zahl in der ersten Spalte subtrahierst.

–	44	73	81	94	107	132	145
584							
336							
297							
153							

4 Schreibe eine passende Rechnung und eine Antwort auf.
Formuliere zu c) außerdem eine passende Frage.

a) Frau Klein möchte ihre ganzen Rosen zählen. Sie hat rote, weiße und gelbe Rosen. 21 sind rot, 24 sind weiß und 17 sind gelb. Wie viele Rosen hat sie insgesamt?

b) Herr Kaplan kauft 2 Hosen für je 49 €, eine Jacke für 120 € und 3 T-Shirts für je 12 €. Wie viel muss er am Ende für seinen Einkauf bezahlen?

c) Malte konnte einige seiner Sachen gut verkaufen. Die Spielzeug verkaufte er für 45 €, die Malbücher für 28 €, die Playstation inklusive Spiele für 80 € und das alte Skateboard für 17 €.

Im Kopf addieren   Im Kopf subtrahieren   Überschlagen

Vertauschungsgesetz

1 Hier musst du nicht rechnen. Verbinde Aufgaben mit dem gleichen Ergebnis. Male die Kreise mit den Ergebnissen aus.

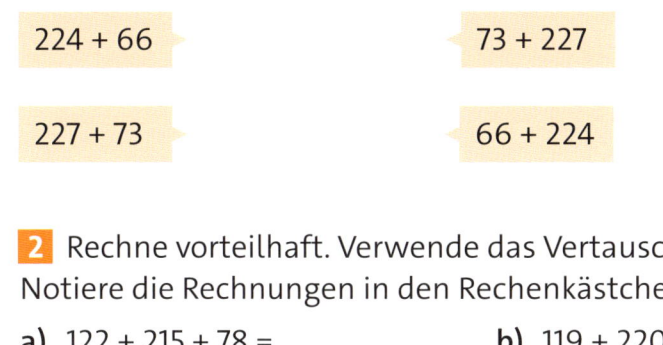

224 + 66   73 + 227

227 + 73   66 + 224

Tipp
Vertauschungsgesetz: In Summen darfst du die Summanden vertauschen.

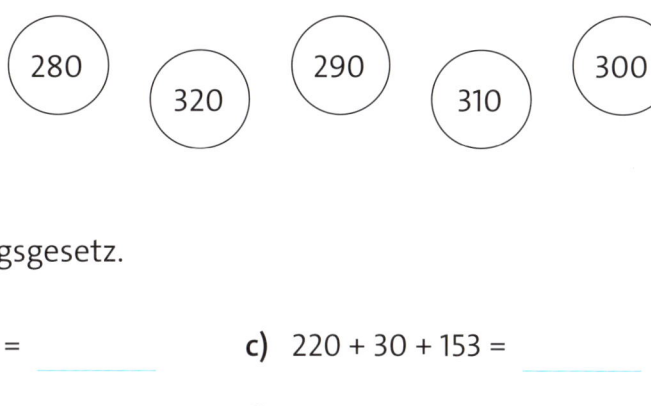

280   290   300
   320   310

2 Rechne vorteilhaft. Verwende das Vertauschungsgesetz. Notiere die Rechnungen in den Rechenkästchen.

a) 122 + 215 + 78 = _____

b) 119 + 220 + 11 = _____

c) 220 + 30 + 153 = _____

d) 333 + 24 + 117 = _____

e) 191 + 244 + 56 = _____

f) 323 + 351 + 177 = _____

3 Nutze Rechenvorteile. Notiere deine Rechnungen ganz rechts.

a) 34 + 55 + 45 + 66 = _____

b) 81 + 77 + 119 + 123 = _____

c) 292 + 53 + 147 + 88 = _____

Tipp
Nutze mehrfach Rechenvorteile.

4 Paul braucht neue Fußballsachen. Er hat 200 €. Nutze Rechenvorteile und rechne aus, ob er sich alle Sachen leisten kann.

Trikot: 35 €   Schienbeinschoner: 14 €   Hallenschuhe: 41 €

Fußballschuhe: 59 €   Trainingsjacke: 45 €   Stutzen: 16 €

Vertauschungsgesetz

In einer Summe darfst du die Summanden vertauschen. Das Ergebnis ändert sich nicht. Dieses Rechengesetz hilft, vorteilhaft zu rechnen. Es heißt Vertauschungsgesetz (Kommutativgesetz).	**Beispiel:** $67 + 38 + 42 + 53$ $= 67 + 53 + 38 + 42$ $= 120 + 80 = 200$
Wenn du subtrahierst, dann darfst du nicht vertauschen.	$67 - 57 = 10$ $57 - 67$ nicht lösbar

1 Nutze Rechenvorteile.
Notiere deine Rechnungen in den Rechenkästchen.

a) $63 + 451 + 77 =$ _____

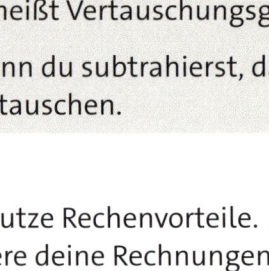

b) $721 + 65 + 219 =$ _____

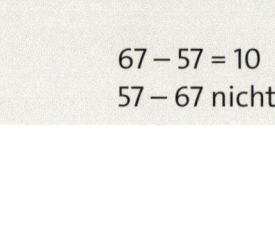

c) $538 + 125 + 312 - 67 =$ _____

d) $434 + 57 + 266 - 39 =$ _____

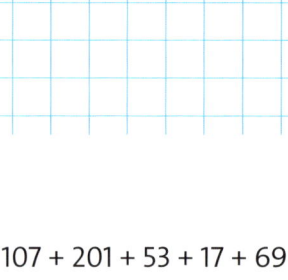

2 Nutze Rechenvorteile und bestimme das Ergebnis.

a) $51 + 212 + 37 + 18 + 99 + 103 =$ _____

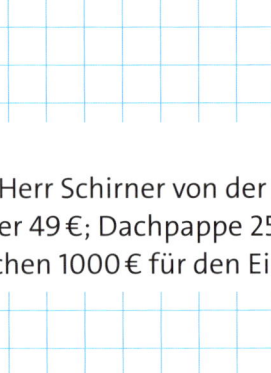

b) $107 + 201 + 53 + 17 + 69 + 83 =$ _____

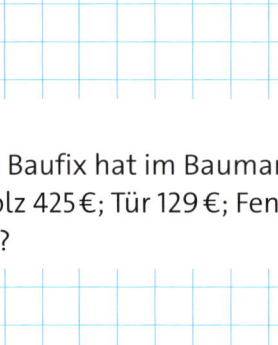

3 Finn soll diese „Schlangenaufgabe" lösen: $711 + 13 + 189 + 65 + 93 + 35 + 7 + 350 + 50 + 109 + 27 + 21$
Er kam schnell auf das richtige Ergebnis 1670. Nutze Rechenvorteile und löse so die Aufgabe.

4 Herr Schirner von der Firma Baufix hat im Baumarkt eingekauft:
Leiter 49 €; Dachpappe 25 €; Holz 425 €; Tür 129 €; Fenster 250 €; Schrauben 51 €; Nägel 31 €.
Reichen 1000 € für den Einkauf?

Vertauschungsgesetz ⊠

1 Nutze Rechenvorteile und bestimme das Ergebnis.

a) 401 + 1005 + 99 = _____

b) 49 + 2055 + 305 = _____

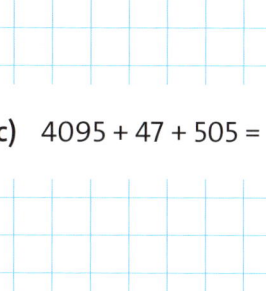 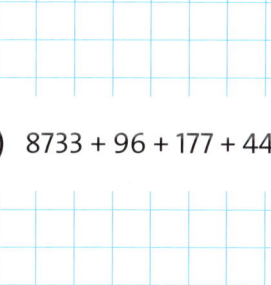

c) 4095 + 47 + 505 = _____

d) 8733 + 96 + 177 + 44 = _____

2 Kreuze an, ob die Behauptungen wahr oder falsch sind. Begründe deine Entscheidung.

	wahr	falsch
① Vertauschst du in einer Additionsaufgabe sämtliche Summanden, bleibt der Wert der Summe gleich.		
② Vertauschst du in einer Subtraktionsaufgabe den Subtrahenden und den Minuenden, bleibt der Wert der Differenz gleich.		
③ Ist der Subtrahend Null und du vertauschst den Minuenden mit dem Subtrahenden, bleibt die Lösung gleich.		
④ In einer „Kettenaufgabe" mit mehreren Summanden ist die Reihenfolge der Bearbeitung egal.		

3 In einem Kino werden die angegebenen Waren verkauft. Welche Zusammenstellungen ergeben ganze Eurobeträge, die nicht mehr als zehn Euro kosten?

Angebot	Preis
Cola, Fanta, Sprite (0,3 ℓ)	2,20 €
Frische Säfte (0,2 ℓ)	3,10 €
Kaffee, Tee	2,80 €
Popcorn (klein)	2,60 €
Popcorn (groß)	4,50 €
Tüte Chips	2,30 €

Klammern und Verbindungsgesetz

1 Verbinde Aufgaben mit dem gleichen Ergebnis. Male die Kreise mit den Ergebnissen aus.

Tipp
Verbindungsgesetz: In Summen darfst du beliebig Klammern setzen.

51 + (27 + 133)   (51 + 27) + 133

(133 + 27) + 31   133 + (27 + 31)

191   201   210   211   221

2 Die Rechenbäume zeigen zwei Möglichkeiten, wie du 129 + 31 + 45 rechnen kannst. Ergänze die Rechenbäume und schreibe die Aufgaben mit Klammern auf.

Tipp
Beispiel:

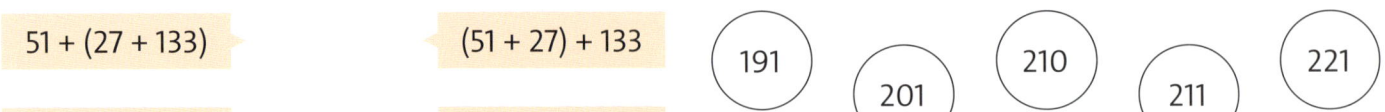

87   46   74
       120
207

Aufgabe
87 + (46 + 74)
= 87 + 120
= 207

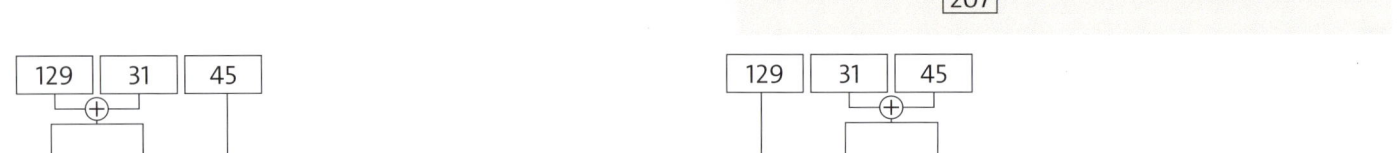

129   31   45

129   31   45

3 Löse die Aufgabe vorteilhaft mit dem Rechenbaum:
Trage die Zahlen in den Rechenbaum ein und berechne.
Schreibe die Rechnung mit Klammern auf.

a) 98 + 53 + 202

b) 67 + 178 + 33

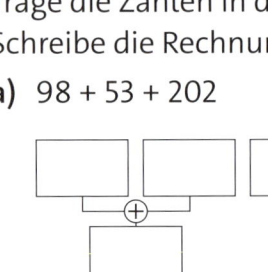 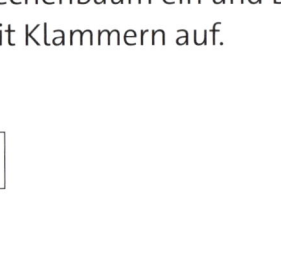 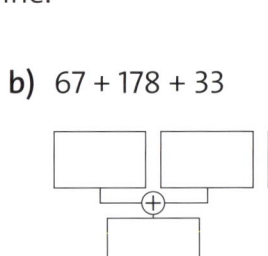 

4 Hassan will am Kiosk Süßigkeiten für sich und seine Freunde kaufen. Er hat drei Euro. Nutze Rechenvorteile und prüfe, ob er sich alles kaufen kann.

Lolly: 35 ct   Bonbons: 40 ct   Schokoriegel: 80 ct   Kaugummi: 50 ct   Fruchtgummis: 70 ct

 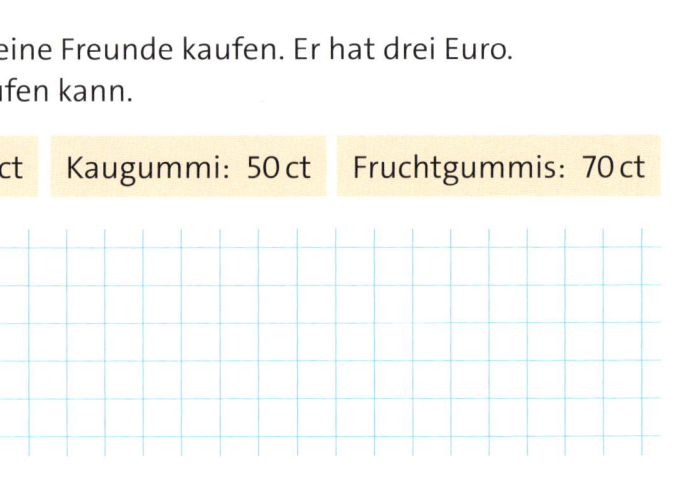

Vorteilhaft
rechnen

Klammern und Verbindungsgesetz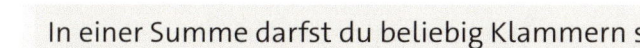

In einer Summe darfst du beliebig Klammern setzen, damit einzelne Summanden zuerst addiert werden.
Dieses Rechengesetz hilft dir, vorteilhaft zu rechnen.
Das Ergebnis ändert sich nicht.

Beispiel: 12 + 37 + 43
= 12 + (37 + 43)
= 12 + 80
= 92

Wenn du subtrahierst,
dann darfst du keine Klammern setzen.

Beispiel: 57 − 23 − 12   aber: 57 − (23 − 12)
=   34   − 12   = 57 − 11
= 22   = 46

1 Setze Klammern und rechne vorteilhaft.

a)   89 +   34 + 66 + 45

b)   145 + 35 + 74 + 146

c)   45 + 15 + 63 + 37 + 12

d)   221 + 79 + 60 + 19 + 181

2 Vergleiche die beiden Aufgaben. Schätze zuerst und setze mit Bleistift <, > oder = ein.
Überprüfe dann rechnerisch und trage <, > oder = richtig ein.

a) 312 + (18 + 50) ☐ 312 + 18 + 50

b) 220 + (153 − 123) ☐ 220 + 153 − 123

c) 281 − (43 + 77) ☐ 281 − 43 + 77

d) 391 − (321 − 29) ☐ 391 − 321 − 29

3 Rechne vorteilhaft auf den Rechenkästchen. Denke auch an das Vertauschungsgesetz.
Notiere das Ergebnis hinter der Aufgabe.

a) 234 + 7 + 96 + 163 =

b) 142 + 73 + 58 + 66 + 34 =

Vorteilhaft rechnen

Klammern und Verbindungsgesetz

1 Nutze Rechenvorteile und rechne auf den Kästchen. Notiere das Ergebnis hinter der Aufgabe.

a) 504 + 146 + 39 + 361 = _____

b) 58 + 234 + 216 + 57 + 123 = _____

2 Überprüfe Lottas Rechnungen. Gib ihr gegebenenfalls Ratschläge, was sie anders rechnen müsste.

```
    34 + 161 + 139 + 12
=   (34 + 12) + 161 + 139 + 12
=   46 + (161 + 139) + 12
=   (46 + 12) + (161 + 139)
=   58 + 200
=   258
```

```
    481 + 99 − 121 − 190
=   (481 + 99) − (121 − 190)
=   580 − ?   nicht lösbar
```

3 Rechne vorteilhaft auf den Kästchen. Notiere das Ergebnis hinter der Aufgabe.

a) 73 + 125 + 137 + 82 + 308 = _____

b) 352 + 235 + 48 + 69 + 415 = _____

4 Schreibe zu der Textaufgabe eine Aufgabe mit Klammern und löse sie. Trage das Ergebnis zur Kontrolle rechts ein. Der Vergleich muss stimmen.

a) Addiere zu der Summe aus 235 und 165 die Differenz der Zahlen 310 und 52.
b) Subtrahiere von der Summe der Zahlen 56 und 244 die Differenz der Zahlen 106 und 80.

655 < _____ < 660

270 < _____ < 275

Vorteilhaft
rechnen

Schriftlich addieren mit Übertrag

Schriftlich addieren – mehrere Zahlen

Schriftlich addieren

1 Addiere schriftlich.

a)
```
    2 9 1 2
  + 3 1 9 7
  _____
```

b)
```
    1 8 1 2
  +   3 7 6
  _____
```

c)
```
    1 5 6 7
  + 2 5 5 3
  _____
```

d)
```
    1 3 2 5
  +   3 8 7
  _____
```

Tipp

Achte darauf, dass alle Ziffern richtig untereinander stehen. Es können Überträge entstehen. Addiere sie zu der Stelle links davon.

Beispiel:
```
      6 3 7
  + 1 3 8 5
    1 1 1
  _____
    2 0 2 2
```

2 Rechne schriftlich. Ordne die Ergebnisse der Größe nach und erhalte ein Lösungswort.

| E 753 + 348 | L 481 + 1219 | S 669 + 435 | B 918 + 1293 | U 1185 + 217 |

3 Rechne zuerst einen Überschlag. Berechne dann schriftlich.

a) 4312 + 2638

Ü.:

Tipp

Mit einem Überschlag kannst du das Ergebnis abschätzen. Runde dafür die Zahlen und rechne dann im Kopf.

Beispiel: 1476 + 483
Ü.: 1500 + 500 = 2000
oder auch Ü.: 1480 + 480 = 1960

b) 314 + 789 + 1251

Ü.:

c) 1839 + 584 + 709

Ü.:

Schriftlich addieren

Schriftlich addieren – mehrere Zahlen

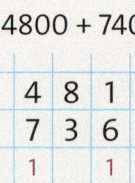 

Schriftlich addieren mit Übertrag   Schriftlich addieren – mehrere Zahlen

Schriftlich addieren

Wenn du schriftlich addierst, dann musst du alle Ziffern stellenweise untereinander aufschreiben. Addiere mögliche Überträge zu der Stelle links davon.
Mit einem Überschlag kannst du prüfen, ob du richtig gerechnet hast. Runde dabei die Zahlen geschickt, sodass du schnell im Kopf rechnen kannst.

Beispiel: 4817 + 7369
Ü.: 4800 + 7400 = 12 200

```
      4 8 1 7
  +   7 3 6 9
      1 1   1
  1 2 1 8 6
```

1 Addiere schriftlich.

a)
```
    2 9 1 2
  + 3 1 9 7
  _____
```

b)
```
  2 7 4 3 5
  +   3 6 1 7
  _____
```

c)
```
  1 0 3 8 6
  +   3 6 4 9
  _____
```

d)
```
      6 9 1 4
  + 1 5 8 2 5
  _____
```

2 Berechne den Wert der Summe.

a)
```
    4 5 1 7
  +   7 9 3
  + 3 1 6 8
  _____
```

b)
```
  3 6 2 8 1
  +   5 8 7 3
  +   1 4 2 3
  _____
```

c)
```
  4 7 1 3 8
  +   3 4 3 5
  + 1 2 6 8 1
  _____
```

d)
```
      1 3 7 9
  + 2 4 7 3 2
  +   3 4 1 8
  _____
```

3 Rike soll die Aufgaben überprüfen. Schreibe mögliche Tipps und korrigiere, wenn nötig.

```
    5 4 7 8          2 4 1 5          6 1 4 4          1 0 9 2
  + 3 1 2 5        + 5 8 7 3        + 3 8 8 0        + 2 3 1 4
  _____        _____        _____        _____
    8 5 9 3          9 1 8 8          9 9 2 4        2 4 2 3 2
```

4 Mattis macht mit seinem Freund eine Fahrradtour. Täglich schreibt er auf, wie viele Kilometer sie gefahren sind. Er rundet auf ganze Kilometer: 1. Tag: 56 km; 2. Tag: 61 km; 3. Tag: 43 km; 4. Tag: 52 km
Überschlage zuerst die Länge der ganzen Strecke und berechne sie dann genau.

Schriftlich addieren   Schriftlich addieren – mehrere Zahlen

Schriftlich addieren mit Übertrag

Schriftlich addieren – mehrere Zahlen

Schriftlich addieren

1 Addiere schriftlich.

a)
```
    3 4 1 8 3
+     2 0 1 5
_____
```

b)
```
    1 5 9 9 4
+   3 2 1 8 7
_____
```

c)
```
    4 7 8 8 7
+   3 6 1 9 3
_____
```

d)
```
    5 3 1 6 4
+   7 5 8 4 2
_____
```

2 Berechne den Wert der Summe.

a)
```
    4 3 1 2
+   2 1 2 3
+ 3 4 7 8 2
_____
```

b)
```
    3 3 4 4 5
+   4 3 2 1 0
+   2 5 1 6 3
_____
```

c)
```
      9 1 7 6
+   6 7 1 9 3
+   7 9 1 1 6
_____
```

d)
```
        8 2 2
+   2 0 4 7 6
+     9 4 5 3
_____
```

3 Addiere schriftlich und vergleiche die Ergebnisse. Was stellst du fest?

3408 + 2317 + 4516 + 870; 41666 + 1289 + 32543 + 2479; 453115 + 51897 + 133598 + 28056

4 Finde eine Summe aus drei Zahlen, die 44 444 ergibt.

5 Miranda hat 200 € von ihren Eltern bekommen.
Nun darf sie entscheiden, was sie kaufen möchte.
Sie sucht sich einen Pulli für 29 €, eine Hose für 45 €, ein T-Shirt für
22 €, ein Paar Sportschuhe für 59 € und eine Jacke für 45 € aus.
Hat sie jetzt noch Geld übrig, das sie ausgeben kann?

Schriftlich addieren

Schriftlich addieren – mehrere Zahlen

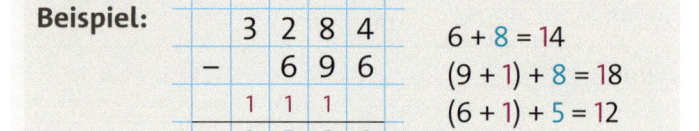

Schriftlich subtrahieren mit Übertrag

Schriftlich subtrahieren – mehrere Zahlen

Schriftlich subtrahieren

1 Subtrahiere schriftlich.

a)
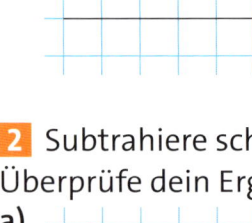
```
    5 4 1 9
  − 1 6 2 7
```

b)

```
    2 5 7 6
  − 1 9 6 8
```

c)

```
    5 6 7 3
  − 2 8 8 6
```

d)
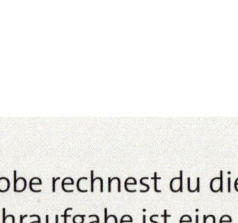
```
    4 8 3 7
  − 1 9 5 3
```

Tipp

Es können Überträge entstehen. Addiere sie zur nächsten Stelle links davon.

Beispiel:
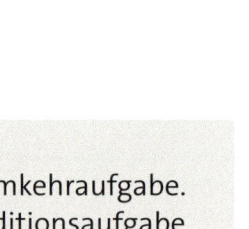
```
      3 2 8 4
  −     6 9 6
      1 1 1
      2 5 8 8
```
6 + 8 = 14
(9 + 1) + 8 = 18
(6 + 1) + 5 = 12
1 + 2 = 3

2 Subtrahiere schriftlich.
Überprüfe dein Ergebnis mit der Probe.

a)
```
    3 8 1 4
  − 1 9 7 6
```
Probe:

b)
```
    7 2 1 3
  − 3 8 2 4
```
Probe:

c)
```
    6 8 7 4
  − 2 6 3 7
```
Probe:

Tipp

Für die Probe rechnest du die Umkehraufgabe.
Die Umkehraufgabe ist eine Additionsaufgabe.

3 Rechne zuerst einen Überschlag.
Berechne dann schriftlich.

a) 4319 − 124

Ü.:

Tipp

Mit einem Überschlag kannst du das Ergebnis abschätzen. Runde dafür die Zahlen und rechne dann im Kopf.

Beispiel: 1476 − 483
Ü.: 1500 − 500 = 1000
oder auch Ü.: 1480 − 480 = 1000

b) 5123 − 1435

Ü.:

c) 3917 − 2486

Ü.:

Schriftlich subtrahieren

Schriftlich subtrahieren – mehrere Zahlen

Sachaufgaben mit Addition und Subtraktion

Schriftlich
subtrahieren mit
Übertrag

Schriftlich
subtrahieren
– mehrere Zahlen

Schriftlich subtrahieren ☒

Wenn du schriftlich subtrahierst, dann musst du alle
Ziffern stellenweise untereinander aufschreiben.
Notiere mögliche Überträge in der nächsten Zeile.

Mit einem Überschlag schätzt du das Ergebnis ab.
Runde dafür die Zahlen und rechne dann im Kopf.

Als Probe kannst du die Umkehraufgabe rechnen.
Die Umkehraufgabe einer Subtraktion ist eine Addition.

Beispiel:
7817 – 4369
Ü.: 7800 – 4400 = 3400

Probe:

```
    7 8 1 7              3 4 4 8
  - 4 3 6 9            + 4 3 6 9
      1  1                  1 1
    3 4 4 8              7 8 1 7
```

1 Rechne zuerst einen Überschlag. Berechne dann schriftlich. Rechne auch eine Probe (P.).

a) 4519 – 3678

Ü.:

b) 9823 – 1794

Ü.:

c) 8561 – 2975

Ü.:

d) 21189 – 19 496

Ü.:

2 Subtrahiere schriftlich.

a)
```
    5 1 4 3
  - 1 9 8 7
  - 2 4 7 6
```

b)
```
    8 1 7 6
  - 3 6 5 9
  - 2 8 2 3
```

Beispiel:
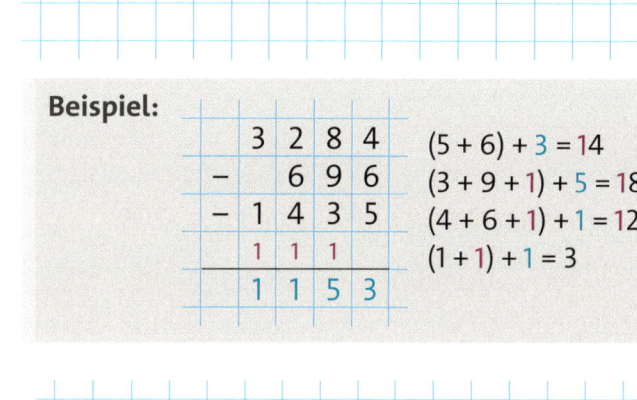

```
      3 2 8 4      (5 + 6) + 3 = 14
  -     6 9 6      (3 + 9 + 1) + 5 = 18
  -   1 4 3 5      (4 + 6 + 1) + 1 = 12
        1 1 1      (1 + 1) + 1 = 3
      1 1 5 3
```

3 Die Klasse 5 c macht einen Ausflug nach Hamburg.
Alle Eltern zusammen zahlen 1200 €. Die Bahnfahrt
kostet 578 €, der Eintritt in den Zoo kostet 220 € und
der Besuch im Planetarium kostet 384 €.
Bleibt der Klasse noch genügend Geld für Eis?

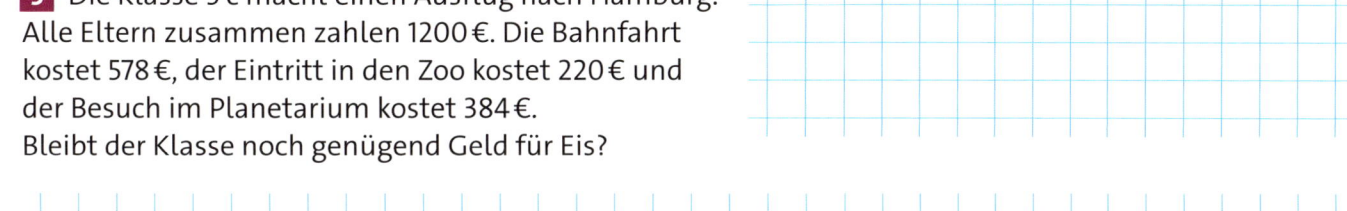

Schriftlich
subtrahieren

Schriftlich
subtrahieren
– mehrere Zahlen

Sachaufgaben
mit Addition
und Subtraktion

Schriftlich subtrahieren mit Übertrag

Schriftlich subtrahieren – mehrere Zahlen

Schriftlich subtrahieren ☒

1 Überschlage zuerst das Ergebnis. Subtrahiere dann schriftlich. Vergleiche, ob dein Überschlag und dein Ergebnis grob übereinstimmen. Wenn nicht, suche mögliche Fehler.

a) 3193 – 2417

b) 63 891 – 57 698

c) 35 176 – 14 989

d) 43 572 – 32 768

2 Überschlage zuerst das Ergebnis. Subtrahiere dann schriftlich.

a) 2478 – 516 – 1129

b) 9814 – 1223 – 6875

3 Notiere zu der Textaufgabe die passende Rechnung. Überschlage das Ergebnis und berechne genau.

a) Subtrahiere 4312 und 9817 von der Zahl 19 395.

b) Vermindere 20 132 um 9153 und um 4298.

4 Kasimir hat ohne Überträge gerechnet und Fehler gemacht. Markiere die Fehler. Schreibe richtig auf.

```
    3 2 9 6 3
  - 1 2 3 5 4
  -   9 8 8 7
    2 0 7 3 2
```

```
    7 7 5 4 6
  - 4 3 2 4 2
  - 1 8 7 6 8
    1 4 6 3 6
```

Schriftlich subtrahieren

Schriftlich subtrahieren – mehrere Zahlen

Sachaufgaben mit Addition und Subtraktion

Geld

1 In der ersten Spalte der Tabelle stehen vier Geldbeträge. Stelle die Geldbeträge mit Münzen und Scheinen zusammen. Verwende möglichst wenige Münzen und Scheine.

Tipp
Vor dem Komma stehen die ganzen Euro (€) und nach dem Komma die Cent (ct).

Betrag	Scheine						Euro-Münzen		Cent-Münzen					
	200€	100€	50€	20€	10€	5€	2€	1€	50ct	20ct	10ct	5ct	2ct	1ct
95,34€														
136,28€														
245,52€														
476,89€														

2 Rechne den Geldbetrag entweder in Euro (€) oder Cent (ct) um.

Tipp
100 ct = 1€; 80 ct (= 0€ 80 ct) = 0,80€
12€ = 1200 ct; 0,03€ = 3 ct

a) 501 ct = _____

b) 65,72€ = _____   c) 2 ct = _____   d) 1560 ct = _____

e) 47 ct = _____   f) 12 000 ct = _____   g) 13 457 ct = _____

h) 31 600 ct = _____   i) 2,08€ = _____   j) 0,09€ = _____

3 Setze <, > oder = ein.

Tipp
7€ 15 ct < 720 ct (720 ct = 7€ 20 ct)

a) 26,50€ ☐ 256 ct   b) 1296 ct ☐ 12,96€   c) 5€ 9 ct ☐ 590 ct

d) 0,79€ ☐ 790 ct   e) 5491 ct ☐ 549,10€   f) 51€ 31 ct ☐ 51,30€

g) 202€ 2 ct ☐ 202,02€   h) 380 ct ☐ 3€ 8 ct   i) 744€ ☐ 7440 ct

4 Ordne der Größe nach. Beginne mit dem kleinsten Betrag.

a) 3,50€; 3€ 55 ct; 0,50€; 3500 ct; 305 ct; 35,50€; 35 ct; 0,30€

b) 1,99€; 1,90€; 1€ 95 ct; 109 ct; 191 ct; 19,99€; 99 ct; 0,19€

Euro und Cent umrechnen   Mit Geld rechnen

Geld ⊠

In vielen Ländern Europas zahlt man mit Euro und Cent.
100 ct = 1 €; 20 ct (= 0 € 20 ct) = 0,20 €; 50 € = 5000 ct; 0,05 € = 5 ct

Mit Centbeträgen kannst du leichter rechnen.
Centbeträge kannst du wieder in Euro umwandeln.

1 Rechne entweder in Euro (€) oder Cent (ct) um. Wenn der Betrag gemischt ist (also mit Euro und Cent), dann rechne in Euro (€) um.

a) 153,45 € = _____

b) 49 ct = _____

c) 38 € 8 ct = _____

d) 3046 ct = _____

e) 50,05 € = _____

f) 688 € = _____

g) 49 000 ct = _____

h) 26 001 ct = _____

i) 800 € 80 ct = _____

2 Setze <, > oder = ein.

a) 745 ct ☐ 74,05 €

b) 12 € 30 ct ☐ 12,03 €

c) 10,05 € ☐ 10 € 5 ct

d) 78,90 € ☐ 78 900 ct

e) 6540 ct ☐ 65,40 €

f) 170 € 7 ct ☐ 17,07 €

3 Ordne der Größe nach. Beginne mit dem kleinsten Betrag.

23,49 €; 23 € 9 ct; 0,23 €; 2394 ct; 234 ct; 2,35 €; 29 ct; 0,49 €

4 Addiere die Geldbeträge.

a) 1,44 €; 24,89 €; 17,26 €

b) 7,36 €; 0,47 €; 147,19 €

5 Luis geht einkaufen. Er kauft: eine Hose für 39 €
Schuhe für 49 €
zwei Shirts für je 19 €

a) Wie viel muss Luis insgesamt bezahlen?

b) Luis möchte mit einem 100-€-Schein bezahlen. Reicht das Geld?

Euro und Cent umrechnen

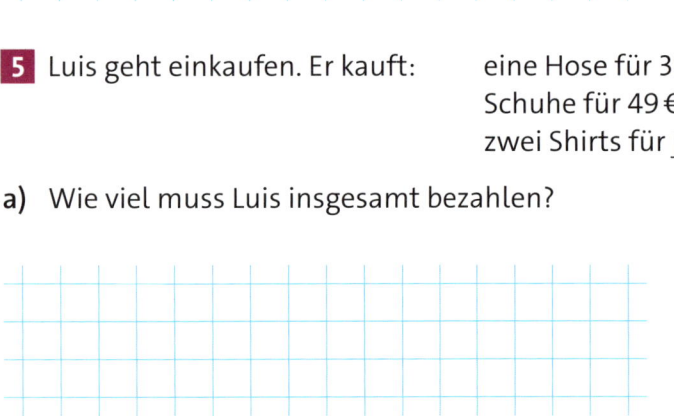
Mit Geld rechnen

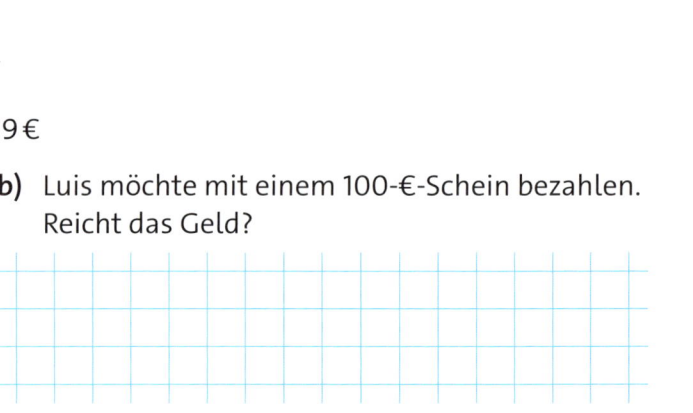

Größen umrechnen

Geld ☒

1 Setze <, > oder = ein.

a) 309 € ☐ 3090 ct b) 82 € 4 ct ☐ 824 ct c) 526,40 € ☐ 52 640 ct

d) 810 ct ☐ 8,10 € e) 27 003 ct ☐ 270,30 € f) 45,04 € ☐ 45 € 40 ct

2 Ordne der Größe nach. Beginne mit dem größten Betrag.

1,15 €; 1,50 €; 1 € 55 ct; 105 ct; 151 ct; 15,10 €; 15 ct; 0,55 €

3 Addiere die Geldbeträge.

a) 8,33 €; 87 ct; 23,76 €

b) 124 ct; 269,88 €; 56 €

4 Claire geht einkaufen. Sie kauft: eine Packung Stifte für 8,49 €
Geschenkpapier für 2,79 €
zwei Geburtstagskarten für je 99 ct

a) Wie viel muss Claire insgesamt bezahlen?

b) Claire bezahlt mit einem 20-€-Schein. Wie viel Geld bekommt Claire zurück?

5 Markus geht zum Bäcker und kauft vier Vollkornbrötchen für je 49 ct, fünf Sesambrötchen für je 35 ct und drei Stücke Kuchen für je 1,20 €. Wie viel Restgeld bekommt er von seinem Zehn-Euro-Schein zurück?

Euro und Cent umrechnen   Mit Geld rechnen

Umrechnungszahl   Einheiten-tabelle   mit Komma

Gewicht (Masse)

1 Rechne in die größere oder in die kleinere Einheit um.

Tipp

| 1000: | g → kg → t |
| 1000 000: | g ——————→ t |

a) 26 kg = _____ g

b) 330 000 g = _____ kg

c) 83 t = _____ kg

d) 402 kg = _____ g

e) 941 kg = _____ g

f) 232 t = _____ kg

g) 50 000 kg = _____ t

h) 480 t = _____ kg

i) 3 080 000 kg = _____ t

j) 31 kg = _____ g

k) 351 000 g = _____ kg

l) 906 t = _____ kg

m) 702 000 kg = _____ t

2 Setze <, > oder = ein.

a) 4300 g ☐ 4 kg

b) 49 000 kg ☐ 490 t

c) 12 000 g ☐ 12 kg

d) 57 t ☐ 570 000 kg

e) 2800 g ☐ 2 kg

f) 84 t ☐ 740 000 kg

g) 3900 g ☐ 3 kg

h) 86 t ☐ 86 000 kg

i) 4 500 000 kg ☐ 5000 t

j) 209 kg ☐ 209 000 g

k) 77 kg ☐ 67 000 g

l) 7 t ☐ 60 000 kg

3 Gib die Gewichte in der Einheitentabelle in Gramm (g), in Kilogramm (kg) und in Tonnen (t) an.

t	kg			g		
0	0	2	7	4	0	0
		1	6			
			2	8	3	
				4	0	1

27 400 g; 27,4 kg; 0,0274 t

_____

_____

_____

4 Rechne in die angegebene Einheit um.

a) 1800 g = _____ kg

b) 22 400 kg = _____ t

c) 63 100 g = _____ kg

d) 7,6 t = _____ kg

e) 5,4 kg = _____ g

f) 0,92 t = _____ kg

5 Ordne die Gewichte nach der Größe. Beginne mit dem kleinsten Gewicht.
3200 g; 3,5 kg; 0,04 t; 500 kg; 12,5 kg; 10 700 g

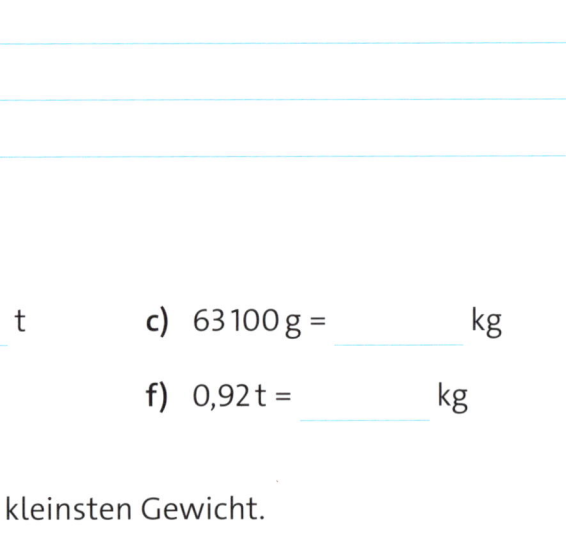

Gewichte umrechnen   Gewichte umrechnen – mit Komma

Umrechnungszahl   Einheiten-tabelle   mit Komma

Gewicht (Masse)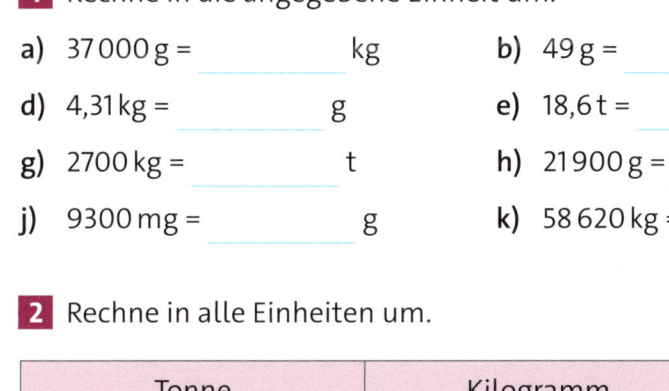

Mit einer Einheitentabelle kannst du Gewichte umrechnen. (mg steht für Milligramm.)

t	kg			g		mg			
0	0	0	0	0	2	0	0	0	0

20 g = 20 000 mg = 0,02 kg = 0,000 02 t

In der Einheitentabelle erkennst du die Umrechnungszahl 1000.

1 Rechne in die angegebene Einheit um.

a) 37 000 g = _____ kg

b) 49 g = _____ mg

c) 85 200 kg = _____ t

d) 4,31 kg = _____ g

e) 18,6 t = _____ kg

f) 250 000 mg = _____ g

g) 2700 kg = _____ t

h) 21 900 g = _____ kg

i) 360 000 g = _____ kg

j) 9300 mg = _____ g

k) 58 620 kg = _____ t

l) 14 600 mg = _____ g

2 Rechne in alle Einheiten um.

Tonne	Kilogramm	Gramm	Milligramm
0,0094 t	9,4 kg	9400 g	9 400 000 mg
		12 500 g	
	2470 kg		
			386 500 mg
	740 kg		
0,0903 t			

3 Ordne die Gewichte nach der Größe. Beginne mit dem kleinsten Gewicht.
45 700 mg; 38 g; 0,03 kg; 0,0006 t; 1,83 kg; 153,9 g

4 Rechne zuerst in die kleinere der beiden Einheiten um. Berechne dann möglichst im Kopf.
Rechne das Ergebnis in die größere Einheit um.

a) 47,9 kg + 2670 g

b) 26 800 mg + 51,27 g

Gewichte umrechnen   Gewichte umrechnen – mit Komma

Umrechnungszahl   Einheiten-tabelle   mit Komma

Gewicht (Masse) ☒

1 Setze <, > oder = ein.

a) 640 g ☐ 6400 mg   b) 83 t ☐ 830 000 kg   c) 73 000 mg ☐ 70 g

d) 51 kg ☐ 54 000 g   e) 500 kg ☐ 50 000 g   f) 7,6 t ☐ 7600 kg

g) 390 g ☐ 39 000 mg   h) 8,46 kg ☐ 8460 g   i) 630 000 kg ☐ 6300 t

j) 50,9 kg ☐ 50 900 g   k) 0,74 kg ☐ 700 g   l) 0,06 t ☐ 600 kg

2 Rechne in die beiden Einheiten um, die hier vorkommen.

a) 12 kg 750 g

b) 452 g 146 mg

c) 530 g 75 mg

d) 256 kg 75 g

e) 800 g 8 mg

3 Rechne zuerst in die kleinere der beiden Einheiten um. Berechne dann möglichst im Kopf.
Rechne das Ergebnis in die größere Einheit um.

a) 49,6 kg + 453 g

b) 7630 mg + 9,32 g

c) 5,94 t − 318 kg

d) 27 040 g − 2,3 kg

e) 405,3 kg − 0,203 t

f) 3 · 8,5 kg + 96 g

4 Ein Aufzug darf höchstens 500 kg befördern. Wenn dieses Gewicht überschritten wird, dann ertönt ein Warnsignal und der Aufzug wird blockiert.
Im Aufzug sind bereits 8 Personen. Sie wiegen 56 kg, 59 kg, 67 kg, 46 kg, 72 kg, 63 kg, 44 kg und 68 kg.
Als eine weitere Person zusteigen will, ertönt das Warnsignal. Wie viel wiegt diese Person mindestens?

Gewichte umrechnen   Gewichte umrechnen – mit Komma

Umrechnungszahl   Einheiten-   mit Komma
                    tabelle

Länge

1 Rechne in die kleinere Einheit um.

Tipp
erst 10:   mm → cm → dm → m
dann 100:   mm ————→ dm
                  cm ————→ m
dann 1000:   mm ————→ m ————→ km

a) 4 m = _____ cm

b) 11 km = _____ m

c) 23 m = _____ dm   d) 370 dm = _____ cm   e) 8 m = _____ mm

f) 260 m = _____ cm   g) 32 m = _____ mm   h) 60 km = _____ m

2 Rechne in die größere Einheit um.

a) 60 cm = _____ dm   b) 800 cm = _____ m   c) 15 000 m = _____ km

d) 30 000 mm = _____ m   e) 6000 cm = _____ m   f) 41 000 cm = _____ m

g) 3700 dm = _____ m   h) 8900 mm = _____ cm   i) 390 000 m = _____ km

3 Rechne in die angegebene Einheit um.

Tipp
Aufpassen! Es wird in die größere oder in
die kleinere Einheit umgewandelt.

a) 40 dm = _____ m

b) 900 cm = _____ mm   c) 70 000 m = _____ km   d) 5 m = _____ cm

e) 340 dm = _____ mm   f) 10 000 cm = _____ m   g) 40 km = _____ m

h) 2500 mm = _____ dm   i) 41 m = _____ mm   j) 230 m = _____ cm

4 Gib die Längen in der Einheitentabelle in km, in m, in dm, in cm und in mm an.

km	m			dm	cm	mm
0	0	2	7	4	0	0
	1	6				
		2	8	3		
			4	0	1	

0,0274 km; 27,4 m; 274 dm; 2740 cm; 27 400 mm

_____

_____

_____

5 Rechne in die angegebene Einheit um.

a) 18 mm = _____ cm   b) 224 cm = _____ m   c) 2400 m = _____ km

d) 5,3 m = _____ cm   e) 1,9 dm = _____ mm   f) 39 cm = _____ m

Längen
umrechnen   Längen
                   umrechnen
                   – mit Komma

Umrechnungszahl   Einheiten-tabelle   mit Komma

Länge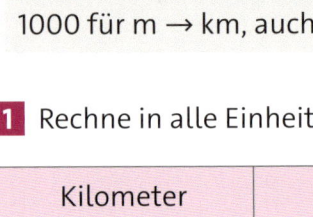

Mit einer Einheitentabelle kannst du Längen umrechnen.

km		m		dm	cm	mm
				0	0	2	0

2 cm = 20 mm = 0,2 dm = 0,02 m

In der Einheitentabelle erkennst du die Umrechnungszahlen: immer 10 bis zu m; 1000 für m → km, auch die Umrechnungszahl 1 000 000 für mm → km.

1 Rechne in alle Einheiten um.

Kilometer	Meter	Dezimeter	Zentimeter	Millimeter
0,094 km	94 m	940 dm	9400 cm	94 000 mm
		1250 dm		
	740 m			
			380 cm	
0,2 km				
				87 800 mm

2 Rechne in die angegebene Einheit um.

a) 862 mm = _____ dm

b) 9,4 m = _____ cm

c) 380 m = _____ km

d) 2,7 dm = _____ mm

e) 48,3 km = _____ m

f) 52,6 cm = _____ mm

g) 3500 mm = _____ m

h) 61 m = _____ km

i) 237 dm = _____ m

j) 29 mm = _____ dm

k) 8,2 m = _____ mm

l) 41 cm = _____ m

3 Ordne die Längen der Größe nach. Beginne mit der kleinsten Länge.

a) 12 cm; 1,2 km; 121 mm; 12 km; 121 cm; 120 m

b) 56 dm; 56 cm; 5,6 km; 0,56 km ; 6 m; 61 dm

4 Wenn du mit Längen rechnest, dann müssen die Längen die gleiche Einheit haben. Rechne zuerst in die kleinere Einheit um. Berechne dann im Kopf.

a) 240 cm + 360 mm =

b) 20 cm + 1,7 m   =

c) 3,75 dm – 68 mm   =

Längen umrechnen

 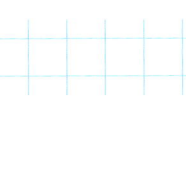

Längen umrechnen – mit Komma

Größen umrechnen

Umrechnungszahl  Einheiten-tabelle mit Komma

Länge ☒

1 Setze <, > oder = ein.

a) 15 cm ☐ 49 mm   b) 0,35 km ☐ 350 m   c) 1,2 m ☐ 12 cm   d) 5 dm ☐ 86 cm

e) 47 m ☐ 0,47 km   f) 35 cm ☐ 350 dm   g) 2 m ☐ 420 mm   h) 1,3 m ☐ 130 cm

i) 84 cm ☐ 8,4 m   j) 99 m ☐ 9,9 dm   k) 4,3 dm ☐ 430 mm   l) 76 mm ☐ 7,1 dm

2 Rechne in die beiden Einheiten um, die hier vorkommen.

a) 12 m 14 cm = _____   b) 25 dm 75 mm = _____

c) 3 km 750 m = _____   d) 7 m 314 mm = _____

e) 7 m 4 cm = _____   f) 5 dm 5 mm = _____

g) 2 km 60 m = _____   h) 3 m 8 mm = _____

3 Beim Rechnen mit Längen darfst du nur gleiche Längeneinheiten verwenden. Rechne in die kleinere der beiden Einheiten um. Berechne dann möglichst im Kopf. Gib das Ergebnis in der größeren Einheit an.

a) 2,4 m + 68 cm =

b) 720 m + 3,2 km =

c) 652 cm – 0,6 m =

d) 27 dm – 2,3 m =

4 Von einer Rolle Seil wurden nacheinander 12 m, 5,40 m, und 87 cm abgeschnitten.
Wie viel Meter Seil wurden insgesamt abgeschnitten?

5 Ole fährt täglich die 2,3 km lange Strecke zur Schule mit dem Fahrrad.
Wie viel Kilometer Schulweg ist er in einer Woche mit dem Fahrrad gefahren?

Längen umrechnen   Längen umrechnen – mit Komma

Zeiteinheiten
umrechnen

Zeit

1 Rechne in die angegebene Einheit um.

Tipp
60 s = 1 min; 60 min = 1 h   24 h = 1 d (Tag)

a) 240 min = _____ h

b) 8 h = _____ min

c) 2 d = _____ h

d) 360 s = _____ min

e) 540 min = _____ h

f) 264 h = _____ d

g) 13 h = _____ min

h) 420 s = _____ min

i) 15 h = _____ min

j) 30 min = _____ s

k) 2400 min = _____ h

l) 120 h = _____ d

m) 25 h = _____ min

2 Rechne in die kleinere Einheit um.

a) 2 min 20 s = _____

b) 4 h 36 min = _____

c) 5 h 53 min = _____

d) 8 h 26 min = _____

e) 7 min 43 s = _____

f) 3 h 49 min = _____

3 Nutze die nächstgrößere Einheit und schreibe mit zwei Einheiten.

a) 88 min = _____

b) 66 min = _____

c) 423 s = _____

d) 656 min = _____

e) 730 s = _____

f) 388 s = _____

4 Setze <, > oder = ein.

a) 4 h 16 min ☐ 260 min

b) 6 min 18 s ☐ 378 s

c) 75 h ☐ 3 d

d) 220 s ☐ 3 min 40 s

e) 2 h 58 min ☐ 170 min

f) 750 min ☐ 12 h 45 min

g) 3 d 14 h ☐ 90 h

h) 452 min ☐ 7 h 32 min

i) 6 min 48 s ☐ 400 s

5 Wie viele Minuten sind vergangen?

Tipp
Rechne zur nächsten vollen Stunde.

a) 6:06 Uhr bis 7:30 Uhr _____

b) 14:25 Uhr bis 16:30 Uhr _____

c) 22:30 Uhr bis 1:15 Uhr _____

d) 8:57 Uhr bis 11:32 Uhr _____

e) 10:13 Uhr bis 14:09 Uhr _____

6 Wie viele Tage sind vergangen?

Tipp
April: 30 Tage; Juli: 31 Tage

a) 03.04. bis 04.05. _____

b) 15.07. bis 15.09. _____

c) 12.12. bis 03.02. _____

d) 28.03. bis 25.05. _____

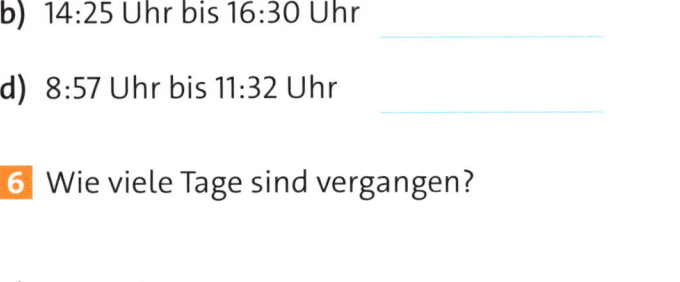 

Zeiten
umrechnen

Mit Zeiten
rechnen

Mit Uhrzeiten
rechnen

Zeit ✕

60 s = 1 min	Monate haben unterschiedlich viele Tage (d).
60 min = 1 h	Bei Jahren (a) rechnet man mit 365 Tagen.
24 h = 1 d (Tag)	

1 Rechne in die angegebene Einheit um.

a) 16 h = _____ min b) 2 d 14 h = _____ h c) 190 s = _____ min _____ s

d) 22 min = _____ s e) 14 h = _____ min f) 6 min 21 s = _____ s

g) 390 s = _____ min _____ s h) 31 h = _____ d _____ h i) 46 min = _____ s

j) 60 min = _____ s k) 2 a = _____ d l) 380 d = _____ a _____ d

2 Ordne die Zeitspannen. Beginne mit der kürzesten Zeitspanne.

a) 2 min 12 s; 130 s; 1 h 15 min; 70 min; 2 h 35 min; 150 min

b) 300 min; 12 h; 900 min; 1 d 5 h; 4 h 40 min; 240 min 30 s

3 In a) stehen sechs verschiedene Fahrten. In b) steht der Plan für eine durchgehende Reise.

a) Ergänze die Ankunftszeiten.

Abfahrt	Fahrzeit	Ankunft
6:18	25 min	
6:33	45 min	
8:12	1 h 12 min	
8:27	1 h 31 min	
8:44	38 min	
8:59	27 min	

b) Fülle die Lücken (immer 2 min Aufenthalt).

Abfahrt	Fahrzeit	Ankunft
6:18	25 min	
6:45	45 min	
	1 h 12 min	
	1 h 31 min	
	38 min	
	27 min	

4 Wie viele Stunden und Minuten sind vergangen?

a) 13:26 Uhr bis 15:15 Uhr b) 7:19 Uhr bis 10:03 Uhr

c) 9:54 Uhr bis 12:23 Uhr d) 14:36 Uhr bis 16:42 Uhr

5 Wie viele Tage sind vergangen?

a) 15.09. bis 16.10. b) 04.08. bis 06.09.

c) 12.11. bis 03.02. d) 15.06. bis 15.08.

Zeiten
umrechnen

Mit Zeiten
rechnen

Mit Uhrzeiten
rechnen

Zeiteinheiten
umrechnen

Zeit ⊠

1 Rechne in die angegebene Einheit um.

a) 21 h = _____ min

b) 8 min 43 s = _____ s

c) 257 s = _____ min ___ s

d) 53 h = ___ d ___ h

e) 621 s = ____ min ___ s

f) 8 min 53 s = _____ s

g) 375 s = ____ min ___ s

h) 6 h 37 min = _____ min

i) 192 h = _____ d

j) 725 min = ___ h ___ min

k) 1 d 12 h = _____ h

l) 2 a 96 d = _____ d

2 In a) stehen sechs verschiedene Fahrten. In b) steht der Plan für eine durchgehende Reise.

a) Ergänze die fehlenden Angaben.

Abfahrt	Fahrzeit	Ankunft
8:45	6 h 30 min	
3:35		9:20
21:45	3 h 35 min	
	5 h 42 min	18:28
9:17		17:42
	3 h 53 min	16:06

b) Fülle die Lücken (immer 2 min Aufenthalt).

Abfahrt	Fahrzeit	Ankunft
3:35	3 h 28 min	
7:05		7:53
9:09	2 h 46 min	
	47 min	13:19

3 Ordne die Zeitspannen. Beginne mit der kürzesten Zeitspanne.

3 h 48 min; 157 min; 2 h; 3600 s; 1 h 59 min; 233 min

4 Lkw-Fahrer dürfen pro Tag nicht mehr als 9 Stunden arbeiten.
Nach 4,5 Stunden am Steuer muss ein Fahrer 45 Minuten Pause machen.
Er kann auch zuerst einmal 15 Minuten Pause machen und später noch einmal 30 Minuten.

Hat Herr Ludwig die Vorschriften eingehalten?
Herr Ludwig beginnt seine Fahrt um 7:36 Uhr.
Um 9:12 Uhr macht er eine Pause von 22 Minuten.
Danach fährt er weiter und erreicht um 12:13 Uhr eine Raststätte, wo er in einem Imbiss etwas isst.
Um 12:44 Uhr fährt er weiter zu seinem Ziel, das er um 17:23 Uhr erreicht.
Nachdem Herr Ludwig alles ausgeladen hat, stellt er seinen Lkw um 18:20 Uhr ab und macht Feierabend.

Zeiten
umrechnen

Mit Zeiten
rechnen

Mit Uhrzeiten
rechnen

Sachrechnen mit Größen

1 Luisa und Eric backen Kekse.
Rechts siehst du das Rezept für den Teig.

a) Wie viel wiegt der Teig insgesamt?

Butterkekse
- 500 g Mehl
- 500 g Butter
- 250 g Zucker
- 1 Päckchen Backpulver (15 g)
- 1 Päckchen Vanillezucker (10 g)
- 2 Eier (je 60 g)

b) Luisa und Eric backen aus dem Teig 93 Kekse.
Sie möchten vier Freunde beschenken. Jeder soll 20 Kekse bekommen.
Reichen die Kekse von Luisa und Eric dafür? Begründe.

2 Eine Fähre braucht 15 Minuten für eine Fahrt.

Tipp
1 h = 60 min; 15 min ist 1 Viertelstunde

a) Wie häufig fährt die Fähre in einer Stunde
hin und zurück?

b) Die Fähre ist täglich von 8 Uhr bis 20 Uhr im Einsatz. Wievielmal fährt sie an einem Tag hin und
zurück?

3 In einer Straße werden Rohre neu verlegt.
Ein Rohr ist 2 m lang und hat einen Durchmesser von 31 cm.

a) Im Graben liegen zwei Rohre nebeneinander. Zwischen den Rohren und an den Außenseiten
müssen 5 cm Platz gelassen werden. Wie breit muss der Graben sein?

b) Die Straße ist 150 m lang.
Wie viele Rohre benötigt man insgesamt?

Mit Gewichten
rechnen

Mit Längen
rechnen

Sachrechnen mit Größen

> Beachte die Umrechnungen der Größen. Rechne mit kleineren Einheiten, wenn nötig.
> Eine Umrechnungstabelle für Größen kann dir helfen.

1 Für eine Kletterwand werden zwei Wände aus Ziegelsteinen gebaut. Jeder Ziegelstein wiegt 4200 g.
Die eine Wand besteht aus 150 Ziegelsteinen. Die andere Wand besteht aus 120 Ziegelsteinen.

a) Wie schwer ist die Wand aus 150 Ziegelsteinen?
Gib in Kilogramm (kg) an.
b) Wie schwer ist die Wand aus 120 Ziegelsteinen?

c) Wie schwer sind beide Wände zusammen?
Gib in Tonnen (t) an.

2 Yoshio betrachtet seinen Stundenplan.
Eine Unterrichtsstunde dauert 45 Minuten.

a) Wie viel Mathematikunterricht hat er in
der Woche? Gib in Stunden und Minuten an.

Stunde	Mo.	Di.	Mi.	Do.	Fr.
1	Deu.	Mat.	Nat.	Eng.	Mus.
2	Deu.	Mat.	Nat.	Deu.	Mus.
3	Spo.	Eng.	Deu.	GL	Al.
4	Spo.	Eng.	Deu.	Mat.	Al.
5		GL.	Mat.	Mat.	Spa.
6		GL.			Spa.

b) Wie viele Stunden Unterricht hat er insgesamt in einer Woche?

3 Lucia soll im Sportunterricht eine Runde um den Sportplatz laufen. Eine Runde ist 400 m lang.

a) Jeder Schritt von Lucia ist 40 cm lang. Wie viele Schritte macht sie in einer Runde?

b) Wie lang sind die Schritte, wenn Lucia für die Runde 2000 Schritte macht? Kann das stimmen?

Mit Gewichten
rechnen

Mit Längen
rechnen

Sachrechnen mit Größen ⊠

1 Im Kunstunterricht plant die Klasse ein großes Mosaikbild aus farbigen quadratischen Plättchen, die 3 cm lang sind. Das Bild soll 6 m breit und 3 m hoch sein. Wie viele farbige Plättchen werden benötigt?

2 Eine Brücke darf nur mit einem maximalen Gesamtgewicht von 10 t belastet werden.
Ein Lkw hat ein Leergewicht von 5205 kg.

a) Der Lkw soll allein über die Brücke fahren. Wie viel Kilogramm Fracht darf der Lkw höchstens laden?

b) Dürfen zwei Lkw gleichzeitig über die Brücke fahren? Begründe.

3 Familie Abdullah fliegt von Frankfurt nach Djakarta in Indonesien.
Das Flugzeug startet in Frankfurt um 9:45 Uhr am Vormittag. Der Flug dauert 13 h 25 min.
Frau Abdullah weiß: Wenn man von Frankfurt nach Djakarta fliegt, muss man bei der Ankunft die Uhr um sechs Stunden vorstellen. Der Grund dafür ist die Zeitverschiebung. Wenn es in Frankfurt 9:45 Uhr ist, dann ist es in Djakarta schon 15:45 Uhr.
Ermittle die Ankunftszeit der Familie in Djakarta.

 Mit Gewichten rechnen   Mit Längen rechnen

Strecke, Strahl, Gerade

1 Schreibe jeweils die passenden Buchstaben auf.

Tipp
eine Strecke: zwei Endpunkte
eine Halbgerade (ein Strahl): ein Endpunkt
eine Gerade: keine Endpunkte

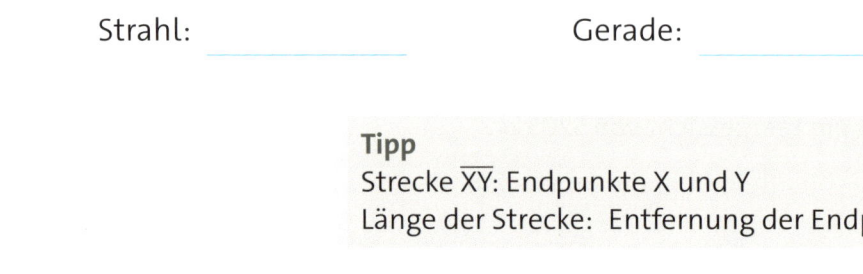

Strecke: _____   Strahl: _____   Gerade: _____

2 Zeichne die Strecken.
Miss dann die Längen.

Tipp
Strecke $\overline{XY}$: Endpunkte X und Y
Länge der Strecke: Entfernung der Endpunkte

$\overline{AB} =$ _____ $\overline{CD} =$ _____ $\overline{EF} =$ _____ $\overline{BC} =$ _____ $\overline{DE} =$ _____ $\overline{FG} =$ _____

B
×

F
×

E
×

A
×

C
×

D
×

G
×

3 Zeichne eine Gerade g. Markiere zwei Punkte A und B auf der Geraden. Wie viele Halbgeraden und wie viele Strecken erkennst du?

Tipp
Jeder Punkt teilt eine Gerade in zwei Halbgeraden.

4 Wie viele Geraden kannst du durch zwei Punkte C und D zeichnen, wie viele Geraden durch einen Punkt E? Zeichne Beispiele.

Strecke, Strahl, Gerade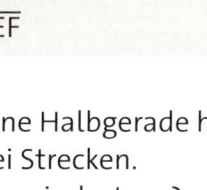

Gerade durch die Punkte A und B

Strahl (Halbgerade) von C durch D

Strecke von E nach F, kurz $\overline{EF}$

1 Zeichne eine Gerade g, eine Halbgerade h, die nicht auf g liegt, und zwei Strecken. Wie viele Punkte brauchst du mindestens?

2 Drei Geraden schneiden sich in drei Punkten A, B und C. Zeichne so ein Bild. Wie viele Strecken und wie viele Halbgeraden findest du? Schreibe Beispiele auf.

3 Gegeben sind die vier Punkte A, B, C und D. Wie viele Geraden kannst du durch mindestens zwei Punkte zeichnen? Wie viele Strecken kannst du angeben? Notiere alle Möglichkeiten von Strecken.

4 Finde wie in Aufgabe 3 vier Punkte A, B, C und D, sodass sechs Geraden durch mindestens zwei Punkte und außerdem sechs Strecken entstehen. Zeichne so ein Bild. Wichtig! Wenn neue Schnittpunkte von Geraden entstehen, dann musst du diese nicht berücksichtigen.

Strecke, Strahl, Gerade

1 Kreuze an, ob die Aussage wahr oder falsch ist.

Aussage	wahr	falsch
Eine Gerade hat keinen Anfangspunkt.		
Endpunkt und Anfangspunkt definieren einen Strahl.		
Einen Strahl nennt man auch Halbgerade.		
Eine Linie ist immer eine Gerade.		
Eine Strecke wird durch zwei Punkte begrenzt.		
Geraden sind unendlich lang.		

2 Du zeichnest eine Gerade durch zwei Punkte. Welche weiteren Linien kannst du angeben?

3 Wie viele gemeinsame Punkte können fünf verschiedene Geraden maximal besitzen? Zeichne und vergleicht miteinander, ob die ermittelte Anzahl tatsächlich die größtmögliche ist.

4 Im Garten von Familie Marx stehen fünf Stangen, an denen eine Wäscheleine befestigt werden kann. In der Zeichnung entsprechen die Entfernungen der „Stangen" in Zentimeter den Entfernungen in Meter in der Wirklichkeit.

Nun soll die Wäscheleine befestigt werden, und zwar wird bei „Stange" A begonnen. Jede Stange darf nur einmal zum Befestigen der Leine verwendet werden. Die Leinen dürfen sich nicht kreuzen. Finde eine Reihenfolge (zum Beispiel: A – B – C – ...), bei der mit der längsten Leine auch die meiste Wäsche aufgehängt werden kann. Wie viel Meter Leine ergibt sich nach deiner Zeichnung? Hast du tatsächlich die längste Möglichkeit? Vergleiche mit deinen Mitschülerinnen und Mitschülern.

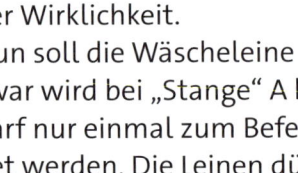
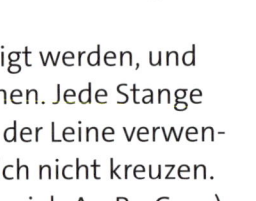

A
×

E
×

B
×

D
×

C
×

Senkrecht, parallel, Abstand

1 Verbinde jeweils drei passende Karten. Beginne mit der Zeichnung, dann die Bezeichnung, dann die Beschreibung und zuletzt die Kurzform.

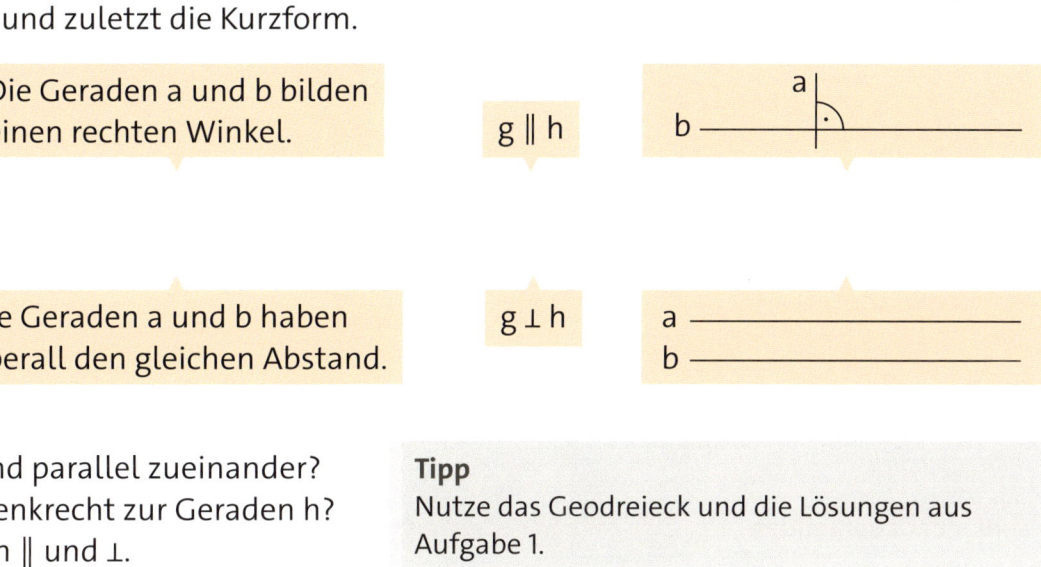

| parallel | Die Geraden a und b bilden einen rechten Winkel. | g ∥ h |
| senkrecht | Die Geraden a und b haben überall den gleichen Abstand. | g ⊥ h |

2 Welche Geraden sind parallel zueinander? Welche Geraden sind senkrecht zur Geraden h? Notiere mit den Zeichen ∥ und ⊥.

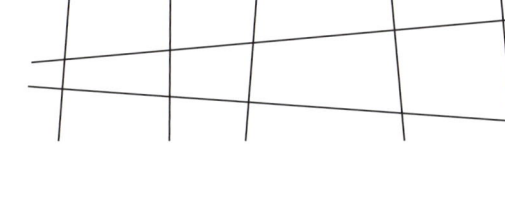

Tipp
Nutze das Geodreieck und die Lösungen aus Aufgabe 1.

parallel zueinander:

senkrecht zueinander:

3 Notiere alle weiteren Geraden in Aufgabe 2, die zueinander senkrecht sind.

4 Miss alle Abstände zur Geraden g.

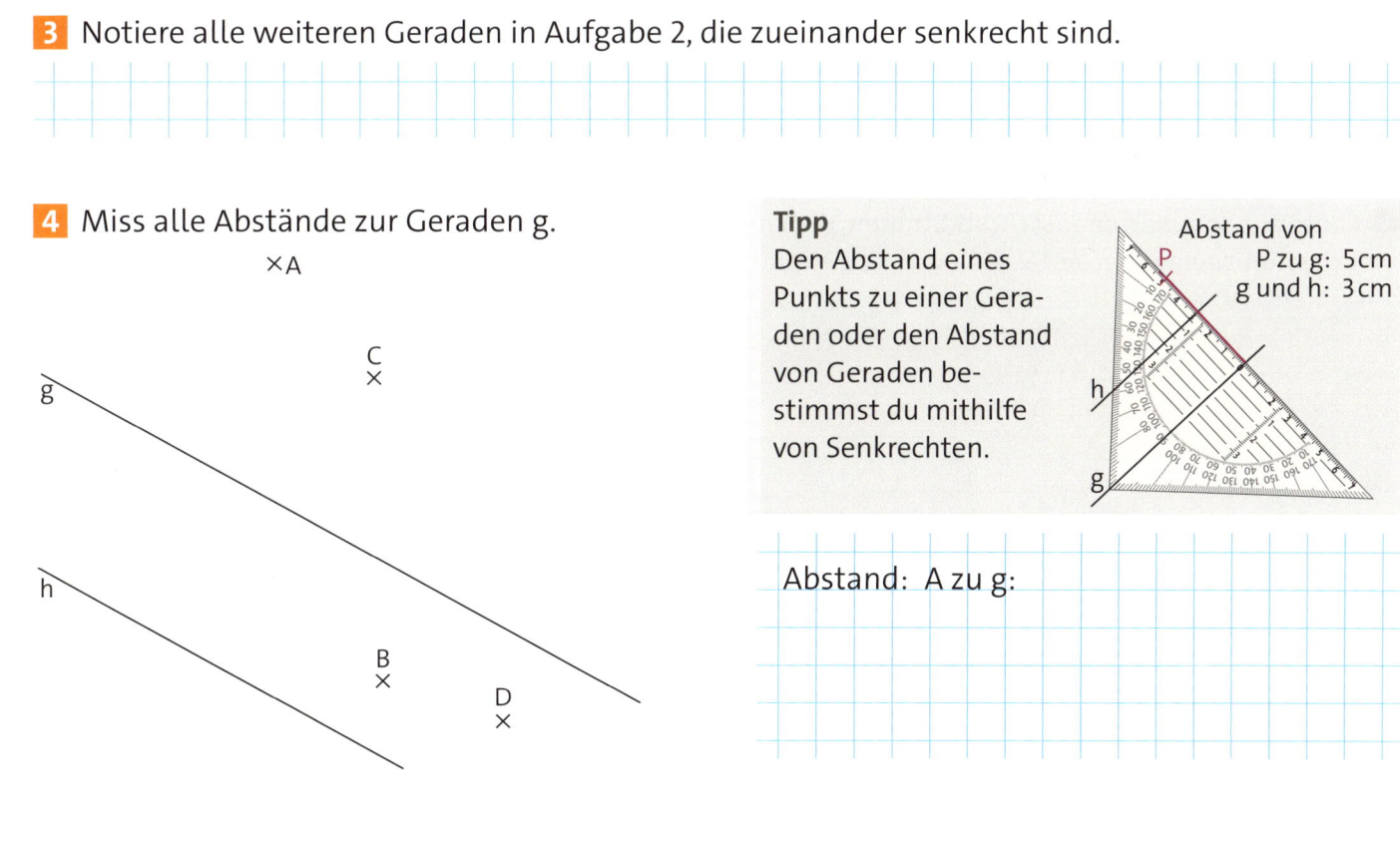

Tipp
Den Abstand eines Punkts zu einer Geraden oder den Abstand von Geraden bestimmst du mithilfe von Senkrechten.

Abstand von
P zu g: 5cm
g und h: 3cm

Abstand: A zu g:

Senkrechte
Geraden

Parallele
Geraden

Senkrecht, parallel, Abstand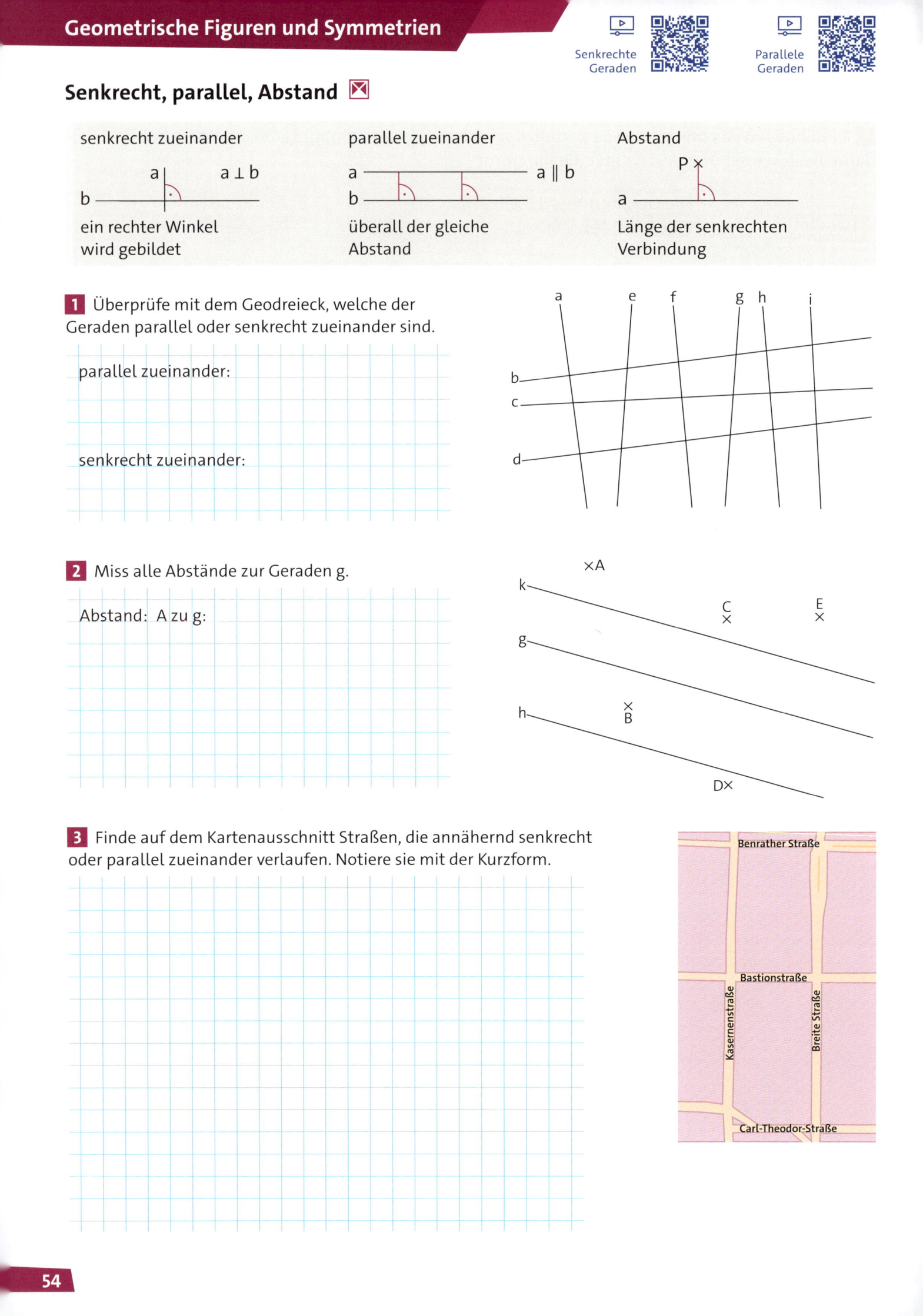

senkrecht zueinander	parallel zueinander	Abstand
a⊥b ein rechter Winkel wird gebildet	a ∥ b überall der gleiche Abstand	Länge der senkrechten Verbindung

1 Überprüfe mit dem Geodreieck, welche der Geraden parallel oder senkrecht zueinander sind.

parallel zueinander:

senkrecht zueinander:

2 Miss alle Abstände zur Geraden g.

Abstand: A zu g:

3 Finde auf dem Kartenausschnitt Straßen, die annähernd senkrecht oder parallel zueinander verlaufen. Notiere sie mit der Kurzform.

Benrather Straße

Bastionstraße

Kasernenstraße

Breite Straße

Carl-Theodor-Straße

Senkrechte Geraden

Parallele Geraden

Senkrecht, parallel, Abstand ⊠

1 Kreuze an, ob die Aussage wahr oder falsch ist.

Aussage	wahr	falsch
Zueinander parallele Geraden haben einen Schnittpunkt.		
Zueinander senkrechte Geraden schneiden sich in einem rechten Winkel.		
Der Abstand von einem Punkt zu einer Geraden ist immer die kürzeste Entfernung.		
g ∥ h drückt aus, dass die Geraden g und h senkrecht zueinander stehen.		
Der Abstand von zwei Geraden kann nur in der Mitte der Geraden gemessen werden.		

2 Finde heraus, welche Strecken zueinander parallel und welche zueinander senkrecht verlaufen. Welchen Abstand haben die zueinander parallelen Strecken?

3 Parallel und senkrecht in Bild und Wirklichkeit:
Formuliere zu diesem Thema möglichst viele Aussagen.

Punkte ablesen

Punkte eintragen

Koordinatensystem

1 Ergänze rechts die Koordinaten der Punkte.

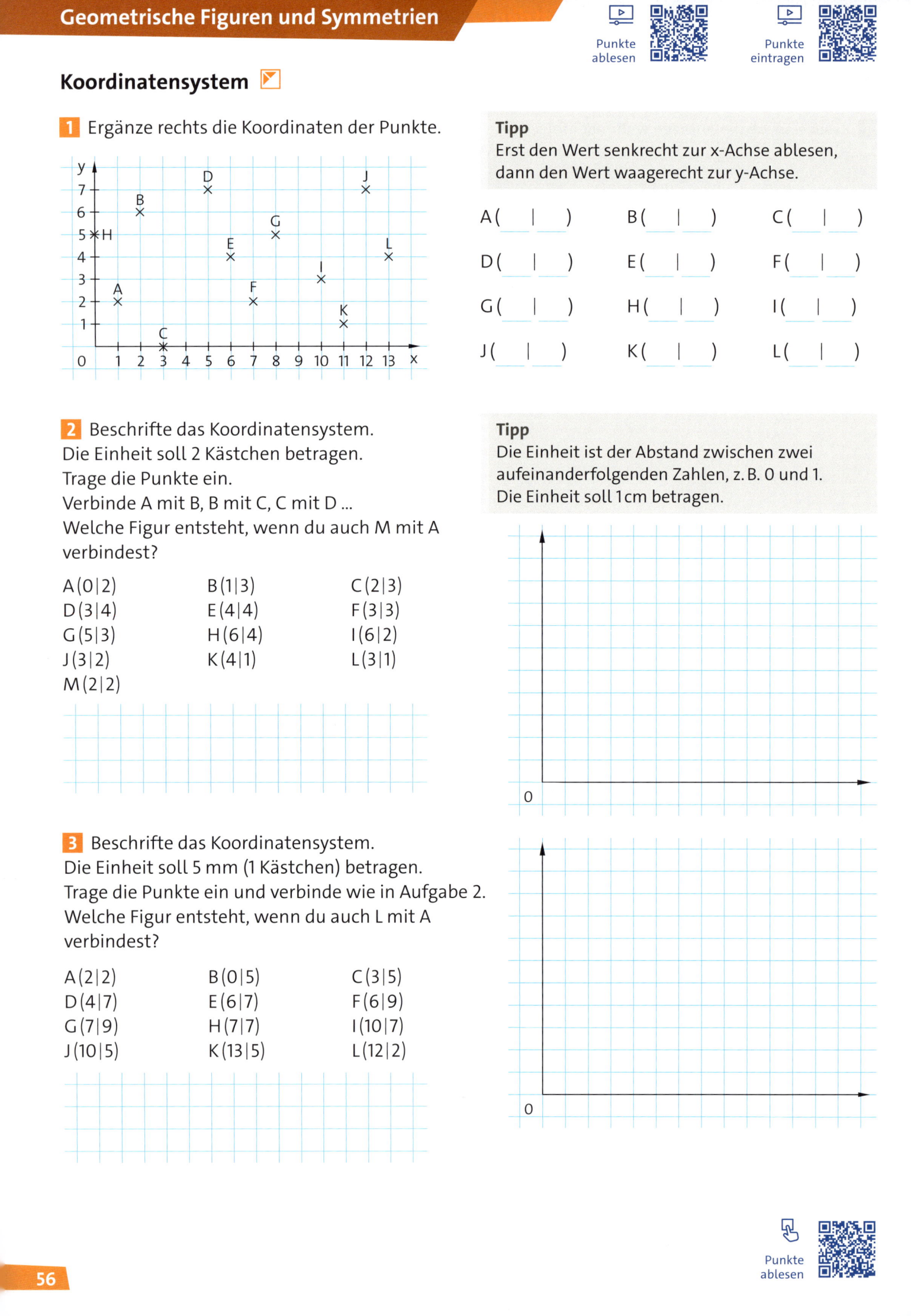

Tipp
Erst den Wert senkrecht zur x-Achse ablesen, dann den Wert waagerecht zur y-Achse.

A(___|___)   B(___|___)   C(___|___)

D(___|___)   E(___|___)   F(___|___)

G(___|___)   H(___|___)   I(___|___)

J(___|___)   K(___|___)   L(___|___)

2 Beschrifte das Koordinatensystem.
Die Einheit soll 2 Kästchen betragen.
Trage die Punkte ein.
Verbinde A mit B, B mit C, C mit D …
Welche Figur entsteht, wenn du auch M mit A verbindest?

A(0|2)   B(1|3)   C(2|3)
D(3|4)   E(4|4)   F(3|3)
G(5|3)   H(6|4)   I(6|2)
J(3|2)   K(4|1)   L(3|1)
M(2|2)

Tipp
Die Einheit ist der Abstand zwischen zwei aufeinanderfolgenden Zahlen, z. B. 0 und 1.
Die Einheit soll 1 cm betragen.

0

3 Beschrifte das Koordinatensystem.
Die Einheit soll 5 mm (1 Kästchen) betragen.
Trage die Punkte ein und verbinde wie in Aufgabe 2.
Welche Figur entsteht, wenn du auch L mit A verbindest?

A(2|2)   B(0|5)   C(3|5)
D(4|7)   E(6|7)   F(6|9)
G(7|9)   H(7|7)   I(10|7)
J(10|5)   K(13|5)   L(12|2)

0

Punkte ablesen

Koordinatensystem ☒

Bei den Koordinaten von A bezieht sich der erste Wert auf die x-Achse und der zweite Wert auf die y-Achse.
Eine Einheit geht im Koordinatensystem zum Beispiel von 0 bis 1. Sie kann 1 cm lang sein. Sie kann aber auch beliebige andere Längen haben.

1 Gegeben ist das Koordinatensystem mit den markierten Punkten.

a) Wie groß ist eine Einheit?

b) Ergänze die Koordinaten der Punkte.

A (___ | ___)   B (___ | ___)   C (___ | ___)

D (___ | ___)   E (___ | ___)   F (___ | ___)

G (___ | ___)   H (___ | ___)   I (___ | ___)

J (___ | ___)   K (___ | ___)   L (___ | ___)

2 Beschrifte das Koordinatensystem.
Die Einheit soll 1,5 cm (3 Kästchen) sein.
Trage die Punkte A (1|0), B (2|2), C (0|2),
D (4|1) und E (3|1) ein.

3 Stell dir vor, dass eine Schnecke über das Koordinatensystem kriecht. Sie kann nur senkrecht oder parallel zu den Achsen kriechen. Vom Punkt A (1|4) bis zum Punkt B (1|0) braucht sie vier Minuten. Von dort aus kriecht sie auf dem kürzesten Weg zum Salatkopf bei S (6|5). Wie viel Zeit braucht sie? Vergleicht untereinander, ob ihr gleiche Wege gefunden habt. Sind eure Zeiten unterschiedlich?

Punkte ablesen

Punkte eintragen

Koordinatensystem ☒

1 Kreuze an, ob die Aussage wahr oder falsch ist.

Aussage	wahr	falsch
Die x-Achse nennt man auch Hochachse.		
Die Koordinaten sind die beiden Zahlen, die die Lage eines Punktes beschreiben.		
Der Schnittpunkt der beiden Achsen ist der Nullpunkt oder Ursprung.		
Die y-Achse zeigt nach links.		

2 In diesem Koordinatensystem ist eine kleine Einheit festgelegt, sodass die Achsenbeschriftung nicht alle Zahlen nacheinander enthält.

a) Ergänze die fehlenden Koordinaten der Punkte, die markiert sind.

A (___ | ___)   B (___ | ___)   C (___ | ___)

D (___ | ___)   E (___ | ___)   F (___ | ___)

G (___ | ___)   H (___ | ___)   I (___ | ___)

J (___ | ___)   K (___ | ___)   L (___ | ___)

b) Trage die Punkte M (16|4), N (6|4), O (14|18), P (20|10), Q (26|6) und R (10|0) ein.

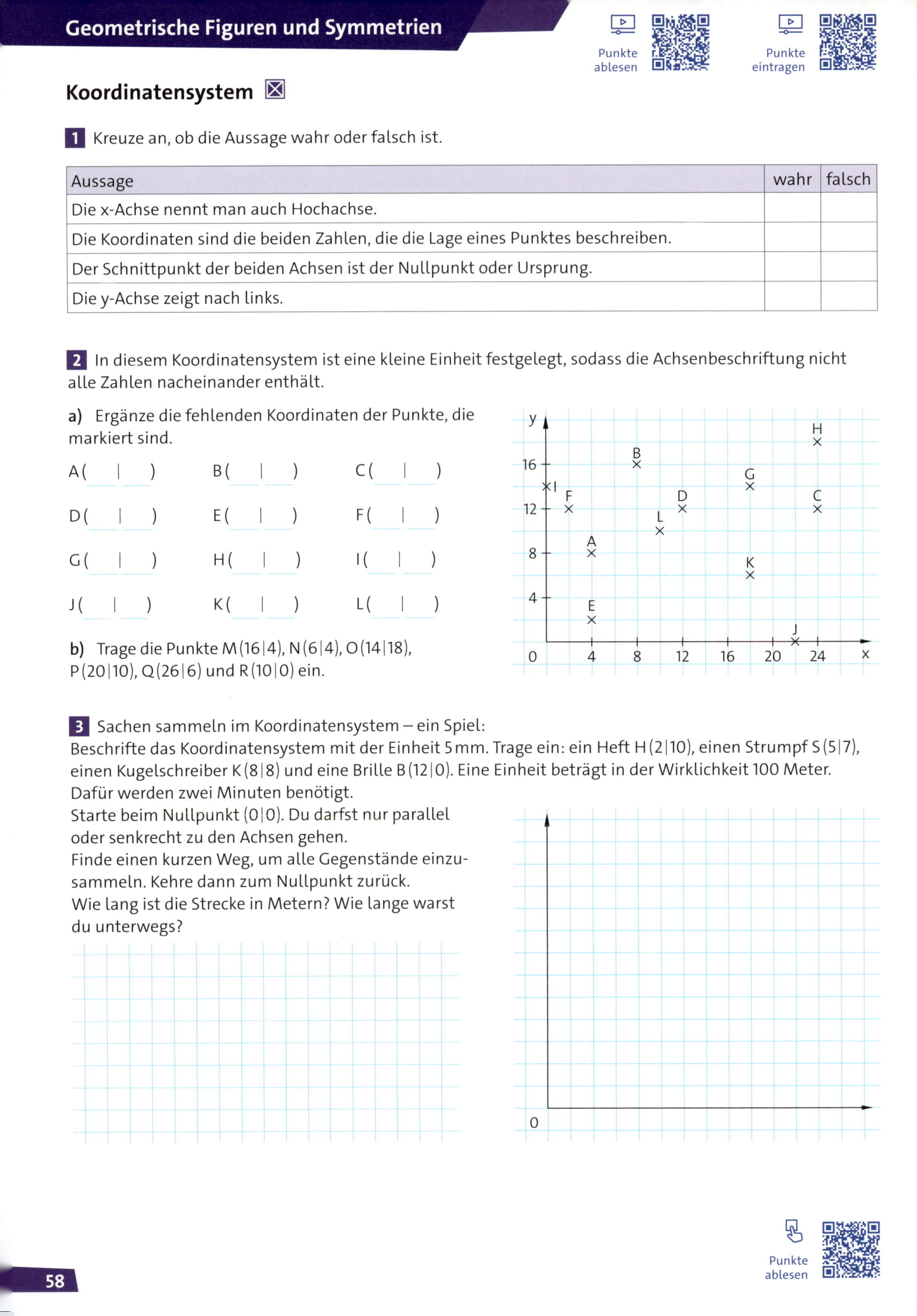

3 Sachen sammeln im Koordinatensystem – ein Spiel:
Beschrifte das Koordinatensystem mit der Einheit 5 mm. Trage ein: ein Heft H (2|10), einen Strumpf S (5|7), einen Kugelschreiber K (8|8) und eine Brille B (12|0). Eine Einheit beträgt in der Wirklichkeit 100 Meter. Dafür werden zwei Minuten benötigt.
Starte beim Nullpunkt (0|0). Du darfst nur parallel oder senkrecht zu den Achsen gehen.
Finde einen kurzen Weg, um alle Gegenstände einzusammeln. Kehre dann zum Nullpunkt zurück.
Wie lang ist die Strecke in Metern? Wie lange warst du unterwegs?

Punkte ablesen

An einer Geraden spiegeln

Achsensymmetrie

1 Zeichne alle Symmetrieachsen ein.

Tipp
Die Symmetrieachse teilt die Figur in zwei deckungsgleiche Hälften.

a)

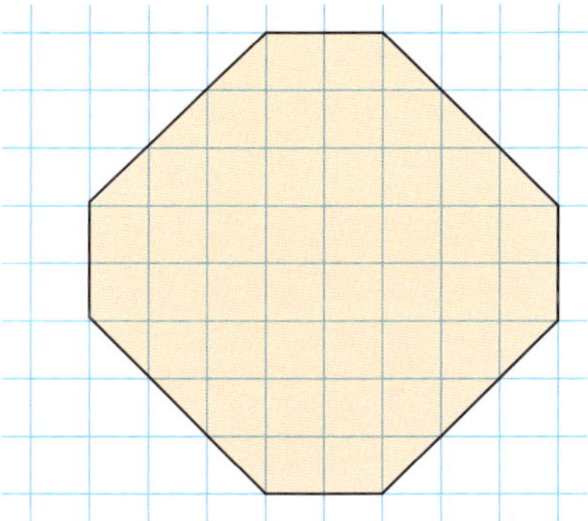

b)

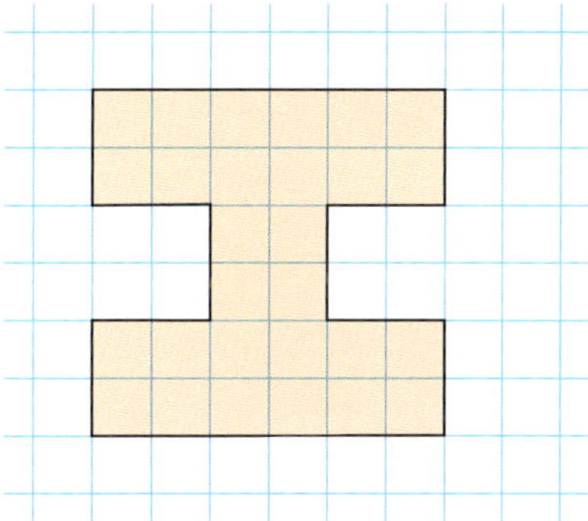

c)

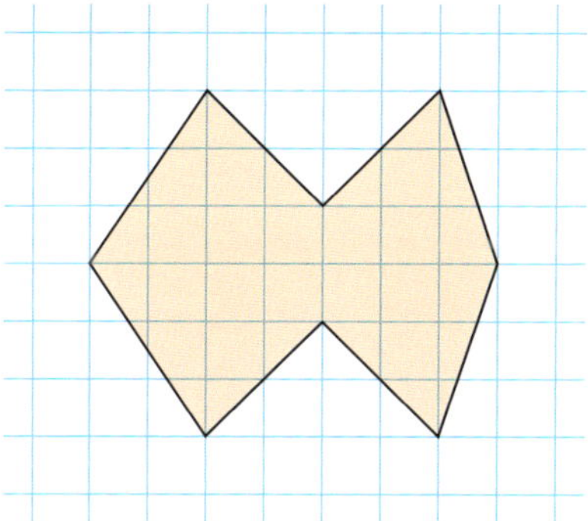

d)

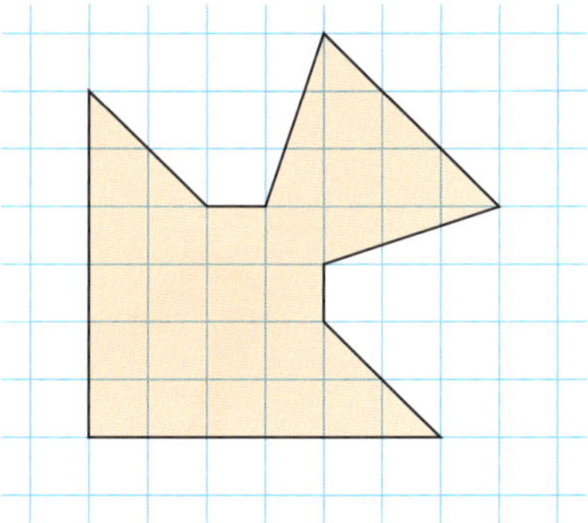

e)

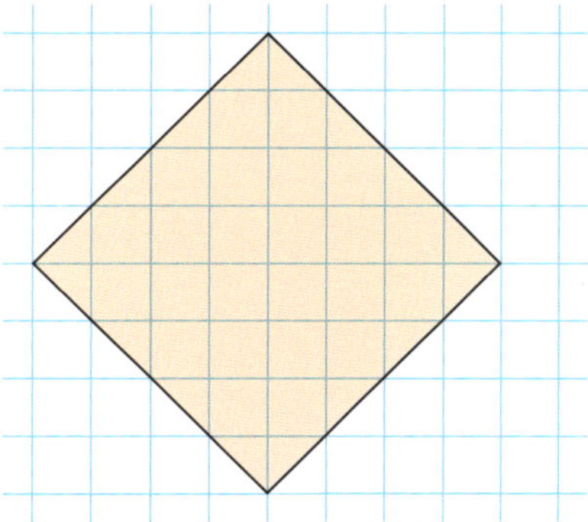

f)

2 Spiegle die Figur an der roten Symmetrieachse.

a)

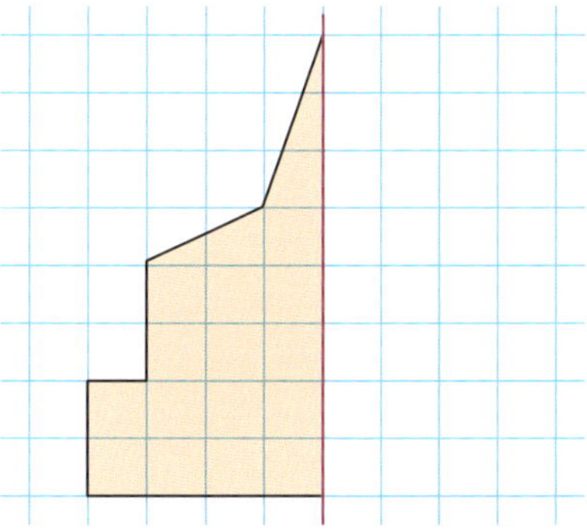

b)

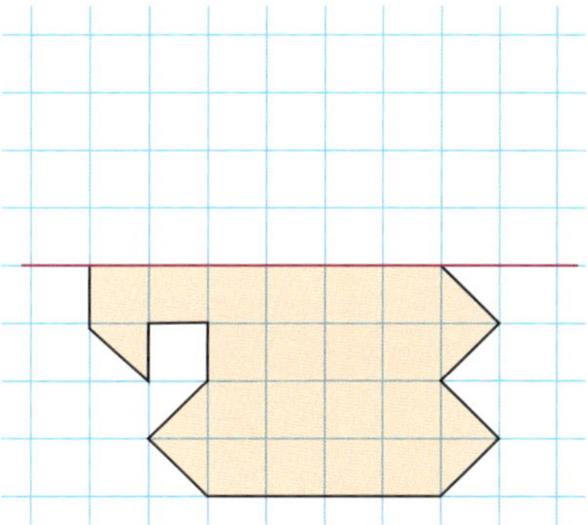

c)

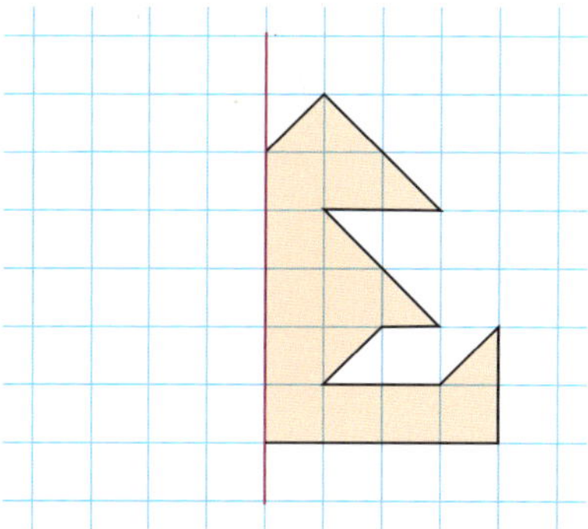

d)

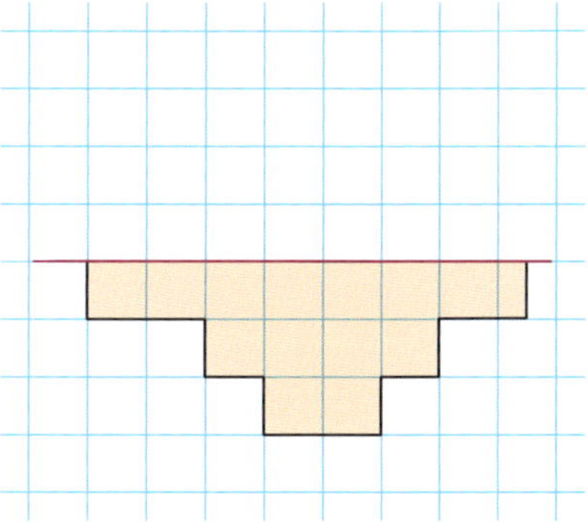

e)

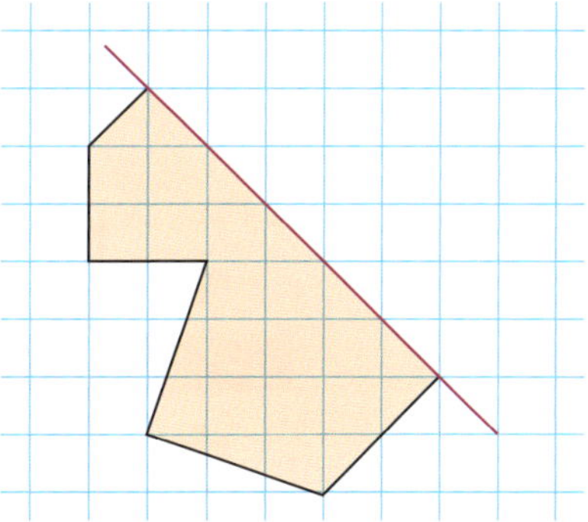

f)

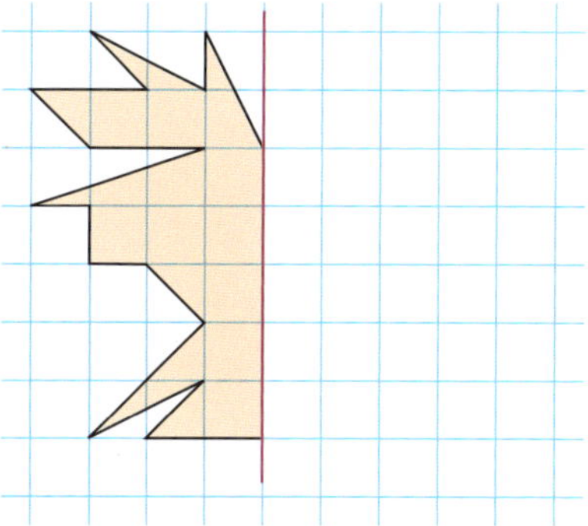

An einer Geraden
spiegeln

Achsensymmetrie ⊠

Eine Figur ist achsensymmetrisch, wenn sie aus zwei gespiegelten Hälften besteht.
Man spiegelt an einer Symmetrieachse (hier rot).
Originalpunkt A und Bildpunkt A' haben den gleichen Abstand zur Symmetrieachse.
Es kann eine oder mehrere Symmetrieachsen geben.

Beispiel:

1 Sind die Figuren achsensymmetrisch? Zeichne die Symmetrieachsen ein, wenn möglich.

2 Schreibe die Buchstaben wie in den Beispielen unten. E und M sind achsensymmetrisch, G nicht.
Spiegle die Buchstaben OT, dann entsteht ein achsensymmetrisches Wort.
Finde weitere Beispiele für achsensymmetrische Wörter.

z.B.

E G M O T

A

3 Flaggen sind oft achsensymmetrisch.
Ein Beispiel ist die Flagge von Georgien.
Übertrage die Flagge in das Kästchenraster rechts und zeichne die Symmetrieachsen ein.

An einer Geraden spiegeln

Achsensymmetrie

1 Kreuze an, ob die Aussage wahr oder falsch ist.

Aussage	wahr	falsch
Eine Figur ist achsensymmetrisch, wenn du die beiden Hälften genau passend übereinander klappen kannst.		
Die Symmetrieachse wird auch Spiegelachse genannt.		
Bei einer Geradenspiegelung gibt es zu jedem Originalpunkt genau zwei Bildpunkte.		
Der Abstand zwischen Originalpunkt und Symmetrieachse ist genauso groß wie der Abstand zwischen Bildpunkt und Symmetrieachse.		

2 Kreuze an, welche Schilder achsensymmetrisch sind. Zeichne dann die Symmetrieachsen ein.

3 Spiegle die Figur an der roten Symmetrieachse.

a)

b)

c)

4 Manche Fahrzeuge sind mit Spiegelschrift beschriftet. Erkläre, warum das so ist.

Punktsymmetrie

1 Sind die Bilder punktsymmetrisch?
Schreibe ja oder nein.

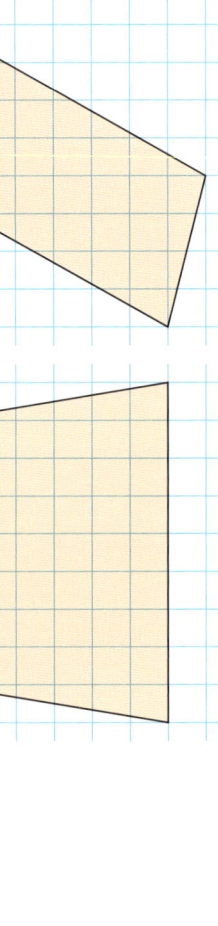 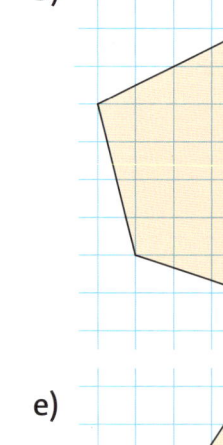 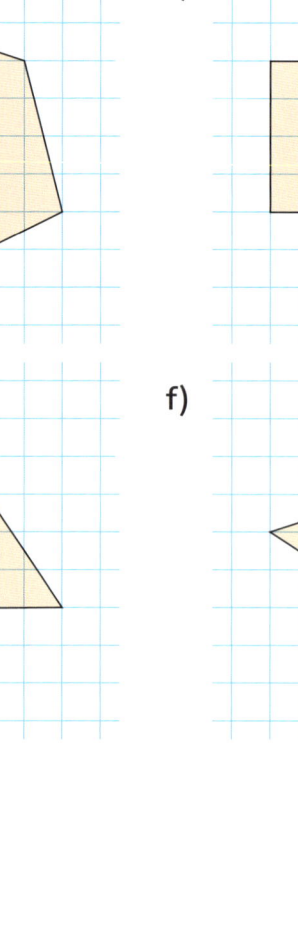 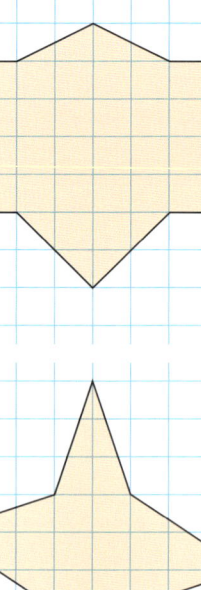 

2 Färbe genauso viele Quadrate ein, dass die Figur punktsymmetrisch ist.

3 Ist die Figur punktsymmetrisch? Wenn ja, dann ergänze den Symmetriepunkt.

a)

b)

c)

d)

e)

f)

Punktsymmetrie
erkennen

Punktsymmetrie

Eine Figur ist punktsymmetrisch, wenn sie nach einer halben Drehung genauso aussieht wie vorher.
Die Figur wird um den Symmetriepunkt S gedreht. Er liegt „in der Mitte".
Originalpunkt und Bildpunkt sind vom Punkt S gleich weit entfernt.
Wenn du jeden Originalpunkt mit seinem Bildpunkt verbindest, dann schneiden sich diese Linien im Symmetriepunkt S.

Beispiel:

A'

S

A $\overline{AS} = \overline{SA'}$

1 Viele Spielkarten sehen im ersten Moment punktsymmetrisch aus. Stimmt das? Begründe.

2 Ergänze zu einer punktsymmetrischen Figur. Drehe dazu die Figur um den Symmetriepunkt S.

a)

S

b)

S

c)

×S

d)

S

e)

S

f)

×S

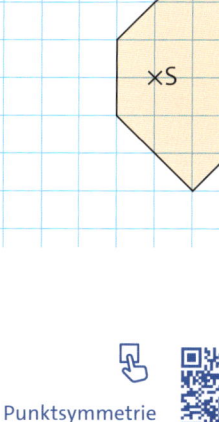

Punktsymmetrie
erkennen

Punktsymmetrie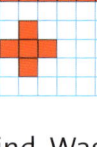

1 Kreuze an, ob die Aussage wahr oder falsch ist.

Aussage	wahr	falsch
Eine Figur ist punktsymmetrisch, wenn sie nach einer halben Drehung um einen Punkt in der Mitte genauso aussieht wie vorher.		
Originalpunkte haben denselben Abstand zum Symmetriepunkt wie ihre Bildpunkte.		
Die Verbindungsstrecke von Originalpunkt und Bildpunkt kann durch den Symmetriepunkt verlaufen.		
Liegt der Originalpunkt auf dem Symmetriepunkt, dann ist dieser gleichzeitig auch Bildpunkt.		

2 Ergänze zu einer punktsymmetrischen Figur.

a)

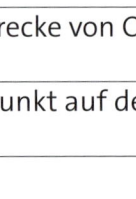
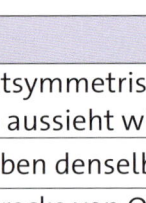
b)
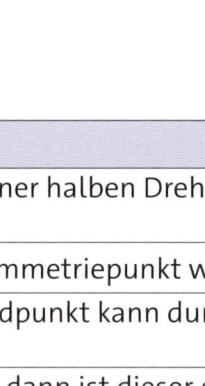
c)
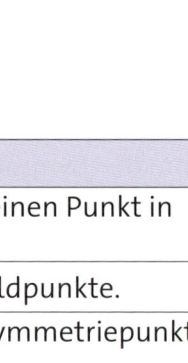

3 Die Flagge von Georgien wurde vereinfacht gezeichnet.
Die Zeichnung ist achsensymmetrisch.

a) Ist die Flagge auch punktsymmetrisch? Untersuche.

b) Suche weitere Flaggen, die auch achsensymmetrisch und punktsymmetrisch sind. Was fällt dir auf?

c) Finde eine Regel, unter welchen Bedingungen eine Figur achsensymmetrisch und punktsymmetrisch ist.

Punktsymmetrie
erkennen

Im Kopf multiplizieren

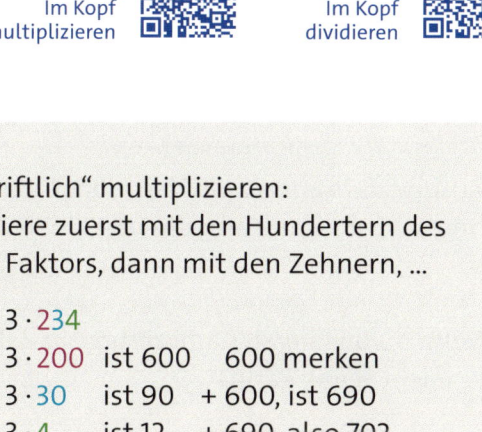
Im Kopf dividieren

Im Kopf multiplizieren und dividieren

1 Berechne im Kopf.

a) $7 \cdot 36 =$ ___

b) $6 \cdot 28 =$ ___

c) $4 \cdot 143 =$ ___

d) $5 \cdot 210 =$ ___

e) $136 \cdot 6 =$ ___

f) $120 \cdot 7 =$ ___

g) $262 \cdot 3 =$ ___

h) $352 \cdot 4 =$ ___

Tipp

„halbschriftlich" multiplizieren:
Multipliziere zuerst mit den Hundertern des
größeren Faktors, dann mit den Zehnern, …

Beispiel: $3 \cdot 234$

         $3 \cdot 200$ ist 600   600 merken

         $3 \cdot 30$ ist 90 + 600, ist 690

         $3 \cdot 4$ ist 12 + 690, also 702

2 Berechne im Kopf.

a) $68 : 4 =$ ___

b) $81 : 3 =$ ___

c) $105 : 5 =$ ___

d) $150 : 6 =$ ___

e) $156 : 3 =$ ___

f) $140 : 5 =$ ___

g) $128 : 4 =$ ___

h) $342 : 6 =$ ___

Tipp

Zerlege vorteilhaft in Zahlen, die du leicht im
Kopf teilen kannst.

Beispiel: $96 : 4$ ist z. B. $80 : 4$ und $16 : 4$

         $80 : 4$ ist 20   20 merken

         $16 : 4$ ist 4   + 20, also 24

3 Multipliziere im Kopf.

a) $11 \cdot 12 =$ ___

b) $15 \cdot 22 =$ ___

c) $25 \cdot 21 =$ ___

d) $12 \cdot 13 =$ ___

e) $18 \cdot 30 =$ ___

f) $24 \cdot 40 =$ ___

g) $33 \cdot 12 =$ ___

h) $72 \cdot 11 =$ ___

i) $45 \cdot 21 =$ ___

j) $50 \cdot 13 =$ ___

k) $70 \cdot 11 =$ ___

l) $64 \cdot 20 =$ ___

4 Dividiere im Kopf.

a) $96 : 8 =$ ___

b) $78 : 6 =$ ___

c) $98 : 7 =$ ___

d) $120 : 8 =$ ___

e) $270 : 30 =$ ___

f) $144 : 9 =$ ___

g) $420 : 70 =$ ___

h) $630 : 90 =$ ___

i) $126 : 7 =$ ___

j) $720 : 90 =$ ___

k) $130 : 5 =$ ___

l) $114 : 6 =$ ___

5 Verbinde jede Aufgabe mit dem passenden Ergebnis. Zwei Kästchen bleiben übrig.

| $3 \cdot 58$ | $455 : 5$ | $216 \cdot 4$ | $340 : 4$ | $6 \cdot 28$ | $3 \cdot 290$ |

| 91 | 85 | 174 | 864 | 874 | 168 |

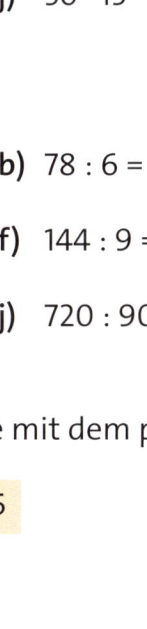
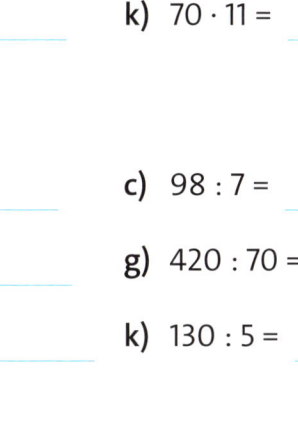
Im Kopf multiplizieren

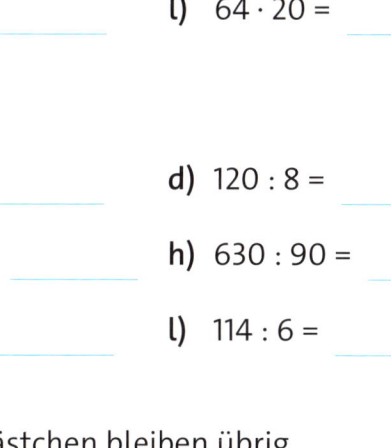
Im Kopf dividieren

Im Kopf
multiplizieren

Im Kopf
dividieren

Im Kopf multiplizieren und dividieren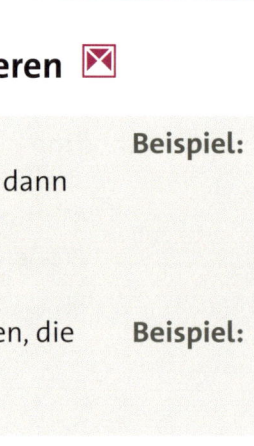

Zerlege den größeren Faktor. Multipliziere zuerst mit den Hundertern, dann mit den Zehnern, dann mit den Einern.	**Beispiel:** 4 · 563 4 · 500 ist 2000 2000 merken 4 · 60 ist 240 + 2000, ist 2240 4 · 3 ist 12 + 2240, also 2252
Wenn du dividierst, dann zerlege in Zahlen, die du leicht teilen kannst.	**Beispiel:** 96 : 6 ist z. B. 60 : 6 und 36 : 6 60 : 6 ist 10 10 merken 36 : 6 ist 6 + 10, also 16

1 Multipliziere im Kopf.

a) 3 · 245 =

b) 4 · 321 =

c) 7 · 212 =

d) 360 · 5 =

e) 125 · 5 =

f) 265 · 3 =

g) 380 · 4 =

h) 6 · 132 =

i) 5 · 424 =

j) 410 · 7 =

k) 8 · 515 =

l) 125 · 6 =

2 Dividiere im Kopf.

a) 84 : 6 =

b) 105 : 7 =

c) 128 : 8 =

d) 840 : 70 =

e) 136 : 4 =

f) 195 : 3 =

g) 235 : 5 =

h) 1260 : 60 =

i) 192 : 2 =

j) 315 : 9 =

k) 248 : 4 =

l) 510 : 30 =

3 Ergänze die fehlende Zahl. Schreibe die Probe unter die Aufgabe.

a) 4 · ___ = 48

b) 6 · ___ = 90

c) 7 · ___ = 147

d) 8 · ___ = 256

e) 8 · ___ = 128

f) 5 · ___ = 120

g) 3 · ___ = 123

h) 9 · ___ = 171

i) ___ : 7 = 13

j) ___ : 8 = 18

k) 168 : ___ = 12

l) 72 : ___ = 6

4 Finde die Ergebnisse, die in den beiden unteren Karten stehen müssen. Verbinde sie dann mit allen passenden Aufgaben.

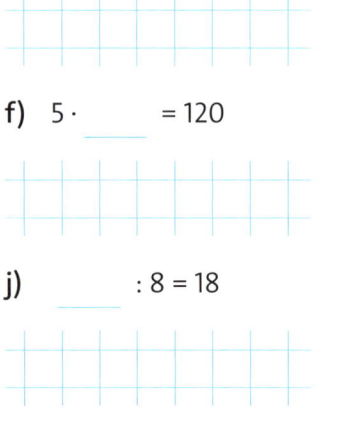
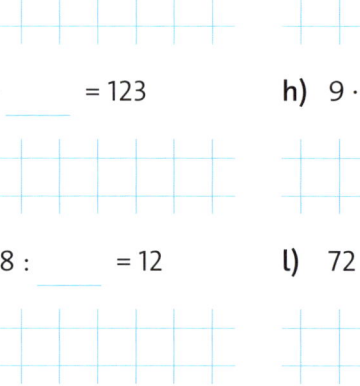

1280 : 4   128 000 : 4000   12 800 : 40   128 : 4   128 000 : 400

Im Kopf
multiplizieren

Im Kopf
dividieren

Im Kopf
multiplizieren

Im Kopf
dividieren

Im Kopf multiplizieren und dividieren ⊠

1 Ergänze die fehlende Zahl. Schreibe darunter die Probe mit der Umkehraufgabe.

a) 4 · ___ = 136

b) 8 · ___ = 280

c) 7 · ___ = 266

d) 6 · ___ = 252

e) 6 · ___ = 390

f) 5 · ___ = 410

g) 3 · ___ = 129

h) 9 · ___ = 162

i) ___ : 7 = 36

j) ___ : 5 = 57

k) 328 : ___ = 8

l) 468 : ___ = 9

2 Immer zwei nebeneinanderstehende Zahlen werden multipliziert. Das Ergebnis steht darüber. Achtung: In der Spitze steht der Wert der Summe der zwei Zahlen darunter.

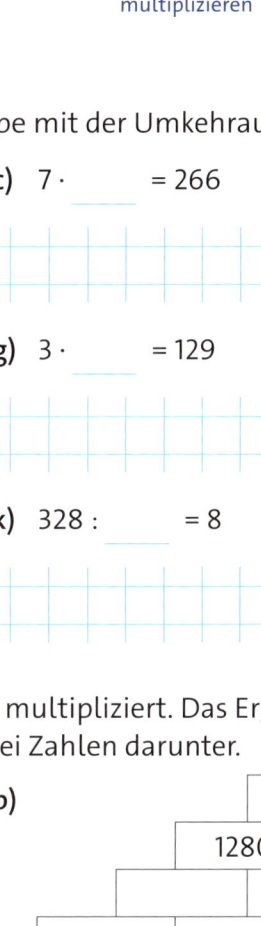

a)

```
        1368
    [      ][      ]
  [     ][     ][     ]
[  6  ][  4  ][  3  ][  30  ]
```

b)

```
              3840
          [ 1280 ][      ]
      [     ][     ][     ]
    [     ][     ][  4  ][  20  ]
```

c)

```
        7560
    [      ][      ]
  [     ][     ][     ]
[ 40 ][  3  ][  6  ][  50  ]
```

d)

```
           11700
       [      ][      ]
     [     ][ 30 ][     ]
   [ 30 ][     ][  5  ][     ]
```

3 Berechne zuerst die fünf Aufgaben. Sortiere sie dann nach der Größe ihrer Ergebnisse.

560 : 40 = ___ ; 78 : 3 = ___ ; 415 : 5 = ___ ; 2800 : 700 = ___ ; 114 : 6 = ___

| 2800 : 700 | < | | < | | < | | < | |

4 Finde alle möglichen fehlenden Ziffern, sodass du eine natürliche Zahl als Ergebnis erhältst. Schreibe die entsprechenden Aufgaben mit den Ergebnissen auf.

a) 85■ : 50

b) 16■ : 4

c) 2■2 : 6

d) 3■0 : 40

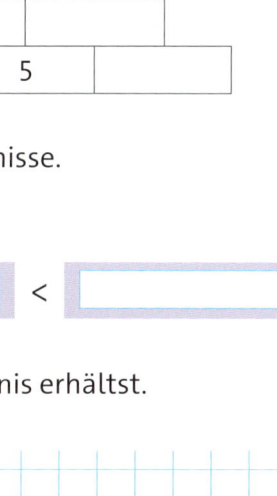

Im Kopf
multiplizieren

Im Kopf
dividieren

Vorrangregeln

Rechengesetze und Rechenvorteile

1 Beachte die Rechenregeln Punkt- vor Strichrechnung und Klammern zuerst. Notiere deine Rechenschritte untereinander.

a) $5 + 7 \cdot 4 - 8$

b) $4 \cdot (9 + 5) - 6$

c) $8 \cdot (5 + 2) + 14$

d) $5 \cdot 7 - (9 + 4)$

e) $6 + 7 \cdot 3 + 18 : 6$

f) $(10 + 8) \cdot 2 + 15 : 3$

2 Nutze Rechenvorteile.
Notiere deine Rechenschritte untereinander.

Tipp
Vertauschungsgesetz (Kommutativgesetz):
Summanden oder Faktoren können vertauscht werden.
Verbindungsgesetz (Assoziativgesetz):
Summanden oder Faktoren können beliebig mit Klammern zusammengefasst werden.

a) $74 + 57 + 26$

b) $26 + 77 + 23$

c) $68 + 52 + 36$

d) $5 \cdot 3 \cdot 4 \cdot 6$

e) $8 \cdot 20 \cdot 11 \cdot 5$

f) $4 \cdot 6 \cdot 12 \cdot 25$

Vorteilhaft
multiplizieren

Vorrangregeln

Rechengesetze und Rechenvorteile ⊠

Wenn in einer Aufgabe +, −, ·, : stehen, dann musst du die Regeln Punkt– vor Strichrechnung und Klammern zuerst beachten.

Das Vertauschungsgesetz (Kommutativgesetz) und das Verbindungsgesetz (Assoziativgesetz) helfen, Rechenvorteile zu nutzen. Dabei können Summanden oder Faktoren vertauscht bzw. mit Klammern zusammengefasst werden.

Mit dem Verteilungsgesetz (Distributivgesetz) kannst du Klammern ausmultiplizieren oder gemeinsame Faktoren ausklammern.

Beispiele:
Ausmultiplizieren: $4 \cdot 8 = 4 \cdot (3 + 5) = 4 \cdot 3 + 4 \cdot 5$
denn $4 \cdot 8 = 32$ und $12 + 20 = 32$
Ausklammern: $15 + 21 = 3 \cdot 5 + 3 \cdot 7$
$15 + 21 = 3 \cdot (5 + 7) = 3 \cdot 12$

1 Nutze Rechenvorteile. Notiere deine Rechenschritte untereinander.

a) $125 \cdot 7 \cdot 8$

b) $208 + 19 + 32$

c) $40 \cdot 6 \cdot 25$

d) $124 + 180 + 16$

e) $25 \cdot 16 \cdot 8 \cdot 5$

f) $98 + 19 + 32 + 91$

2 Verwende das Verteilungsgesetz. Rechne aus und schreibe deine Rechenschritte untereinander.

a) $5 \cdot (7 + 8)$

b) $6 \cdot 54$

c) $(50 + 23) \cdot 4$

d) $340 \cdot 5$

e) $5 \cdot (200 + 13)$

f) $(20 − 8) \cdot 8$

Vorteilhaft multiplizieren

Vorrangregeln

Rechengesetze und Rechenvorteile

1 Nutze Rechenvorteile. Notiere deine Rechenschritte untereinander.

a) $5 \cdot 120 \cdot 4$

b) $37 + 17 + 13$

c) $5 \cdot 8 + 5 \cdot 9$

d) $9 \cdot 50 \cdot 2 \cdot 7$

e) $318 + 14 + 52$

f) $4 \cdot 125 \cdot 2 \cdot 5$

2 Berechne möglichst vorteilhaft.

a) $25 \cdot (2 + 4) + 48 : 6$

b) $3 \cdot (12 + 15) - 2 \cdot (30 + 10)$

c) $18 + 6 \cdot (3 + 4) + 40$

d) $9 \cdot (16 - 4) + 4 \cdot (3 + 5)$

e) $3 \cdot (25 - 7) - 8 \cdot 6$

f) $4 \cdot (250 + 5) - 8 \cdot (125 + 2)$

3 Berechne möglichst vorteilhaft.

a) $3 \cdot (18 + 21) - 4 \cdot (3 + 15) - 15$

b) $5 \cdot (24 + 9) + 6 \cdot (3 + 7)$

c) $7 \cdot (30 - 14) + 8 \cdot (5 + 6) + 150$

d) $8 \cdot (32 + 8) - 5 \cdot (4 + 20) - 24$

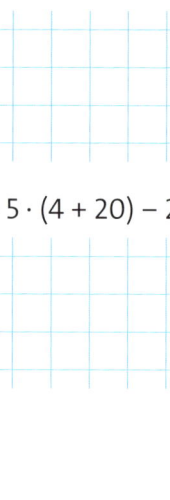

Vorteilhaft
multiplizieren

Schriftlich multiplizieren

1 Berechne schriftlich.

a)

| 1 | 3 | 5 | 6 | · | 7 |

b)

| 7 | 9 | 8 | · | 3 |

c)

| 3 | 7 | 4 | · | 2 | 9 |

d)

| 5 | 2 | 6 | · | 4 | 5 |

e)

| 9 | 5 | · | 3 | 0 | 8 |

f)

| 5 | 7 | · | 8 | 6 | 0 |

Tipp

Multipliziere Stelle für Stelle von rechts.
Es können Überträge entstehen. Die kommen bei
der Stelle links davon dazu.
Es können mehrere Zwischenergebnisse entstehen, die stellengerecht addiert werden müssen.

Beispiel:

7	2	8	·	5	9
	3	6	4	0	0
		6	5	5	2
			1		
	4	2	9	5	2

7	2	8	·	4	0	6
	2	9	1	2	0	0
			4	3	6	8
	2	9	5	5	6	8

2 Notiere zuerst eine Überschlagsrechnung.
Multipliziere dann schriftlich.

Tipp

Überschlag: Runde die Zahlen so, dass du das
Ergebnis schnell im Kopf berechnen kannst.

a) 432 · 7

Ü.: _____

| 4 | 3 | 2 | · | 7 |

b) 123 · 48

Ü.: _____

| 1 | 2 | 3 | · | 4 | 8 |

c) 1824 · 26

Ü.: _____

| 1 | 8 | 2 | 4 | · | 2 | 6 |

3 In den schriftlichen Rechnungen sind Ziffern verloren gegangen.

1	2	3	·	4	5	Ⓡ
		4		2	0	
		6		5		
		5	3			

1	2	·	3	7	Ⓐ
		6	0		
		8			
4		4			

2	9	·	3	9	Ⓚ
	8		0		
		6	1		
1	3	1			

3	9	·	3	7	Ⓣ
	1		7	0	
	2		3		
	4	4			

5	2	·	8	Ⓕ
		1		
4	2	1	·	7	Ⓞ
	2		7		

a) Ergänze die fehlenden Ziffern.

b) Sortiere die Ergebnisse der Größe nach. Beginne mit der kleinsten Zahl. Die Buchstaben bilden
ein Lösungswort.

Schriftlich
multiplizieren

Schriftlich multiplizieren ☒

Multipliziere stellenweise. Beginne rechts. Die Überträge kommen bei der Stelle links davon dazu. Wenn es Zwischenergebnisse gibt, dann addiere sie Stelle für Stelle.

Überschlage die Rechnung, um dein Ergebnis zu überprüfen.

Beispiele:

8	3	9	·	6	7
	5	0	3	4	0
		5	8	7	3
			1	1	
	5	6	2	1	3

7	8	6	·	9	0	8
	7	0	7	4	0	0
			6	2	8	8
			1			
	7	1	3	6	8	8

 **1** Notiere zuerst einen Überschlag. Multipliziere dann schriftlich. Vergleiche dein Ergebnis mit dem Überschlag.

a) 547 · 23

Ü.:

5 4 7 · 2 3

b) 334 · 59

Ü.:

3 3 4 · 5 9

c) 1953 · 48

Ü.:

1 9 5 3 · 4 8

2 In den schriftlichen Rechnungen sind Ziffern verloren gegangen. Ergänze die fehlenden Ziffern.

7	6	·		6
3	4	5	6	0
	2		0	4
		8	6	4

3		9	·	3	5
			4	7	0
		1	7	4	
	1			1	

6	3	·	8	4
5	3	0		
	2	6	5	
		6		

		·	1	2	8
4	7	7	0	0	
					0
	3	8	1		
		1			6

3 Immer zwei nebeneinanderstehende Zahlen werden multipliziert. Das Ergebnis steht darüber. Achtung: In der Spitze steht der Wert der Summe der zwei Zahlen darunter.

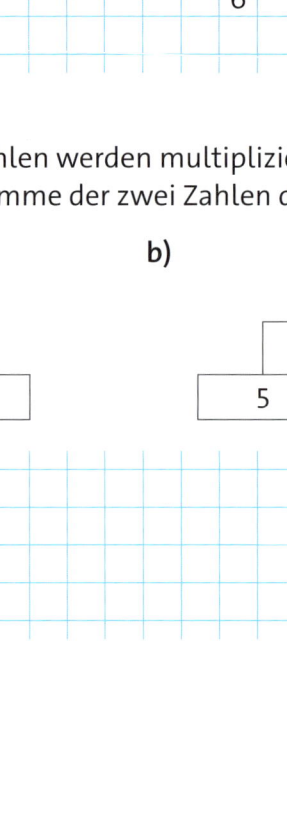

a)

6912

| 4 | 12 | 6 | 8 |

b)

10318

| 5 | 7 | 11 | 9 |

Schriftlich
multiplizieren

Schriftlich multiplizieren ☒

1 Notiere einen Überschlag, den du im Kopf gerechnet hast. Multipliziere dann schriftlich. Vergleiche das Ergebnis mit dem Überschlag, ob es annähernd übereinstimmt.

a) 397 · 34

Ü.:

3 9 7 · 3 4

b) 486 · 97

Ü.:

4 8 6 · 9 7

c) 2538 · 49

Ü.:

2 5 3 8 · 4 9

2 In den schriftlichen Rechnungen sind Ziffern verloren gegangen. Ergänze die fehlenden Ziffern.

```
5 3 6 ·     8              ·  1 2 7      6   9 · 2 4 3                ·  3     1
    8 2 4 0            4 7 9 0 0          2 7     0 0          7           5 0 0
          8                  5     0      2   5     0              4 6 9 0 0
    2     2                3     5            1     1 7              2 3 4 5
                           0     3            5 2     7      7   2
```

3 Immer zwei nebeneinanderstehende Zahlen werden multipliziert. Das Ergebnis steht darüber. Achtung: In der Spitze steht der Wert der Summe der zwei Zahlen darunter.

a)

```
            9052
        [    ][    ]
     [    ][    ][    ]
    11    2    31    4
```

b)

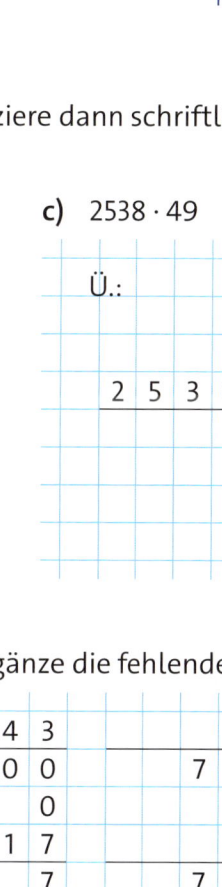

```
            7956
        [    ][    ]
     [    ][    ][    ]
    12   17    2    15
```

4 Wie verändert sich der Wert des Produktes, wenn ein Faktor verdoppelt und der andere Faktor verdreifacht wird? Rechne ein paar Beispiele und formuliere dann eine allgemeine Aussage.

Systematisch zählen und schätzen

1 Bestimme mit der Rastermethode, wie viele Zitronen auf dem Foto abgebildet sind.

Tipp
Rechne die Anzahl in einem Feld mal die Anzahl aller Felder.

2 Schätze schnell ab, wie viele Streichhölzer hier nebeneinander liegen.

Tipp
Teile das Foto in Streifen ein.

Systematisch zählen und schätzen

Mit der Rastermethode kannst du größere Anzahlen abschätzen, zum Beispiel auf Bildern.
Bei der Fermi-Methode kannst du Vergleichsgrößen (meist Längen) verwenden.
Mit einer Vergleichsgröße kannst du die Größe eines anderen Objekts abschätzen.

1 Wie viele Himbeeren sind ungefähr auf dem Bild zu sehen?

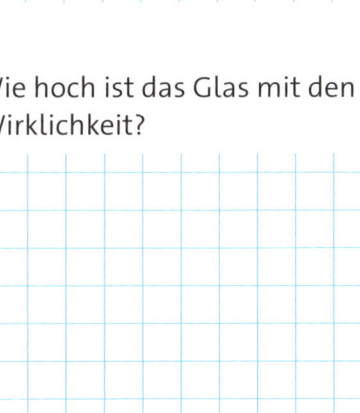

2 Wie viele Sonnenblumen sind ungefähr auf dem Bild zu sehen?

3 Wie hoch ist das Glas mit den Nudeln ungefähr in der Wirklichkeit?

Systematisch zählen und schätzen ☒

1 Im Labor müssen unter dem Mikroskop betrachtete rote Blutkörperchen gezählt werden. Wie viele rote Blutkörperchen sind in diesem Bildausschnitt ungefähr zu sehen?

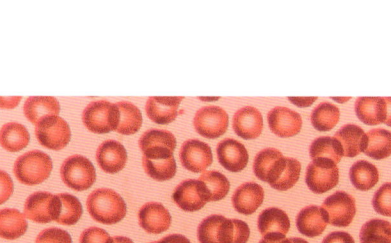

2 Angenommen, die in dem Bild abgebildeten Sparschweine sollen in der fünften Klassenstufe einer Schule verteilt werden, also an 125 Kinder. Schätze ab, ob das geht.

3 Wie hoch ist die Skulptur des Daumens? Wievielmal größer ist die Skulptur als ein normaler Daumen?

Schriftlich dividieren

Schriftlich dividieren – mit Nullen

Schriftlich dividieren

1 Berechne schriftlich.

a)
```
    8 1 0 : 5 =
  –
  –
      –
```

Tipp
Rechne wie im Beispiel. Es kann ein Rest bleiben.

Beispiel:
```
    8 5 7 : 9 = 9 5  Rest 2
  – 8 1
      4 7
    – 4 5
        2
```

b)
```
    1 6 2 8 : 8 =  0
  –
    –
```

c)
```
      2 4 6 4 : 7 =
    –
      –
        –
```

2 Rechne den Überschlag.

Tipp
Runde die Zahlen so, dass du schnell im Kopf rechnen kannst.

a) 614 : 3   Ü.: _____

b) 127 : 9   Ü.: _____

c) 378 : 21   Ü.: _____

d) 639 : 33   Ü.: _____

3 Rechne einen Überschlag im Kopf. Verbinde die Aufgabe mit dem passenden Ergebnis.

540 : 5   805 : 5   1616 : 8   756 : 7   606 : 3   1414 : 7

161   108   202   1288

4 Notiere zuerst den Überschlag. Dividiere dann schriftlich. Vergleiche das Ergebnis mit dem Überschlag. Rechne dann eine Probe, indem du multiplizierst.

```
    3 1 4 1 : 3
```

Schriftlich dividieren

Sachaufgaben mit Multiplikation und Division

Schriftlich dividieren

Schriftlich dividieren – mit Nullen

Schriftlich dividieren

Wenn du schriftlich dividierst, dann rechne wie im Beispiel. Es kann ein Rest bleiben.
Mit einem Überschlag kannst du herausfinden, ob dein Ergebnis ungefähr stimmt.
Eine Probe führst du durch, indem du multiplizierst.

Beispiele:

```
6 9 8 : 8 = 8 7 Rest 2
- 6 4
    5 8
  - 5 6
      2
```

1 Rechne zuerst einen Überschlag. Dividiere dann schriftlich. Vergleiche das Ergebnis mit dem Überschlag.

a) 5244 : 12

Ü.:

5 2 4 4 : 1 2

b) 8073 : 23

Ü.:

8 0 7 3 : 2 3

c) 5897 : 19

Ü.:

5 8 9 7 : 1 9

d) 6432 : 21

Ü.:

6 4 3 2 : 2 1

2 Rechne zuerst den Überschlag im Kopf. Verbinde dann die Aufgabe mit dem passenden Ergebnis.

| 384 : 12 | 1066 : 26 | 168 : 28 | 336 : 28 | 837 : 31 | 969 : 17 |

| 12 | 32 | 41 | 27 | 57 | 6 |

3 Rechne eine Probe zu der Aufgabe 1 c.

Schriftlich dividieren

Sachaufgaben mit Multiplikation und Division

Schriftlich dividieren

Schriftlich dividieren – mit Nullen

Schriftlich dividieren ☒

1 Rechne zuerst einen Überschlag. Dividiere dann schriftlich. Vergleiche das Ergebnis mit dem Überschlag.

a) 5232 : 16

Ü.:

b) 6844 : 24

Ü.:

2 Rechne die Probe zu der Aufgabe 1 b.

3 Rechne zuerst den Überschlag im Kopf. Verbinde dann die Aufgabe mit dem passenden Ergebnis.

| 399 : 19 | 868 : 28 | 255 : 17 | 432 : 36 | 612 : 18 | 968 : 22 |

| 31 | 12 | 21 | 44 | 34 | 15 |

4 Ein Fußballverein bestellt Trainingsanzüge für die jüngeren Mannschaften: G-Jugend, F-Jugend, E-Jugend und D-Jugend. In jeder Mannschaft gibt es 36 Spieler. Für alle vier Mannschaften müssen zusammen 4176 € gezahlt werden.

a) Wie teuer ist ein Trainingsanzug?

b) Wie viel Geld wird pro Gruppe ausgegeben?

Schriftlich dividieren

Sachaufgaben mit Multiplikation und Division

Anteile von Ganzen

1 Welcher Teil des Ganzen ist eingefärbt? Gib als Bruch an.

Tipp
Anzahl gleicher Teile insgesamt (Nenner)
Anzahl der ausgewählten Teile (Zähler)

a)

b)

c)

d)

2 Markiere den Bruchteil $\frac{3}{4}$.

Tipp
Es müssen 3 von 4 gleichen Bruchteilen eingefärbt werden.

a)

b)

c)

d)

3 Schreibe jeweils zu dem markierten Teil aus Aufgabe 2 einen passenden Bruch auf. Im Nenner soll stehen, in wie viele gleich große Teile das Ganze aufgeteilt ist.

a)

b)

c)

d)

4 Markiere in der Figur die Anzahl der angegebenen Kästchen. Gib dann den markierten Teil als Bruch an.

a) 7 Kästchen

b) 9 Kästchen

c) 11 Kästchen

d) 13 Kästchen

Bruchteile angeben
und einfärben

Anteile von Ganzen

Bei Brüchen gibt der Nenner an, in wie viele gleich große Teile das Ganze aufgeteilt wurde.
Der Zähler gibt an, wie viele Teile des Ganzen genommen werden.

1 Welcher Teil des Ganzen ist farbig? Gib als Bruch an.

a)   b)   c)   d)

2 Markiere den angegebenen Bruchteil. Schreibe zu dem markierten Teil einen anderen passenden Bruch
auf, der im Nenner angibt, in wie viele gleich große Teile das Ganze aufgeteilt ist.

a) $\dfrac{2}{5} = \dfrac{4}{10}$

b) $\dfrac{3}{4} =$

c) $\dfrac{4}{5} =$

d) $\dfrac{5}{8} =$

e) $\dfrac{4}{7} =$

3 Rechtecke als Bruchteile von Ganzen

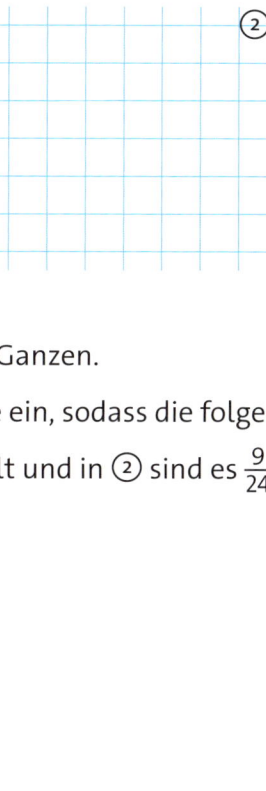

①   ②

$\dfrac{2}{5}$ des Ganzen $\dfrac{3}{8}$ des Ganzen

a)   Vervollständige die Figur zum Ganzen.

b)   Zeichne Linien in die Rechtecke ein, sodass die folgenden Anteile stimmen:

In ① sind $\dfrac{6}{15}$ des Ganzen dargestellt und in ② sind es $\dfrac{9}{24}$ des Ganzen.

Brüche ablesen
und darstellen

Bruchteile angeben
und einfärben

Anteile von Ganzen ☒

1 Bruchteile von Strecken

a) Markiere zuerst $\frac{1}{3}$ und $\frac{2}{3}$ der Strecke. Gib dann die Längen der Strecken an.

b) Markiere zuerst $\frac{1}{5}$ und $\frac{3}{5}$ der Strecke. Gib dann die Längen der Strecken an.

c) Markiere zuerst $\frac{1}{8}$ und $\frac{5}{8}$ der Strecke. Gib dann die Längen der Strecken an.

2 Ordne jedem Bruch die passende Darstellung zu. Es sind mehrere Zuordnungen möglich und es gibt auch Brüche, die nicht zugeordnet werden können.

$\frac{12}{16}$ $\quad$ $\frac{3}{10}$ $\quad$ $\frac{3}{4}$ $\quad$ $\frac{4}{5}$ $\quad$ $\frac{1}{4}$ $\quad$ $\frac{6}{8}$ $\quad$ $\frac{1}{2}$ $\quad$ $\frac{8}{32}$ $\quad$ $\frac{10}{16}$ $\quad$ $\frac{8}{10}$

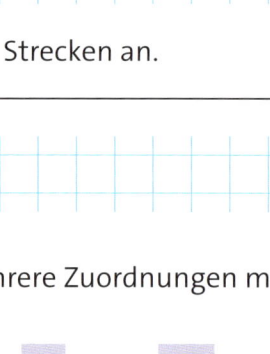

3 In einer Schulklasse sind 11 Mädchen und 9 Jungen.

a) Welche Bruchteile können für die Mädchen und für die Jungen angegeben werden?

b) Für die Jungen wurde die Bruchteildarstellung rechts gezeichnet. Ist diese richtig? Begründe.

Brüche ablesen
und darstellen

Bruchteile von Größen

1 Bestimme den Anteil an den Geldbeträgen.

a) $\frac{3}{4}$ von 44 ct _____

Tipp
Teile durch den Nenner und multipliziere mit dem Zähler.

b) $\frac{2}{5}$ von 45 € _____   c) $\frac{3}{8}$ von 56 ct _____   d) $\frac{2}{7}$ von 56 € _____

e) $\frac{5}{6}$ von 36 ct _____   f) $\frac{3}{5}$ von 60 € _____   g) $\frac{4}{9}$ von 99 ct _____

h) $\frac{3}{11}$ von 55 € _____   i) $\frac{7}{12}$ von 48 ct _____   j) $\frac{3}{13}$ von 52 € _____

2 Bestimme den Anteil an den Längen.

a) $\frac{2}{5}$ von 35 cm _____   b) $\frac{2}{3}$ von 36 m _____   c) $\frac{5}{6}$ von 54 dm _____

d) $\frac{5}{8}$ von 64 mm _____   e) $\frac{4}{5}$ von 25 km _____   f) $\frac{3}{4}$ von 56 m _____

g) $\frac{5}{8}$ von 56 dm _____   h) $\frac{6}{7}$ von 56 m _____   i) $\frac{6}{11}$ von 99 cm _____

3 Der farbig markierte Teil einer Stunde ist vergangen. Gib als Bruchteil an.
Zeige das auch rechnerisch.

Tipp
60 Minuten (min) = 1 Stunde (h)

Beispiel:
10 min: 60 : 10 = 6, also $\frac{1}{6}$ h

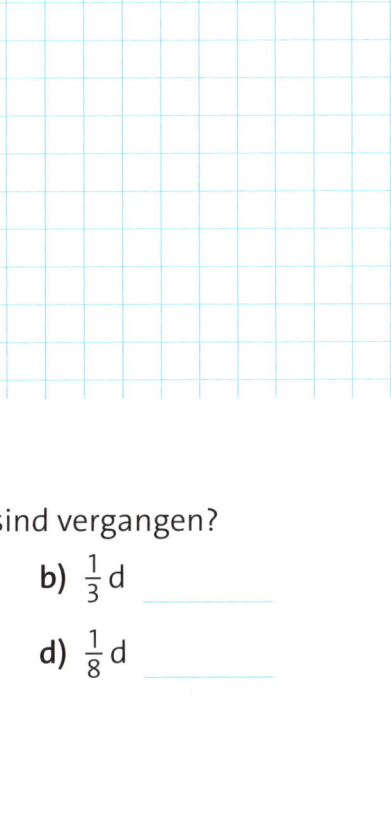

a)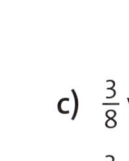

b)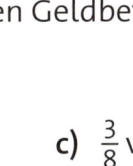

c)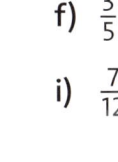

d)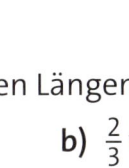

e)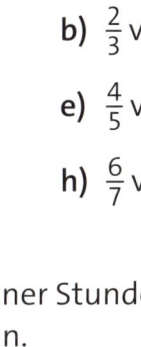

4 Wie viele Stunden sind vergangen?

Tipp
24 Stunden (h) = 1 Tag (d)

a) $\frac{1}{2}$ d _____   b) $\frac{1}{3}$ d _____

c) $\frac{1}{4}$ d _____   d) $\frac{1}{8}$ d _____   e) $\frac{3}{4}$ d _____   f) $\frac{2}{3}$ d _____

Bruchteile
berechnen

Bruchteile be-
rechnen – Um-
wandeln in die
kleinere Einheit

83

Bruchteile von
Größen berechnen

Bruchteile von Größen

So berechnest du den Bruchteil von Größen: Teile die Größe durch den Nenner und multipliziere dann mit dem Zähler. Manchmal musst du vorher die Größe in eine kleinere Einheit umrechnen.

1 Wie viele Minuten sind das?

a) $\frac{2}{3}$ von 2 h

b) $\frac{2}{3}$ von 3 h

c) $\frac{3}{4}$ von 3 h

d) $\frac{3}{5}$ von 4 h

2 Gib in der nächstkleineren Einheit an.

a) $\frac{3}{5}$ km

b) $\frac{3}{4}$ kg

d) $\frac{2}{5}$ cm

e) $\frac{3}{8}$ kg

f) $\frac{4}{25}$ km

3 Ein Ausflug für die fünfte Klassenstufe soll insgesamt 2400 € kosten. Der Veranstalter verlangt vorher eine Anzahlung von einem Viertel des Preises. Welcher Betrag muss angezahlt werden?

4 Die Schule bestellt neue Tablets. Pro Tablet müssen zwei Drittel der 600 € vorher angezahlt werden. Wie teuer ist die Anzahlung pro Tablet?

5 Gib den Bruchteil in einer kleineren Einheit ohne Komma an.

a) $\frac{2}{5}$ von 4 m

b) $\frac{2}{3}$ von 1,2 dm

Bruchteile berechnen

Bruchteile berechnen – Umwandeln in die kleinere Einheit

Bruchteile von
Größen berechnen

Bruchteile von Größen

1 Gib in der nächstkleineren Einheit an.

a) $\frac{4}{5}$ kg

b) $\frac{6}{25}$ t

c) $\frac{7}{40}$ km

d) $\frac{4}{5}$ h

e) $\frac{7}{8}$ d

f) $\frac{5}{12}$ min

2 Gib als Bruchteil in der nächstgrößeren Einheit an.

a) 250 g

b) 40 m

c) 5 kg

d) 600 m

e) 400 g

f) 75 m

3 Ein Gemüsehändler bestellt 72 Melonen. $\frac{1}{8}$ davon sind während des Transportes verschimmelt und $\frac{7}{9}$ wurden verkauft. Berechne, wie viele Melonen verschimmelt, verkauft und übriggeblieben sind.

4 Im Unterricht wird ein Kuchen gebacken. Es werden 400 g Mehl, 250 g Zucker, 200 g Butter und 125 g Schokolade benötigt. Gib die Zutaten als Bruchteile in kg an.

Bruchteile
berechnen

Bruchteile be-
rechnen – Um-
wandeln in die
kleinere Einheit

Gemischte Zahlen

1 Schreibe als Bruch und als gemischte Zahl.

a)

b)

c)

Tipp
Wenn du mehr als ein Ganzes hast, dann kannst du den Bruch als gemischte Zahl schreiben.

Beispiel:

$\frac{5}{4}$ sind $\frac{4}{4}$ und $\frac{1}{4}$, also $1\frac{1}{4}$

2 Verbinde jeweils die gemischte Zahl mit dem passenden Bild und dem Bruch.

$1\frac{6}{12}$ $1\frac{4}{12}$ $2\frac{5}{12}$ $2\frac{1}{12}$

$\frac{29}{12}$ $\frac{25}{12}$ $\frac{18}{12}$ $\frac{16}{12}$

3 Schreibe als gemischte Zahl. Überlege wie im Beispiel.

a) $\frac{13}{10}$ =   b) $\frac{14}{11}$ =

c) $\frac{14}{9}$ =   d) $\frac{20}{9}$ =

e) $\frac{11}{4}$ =   f) $\frac{14}{3}$ =

Tipp
gemischte Zahl: ganze Zahl und Bruch

Beispiele:
denke $\frac{7}{4}$ sind $\frac{4}{4}$ und $\frac{3}{4}$, schreibe $\frac{7}{4} = 1\frac{3}{4}$
denke $\frac{12}{5}$ sind 2-mal $\frac{5}{5}$ und $\frac{2}{5}$, schreibe $\frac{12}{5} = 2\frac{2}{5}$

4 Stelle die gemischte Zahl als Bild dar. Schreibe dann als Bruch.

a) $1\frac{2}{6}$

b) $1\frac{7}{10}$

c) $2\frac{5}{6}$

d) $2\frac{4}{5}$

5 Schreibe die gemischte Zahl als Bruch.

a) $3\frac{1}{5}$ =   b) $2\frac{5}{7}$ =   c) $4\frac{1}{2}$ =   d) $3\frac{6}{8}$ =

Gemischte Zahlen umwandeln

Gemischte Zahlen

Es gibt Brüche, die größer sind als ein Ganzes.
Einen solchen Bruch kannst du als gemischte Zahl schreiben.
Sie besteht aus einer natürlichen Zahl und einem Bruch.

Beispiel:

$\frac{13}{5}$ ist 2-mal $\frac{5}{5}$ und $\frac{3}{5}$, also $\frac{13}{5} = 2\frac{3}{5}$

1 Schreibe als Bruch und als gemischte Zahl.

a)

b)

c)

d)

2 Schreibe als gemischte Zahl. Schreibe wie im Beispiel oben.

a) $\frac{13}{7}$

b) $\frac{11}{4}$

c) $\frac{17}{5}$

d) $\frac{22}{7}$

e) $\frac{38}{5}$

f) $\frac{38}{7}$

3 Stelle die gemischte Zahl in Rechtecken dar. Das erste Rechteck ist jeweils schon vorgegeben.

a) $1\frac{3}{12}$

b) $2\frac{2}{9}$

c) $3\frac{3}{5}$

d) $1\frac{5}{6}$

4 Nach einem Schulfest sind in den Kästen ein paar Flaschen übriggeblieben. Die Flaschen sollen sortiert werden, sodass wieder volle Kästen entstehen. Schreibe die Anzahl der gefüllten Kästen als gemischte Zahl.

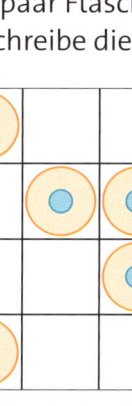

Gemischte Zahlen

1 Schreibe als gemischte Zahl. Schreibe wie in der Bespielaufgabe a).

a) $\frac{13}{4}$

b) $\frac{25}{7}$

c) $\frac{19}{6}$

d) $\frac{39}{5}$

e) $\frac{47}{11}$

f) $\frac{85}{9}$

2 Fünf Kreise wurden alle in gleich große Teile aufgeteilt und einzelne Anteile ausgewählt.

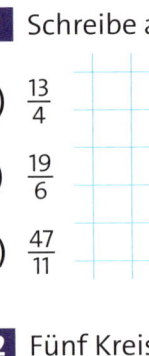

a) Schreibe die einzelnen Bruchteile zu jeder Figur als Bruch auf. Welchem Anteil entsprechen alle Bruchteile zusammen? Schreibe auch als gemischte Zahl.

b) Veranschauliche das Ergebnis aus a) in der Zeichnung rechts.

3 Notiere die einzelnen Bruchteile. Zeichne dann rechts ein Bild für den Anteil aller Bruchteile an einem der Rechtecke. Notiere auch diesen Anteil.

4 Sortiere die Bruchteile rechts passend.
Gib den Anteil auch als andere Bruchteile an.

Gemischte Zahlen
umwandeln

Brüche als Verhältnisse

1 Verschiedene Säfte sollen gemischt werden. Die fünf Bilder zeigen verschiedene Mischungen.

Apfelsaft   Orangensaft   Kirschsaft   Heidelbeersaft

① ② ③ ④ ⑤

a) Welche Säfte wurden jeweils gemischt? Notiere das Mischungsverhältnis.

Tipp
Die Anteile werden mit zu verbunden.

Beispiel:
„Apfelsaft zu Kirschsaft wie 4 zu 6."

①

②

③

④

⑤

b) Zeichne die angegebene Mischung in die drei Bilder ein. Nimm verschiedene Farben.

Orangensaft zu Kirschsaft wie 5 zu 5

Heidelbeersaft zu Apfelsaft wie 4 zu 1

Apfelsaft zu Orangensaft wie 3 zu 2

2 Bestimme das Verhältnis von Rot zu Orange.

a)

b)

c)

Mischungsverhältnisse ablesen

Brüche als Verhältnisse

Bei Mischungen werden die Anteile als Verhältnisse mit zu verbunden,
zum Beispiel „4 zu 6".

1 Auf dem Billardtisch liegen rote und gelbe Kugeln.

a) Bestimme das Verhältnis von roten zu gelben
Kugeln. Gib die Anteile auch als Brüche an.

b) Ein Spieler spielt drei rote Kugeln in die Löcher.
Bestimme das neue Verhältnis der Kugeln auf dem
Billardtisch. Gib die Anteile auch als Brüche an.

c) Welche Kugeln müssen in die Löcher gespielt
werden, damit das Verhältnis 1 zu 3 ist? Gib die
Anteile auch als Brüche an.

2 Um bei Goldschmuck den Goldanteil anzugeben, werden 1000 Anteile
gewählt. Bei einem 585er Goldring ist der Anteil Gold 585 von 1000.
Der Rest sind andere Metalle.

a) Wie ist das Mischungsverhältnis von Gold zu den anderen Metallen?

b) In Goldringen gibt es auch Stempel mit den Nummern 333, 750 und 925. Was bedeutet das?

c) Gold ist ein weiches Metall. Welche der Sorten Goldringe in b) ist am weichsten?

Mischungsverhältnisse
ablesen

Brüche als Verhältnisse

1 Gegeben sind acht „Steckbriefe" von Kindern.

Mädchen treibt keinen Sport findet Mathe gut liebt die Farbe Grün	**Junge** spielt Fußball findet Mathe gut liebt die Farbe Grün	**Mädchen** reitet gerne findet Mathe gut liebt die Farbe Blau	**Mädchen** schwimmt gerne findet Mathe doof liebt die Farbe Rot
Junge treibt keinen Sport findet Mathe doof liebt die Farbe Blau	**Mädchen** spielt Fußball findet Mathe gut liebt die Farbe Rot	**Mädchen** schwimmt gerne findet Mathe gut liebt die Farbe Blau	**Junge** spielt Fußball findet Mathe gut liebt die Farbe Grün

Kreuze an, ob die Aussage wahr oder falsch ist.

Aussage	wahr	falsch
Die Steckbriefe sind von Jungen und Mädchen im Verhältnis 3 : 5 (3 zu 5).		
$\frac{6}{10}$ der Kinder betätigen sich sportlich.		
Das Verhältnis Mathe gut finden zu Mathe doof finden ist 6 zu 2.		
Die Lieblingsfarbe Blau steht im Verhältnis zur Farbe Grün wie 3 : 3.		
Die Lieblingsfarbe Blau steht im Verhältnis zur Farbe Rot wie 3 : 1.		

2 Der Klassenraum der Klasse 5 a soll neu gestrichen werden und zwar mit einem hellen Grün. Zum Mischen der gewünschten Farbe werden Büchsen mit grüner Farbe und Büchsen mit weißer Farbe benötigt.

a) Für ein helles Grün sollen Grün zu Weiß im Verhältnis 1 : 3 gemischt werden. Wie viel Milliliter (ml) weiße Farbe müssen dann zu 600 ml grüner Farbe zugegeben werden?

b) Für ein etwas dunkleres Grün sollen Grün zu Weiß im Verhältnis 6 : 3 gemischt werden. Wie viel Milliliter (ml) grüne Farbe müssen dann mit 450 ml weißer Farbe gemischt werden?

3 Ein Platinring hat einen Stempel mit der Nummer 950 bekommen. Das bedeutet, 950 von 1000 Anteilen sind Platin, der Rest sind andere Metalle.

a) Welches Mischungsverhältnis von Platin zu anderen Metallen liegt vor?

b) Welches Mischungsverhältnis besteht bei einem Stempel mit der Nummer 600?

Mischungsverhältnisse ablesen

Maßstab

1 Wie lang sind die Strecken in Wirklichkeit?
Rechne in eine größere Einheit um, wenn nötig.

> **Tipp**
> Der Maßstab ist das Verhältnis
> Länge im Abbild : Länge in der Wirklichkeit.

a) Maßstab 1 : 25

Zeichnung	Wirklichkeit
10 cm	
5 cm	
3 dm	
12 mm	
40 dm	

b) Maßstab 1 : 7

Zeichnung	Wirklichkeit
4 dm	
11 cm	
20 mm	
9 dm	
50 cm	

2 Die Länge in der Wirklichkeit und die Länge
in der Zeichnung sind gegeben. Bestimme den
Maßstab. Rechne zuerst in gleiche Einheiten
um, wenn nötig.

> **Tipp**
> Verhältnis bedeutet auch dividieren:
> Maß in der Wirklichkeit : Maß im Abbild.

Wirklichkeit	Zeichnung	Rechnung	Maßstab
100 mm	50 mm		
17 m	10 dm		
27 cm	30 mm		
5 km	5 m		
4,5 m	15 cm		

3 Die Flagge von Schweden
ist 1,6 m breit. Zeichne rechts
die Flagge im Maßstab 1 : 20.
Wie hoch und breit ist deine Zeichnung?

> **Tipp**
> Längenverhältnis der Flagge: 16 : 10;
> Teilungsverhältnis der Farben:
> Breite: 5 : 2 : 9; Höhe: 4 : 2 : 4

Mit Maßstäben
rechnen

Maßstab

> Der Maßstab ist das Verhältnis Länge im Bild : Länge in der Wirklichkeit.

1 Ergänze die Tabelle. Du darfst nur mit gleichen Einheiten rechnen. Rechne in passende Einheiten um, wenn nötig.

Zeichnung	Wirklichkeit	Maßstab
5 dm		1:25
	4 km	1:4000
6 m	12 km	
3 mm		1:42
	49 cm	1:7
5 cm	4 m	

2 Gib zu der Maßstabsleiste den Maßstab an.

a)
```
0      1      2      3      4      5      6      7 km
```

b)
```
0        3        6        9        12        15 dm
```

c)
```
0   9   18   27   36   45   54   63   72   81   90 cm
```

3 Die Titanic startete am 10. April 1912 zu ihrer ersten Fahrt über den Atlantischen Ozean. 22 000 Personen waren an Bord. Vier Tage später verunglückte das Schiff.
Von der Titanic gibt es viele Modelle. Eines ist 60 cm lang und 62 mm breit. Es wurde im Maßstab 1 : 450 gebaut. Wie viele Meter hoch und breit war das Schiff in Wirklichkeit?

Mit Maßstäben rechnen

Maßstab ⊠

1 Ergänze die Tabelle. Rechne in passende Einheiten um, wenn nötig.

Zeichnung	Wirklichkeit	Maßstab
77 dm		1:11
	9,6 m	1:12
8 cm	0,64 km	
32 m		1:9
	5,6 m	1:70
9 mm	6,3 m	

2 Eine Wohnung ist im Maßstab 1:120 gezeichnet.
Ergänze die Tabelle möglichst ohne Nebenrechnungen.

Raum	Zeichnung	Wirklichkeit
Breite Wohnen		
Länge Wohnen		
Türbreite		
Breite Dusche		
Länge Diele		
Breite Arbeiten		
Länge Küche		

3 Das „Atomium" ist ein Kunstwerk in Brüssel.
Es wurde für die Expo 1958 errichtet. Es ist 102 m hoch.
Es soll Atome eines Eisenkristalls darstellen, was nur
600 pm (Pikometer) groß ist. Ein Meter entspricht
1 Billion pm (1 000 000 000 000 pm).

a) Mit welchem Maßstab müsste das Atomium
verkleinert werden, um es wieder in die Ursprungs-
größe zu bringen?

b) In Österreich in der Stadt Klagenfurt steht auch ein Modell des Atomiums. Dieses ist im Maßstab 1:25
zum Atomium in Brüssel gebaut worden. Wie hoch ist das Modell?

Mit Maßstäben
rechnen

Rechteck und Quadrat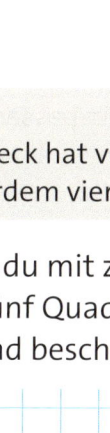

1 Zerteile Rechtecke und Quadrate.

Tipp
Ein Rechteck hat vier rechte Winkel. Ein Quadrat hat außerdem vier gleich lange Seiten.

a) Mache aus einem Rechteck drei Rechtecke. Du darfst nur eine Linie zeichnen. Beschreibe deine Linie.

b) Kannst du mit zwei Linien aus einem Quadrat fünf Quadrate machen? Zeichne und beschreibe.

2 Ergänze zu vier Quadraten. Es entsteht ein Muster.

3 Luis hat Strecken auf Karopapier gezeichnet. Kreuze dazu passend an.

Aussage	wahr	falsch
Aus den Strecken kann ich ein Quadrat mit der Seitenlänge a = 2 cm zusammensetzen.		
Aus den Strecken kann ich ein Rechteck mit den Seitenlängen a = 3 cm und b = 1,5 cm zusammensetzen.		
Aus den Strecken kann ich ein Quadrat mit der Seitenlänge a = 3 cm zusammensetzen.		
Aus den Strecken kann ich ein Rechteck mit den Seitenlängen a = 2 cm und b = 1,5 cm zusammensetzen.		

Quadrat und Rechteck
– Eigenschaften

Rechteck und Quadrat

Ein Rechteck hat vier rechte Winkel. Deshalb stehen benachbarte Seiten senkrecht aufeinander.
Die gegenüberliegenden Seiten sind parallel zueinander und gleich lang.

Ein Quadrat ist ein Rechteck mit vier gleich langen Seiten.

Die Eckpunkte bei Vierecken heißen meistens A, B, C, D.

Beispiel:

1 Zähle die Quadrate und die Rechtecke in der Zeichnung.
Trage deine Ergebnisse in die Tabelle ein. Vergleicht eure Ergebnisse.

Viereck	Anzahl
Quadrat	
Rechteck	

2 Melanie hat im Koordinatensystem ein Rechteck ABCD gezeichnet. Sie gibt die Koordinaten der Eckpunkte mit A (1|2), B (2|0), C (6|2) und D (4|4) an.
Stimmt das? Korrigiere, wenn nötig.

3 Gegeben sind die Punkte P (3|2), Q (12|1), R (12|9) und S (3|10).

a) Zeichne das Viereck PQRS in das Koordinatensystem.

b) Vervollständige den Satz:
Im Viereck PQRS sind die Seiten $\overline{QR}$ und
_____ gleich lang.

c) Vervollständige den Satz:

Das Viereck PQRS hat zwei Seiten, die parallel sind

zur _____ -Achse des Koordinatensystems.

d) Zeichne ein weiteres Viereck ein,
dass die Eigenschaften aus b) und c) hat.

e) Zeichne zwei weitere Vierecke mit den Punkten P und R ein. Sie sollen zwei Seiten haben, die parallel sind zur anderen Achse des Koordinatensystems.

Quadrat und Rechteck
– Eigenschaften

Rechteck und Quadrat ⊠

1 Kreuze an, ob die Aussage wahr oder falsch ist.

Aussage	wahr	falsch
Jedes Rechteck ist auch ein Quadrat.		
Jedes Quadrat ist auch ein Rechteck.		
Wenn in einem Viereck genau zwei benachbarten Seiten senkrecht zueinander sind, ist es ein Rechteck.		
Eine Figur mit vier Eckpunkten ist immer ein Viereck.		
Eine Strecke zwischen zwei Eckpunkten eines Vierecks, die nicht direkt nebeneinander liegen, heißt Diagonale.		
Wenn ich in ein Quadrat die beiden Diagonalen einzeichne, dann entstehen genau vier Dreiecke.		
Wenn ich in ein Fünfeck eine Diagonale einzeichne, dann entstehen ein Viereck und ein Dreieck.		

2 Ergänze die Figur so, dass fünf Quadrate entstehen.

3 Arbeite im Koordinatensystem.

a) Zeichne das Rechteck ABCD mit A (5|5), B (11|1) und C (13|4). Welche Koordinaten hat der Eckpunkt D?

b) Zeichne das Quadrat EFGH mit E (8|15), G (12|9) und H (13|14). Welche Koordinaten hat der Eckpunkt F?

c) Zeichne das Viereck KLMN mit L (6|12), M (1|14), N (0|10) und K (5|8). Entscheide, ob das Viereck ein Rechteck ist.

Quadrat und Rechteck
– Eigenschaften

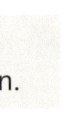

Umfang
berechnen

Umfang

1 Miss die Seitenlängen in Millimeter.
Schreibe die Längen an die Seiten.
Berechne den Umfang im Kopf.

Tipp
Umfang berechnen: Addiere alle Seitenlängen.

u = _____   u = _____   u = _____   u = _____

2 Berechne den Umfang des Quadrats.
Rechne im Kopf.

Tipp
viermal die gleiche Seitenlänge, also $4 \cdot a$

a) $a = 9\,mm$; u = _____

b) $a = 5\,m$; u = _____

c) $a = 22\,cm$; u = _____

d) $a = 33\,dm$; u = _____

e) $a = 25\,mm$; u = _____

f) $a = 18\,m$; u = _____

3 Berechne den Umfang des Rechtecks.
Rechne im Kopf.

Tipp
zweimal zwei Seitenlängen, also entweder
$2 \cdot a + 2 \cdot b$ oder $2 \cdot (a + b)$

a) $a = 2\,cm$; $b = 3\,cm$; u = _____

b) $a = 4\,cm$; $b = 5\,cm$; u = _____

c) $a = 6\,cm$; $b = 9\,cm$; u = _____

d) $a = 9\,cm$; $b = 3\,cm$; u = _____

e) $a = 11\,cm$; $b = 19\,cm$; u = _____

f) $a = 13\,cm$; $b = 8\,cm$; u = _____

4 Bestimme den Umfang des Vierecks. Rechne im Kopf.

17 m
17 m

12 cm
23 cm

26 dm
38 dm

2 km

u = _____   u = _____   u = _____   u = _____

Umfang
berechnen

Umfang

> Umfang bedeutet einmal drumrum.
> Beim Quadrat sind das vier gleiche Seiten: $\qquad$ u = 4 · a
> Beim Rechteck sind das zweimal zwei Seiten: $\qquad$ u = 2 · a + 2 · b oder u = 2 · (a + b)

1 Berechne den Umfang des Vierecks. Achte auf gleiche Einheiten.
Wenn eine Länge mit Komma gegeben ist, dann rechne in eine kleinere Einheit ohne Komma um.
Rechne das Ergebnis dann wieder in die größere Einheit um.

2,9 cm

1,5 m

29 dm

3,6 cm

4,7 cm

1,3 km

2 Lena berechnet den Umfang der Figur rechts:
u = 2 · 7 cm + 2 · 5 cm = 24 cm.
Stimmt das? Begründe.

3 Berechne den Umfang der Figur rechts.
Nutze eine möglichst kurze Rechnung.

Umfang
berechnen

Umfang
berechnen

Umfang ⊠

1 Betrachte die Seitenlängen: Handelt es sich um ein Quadrat oder um ein Rechteck?
Berechne den Umfang. Rechne im Kopf.

a) a = 2,6 m

b) a = 13 cm; b = 24 mm

c) a = 0,5 km

d) a = 2,2 m; b = 116 cm

e) a = 0,74 m

f) a = 1,9 cm; b = 4,7 cm

2 Bestimme alle möglichen ganzzahligen Seitenlängen (in m) für ein Viereck mit diesem Umfang.

a) Quadrat mit u = 96 m

b) Rechteck mit u = 8 m

3 An einen Schuppen soll ein Zaun angebaut werden, um ein Rechteck einzuzäunen.
Die Wand des Schuppens ist 12 m lang. Zwei Seiten des Zauns sollen 7 Meter lang sein.
Gegenüber der Schuppenwand soll ein 4 m breites Tor in den Zaun eingebaut werden.
Der Zaun wird an Pfeilern befestigt. Die Pfeiler dürfen maximal 2 m voneinander entfernt stehen.

a) Zeichne links eine Skizze. Berechne, wie viel Meter Zaun und wie viele Pfeiler benötigt werden.

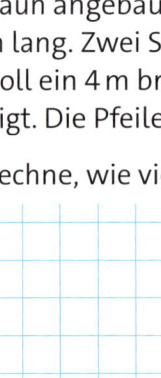

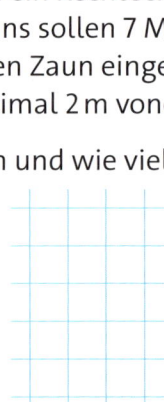

b) Was ändert sich an deinen Ergebnissen, wenn das Tor nur 3 m breit wird?

Umfang
berechnen

Flächeninhalte vergleichen ▶

1 Zähle die Kästchen in den Rechtecken. Ordne die Rechtecke der Größe nach. Beginne mit dem kleinsten Rechteck.

Tipp
Wenn du die Größe von Flächen vergleichen sollst, dann zähle die Rechenkästchen.

Ⓐ   Ⓑ   Ⓒ   Ⓓ

2 Till und Leo haben ihre Namen in Großbuchstaben geschrieben.

a) Welcher Name hat den größeren Flächeninhalt?

b) Elli sagt, dass ihr Name einen größeren Flächeninhalt hat. Zeichne ihren Namen. Hat Elli recht?

c) Zeichne den Namen Theo. Wie groß ist der Flächeninhalt? Vergleicht eure Lösungen.

Flächeninhalte vergleichen

Flächeninhalte vergleichen ⊠

Wenn du Flächeninhalte vergleichen sollst, dann kannst du die Rechenkästchen zählen.
Es können auch halbe Kästchen vorkommen. Zwei halbe Kästchen ergeben ein ganzes Kästchen.

1 Zähle die Kästchen in den Figuren. Ordne die Figuren von klein nach groß.

Ⓐ   Ⓑ   Ⓒ   Ⓓ

2 Welche Fläche ist größer? Begründe.

3 Zeichne zwei Rechtecke und zwei andere Figuren, die den gleichen Flächeninhalt haben wie das Rechteck links.

4 Zeichne zwei verschiedene Rechtecke mit einem Flächeninhalt von 24 Kästchen.

Flächeninhalte vergleichen

Flächeninhalte vergleichen

1 Marek hat ein Detektivspiel entworfen. Dazu brauchte er zwei Spielkarten, auf denen SOS und 110 steht. Auf welcher Spielkarte wird die größere Fläche ausgefüllt? Begründe.

2 Kennst du das Spiel Tetris? Daraus stammen die sieben Figuren.

a) Zeichne Rechtecke, in die alle Kästchen der Tetrisfiguren passen.

b) Zeichne die Rechtecke aus a. Fülle jedes Rechteck mit den sieben Tetrisfiguren aus. Wenn du das geschickt machst, dann ist nur ein Kästchen nicht im Rechteck enthalten.
Du kannst dazu auch die Tetrisfiguren abzeichnen, ausschneiden und damit „puzzeln".

3 Wie viele verschiedene Rechtecke kannst du zeichnen, die 30 Kästchen Flächeninhalt haben? Versuche, ohne eine Zeichnung auszukommen.
Gib jeweils an, wie viele Kästchen die beiden Seiten lang sind.

Flächeninhalte
vergleichen

Flächeneinheiten

1 Rechne in die nächstkleinere Einheit um.

a) 17 a = _____

b) 240 km^2 = _____

c) 83 ha = _____

d) 2400 a = _____

e) 570 ha = _____

> **Tipp**
> Für große Flächen in der Landwirtschaft gibt es weitere Flächeneinheiten.
> mal 100: 100 m^2 = 1 a (Ar); 100 a = 1 ha (Hektar)
> 100 ha = 1 km^2

2 Rechne in die größere oder in die kleinere Einheit um.

a) 33 000 cm^2 = _____ dm^2

b) 8300 m^2 = _____ a

c) 500 dm^2 = _____ cm^2

d) 47 km^2 = _____ ha

e) 24 000 dm^2 = _____ m^2

f) 50 000 m^2 = _____ ha

g) 380 m^2 = _____ dm^2

h) 3 080 000 m^2 = _____ ha

i) 31 cm^2 = _____ mm^2

j) 3 510 000 mm^2 = _____ dm^2

k) 906 a = _____ m^2

l) 702 000 a = _____ ha

3 Setze <, > oder = ein.

a) 4300 cm^2 ☐ 430 dm^2

b) 49 000 dm^2 ☐ 4900 m^2

c) 12 000 m^2 ☐ 120 a

d) 57 cm^2 ☐ 580 000 m^2

e) 28 000 cm^2 ☐ 28 dm^2

f) 84 km^2 ☐ 940 000 a

g) 3900 mm^2 ☐ 30 cm^2

h) 86 ha ☐ 8600 a

i) 4 500 000 m^2 ☐ 540 ha

j) 209 dm^2 ☐ 20 900 cm^2

k) 770 a ☐ 7 ha

l) 95 m^2 ☐ 9 500 000 cm^2

4 Gib die Flächeninhalte in der Einheitentabelle in m^2, in dm^2 und in cm^2 an.

m^2	dm^2		cm^2		mm^2	
0	0	2	7	4	0	0
	1	6				
		2	8	3		
			4	0	1	

274 cm^2; 2,74 dm^2; 0,0274 m^2

_____

_____

5 Rechne um.

a) 130 mm^2 = _____ cm^2

b) 2410 cm^2 = _____ dm^2

c) 6345 dm^2 = _____ m^2

d) 2,5 m^2 = _____ dm^2

e) 5,4 cm^2 = _____ mm^2

f) 0,92 m^2 = _____ dm^2

g) 18,46 dm^2 = _____ cm^2

h) 20,4 m^2 = _____ dm^2

i) 0,004 m^2 = _____ dm^2

Flächeneinheiten umrechnen  Flächeneinheiten umrechnen
– mit Komma

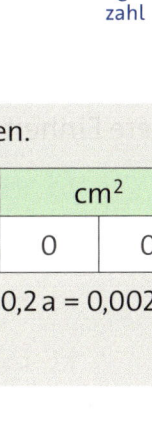
Umrechnungs-
zahl

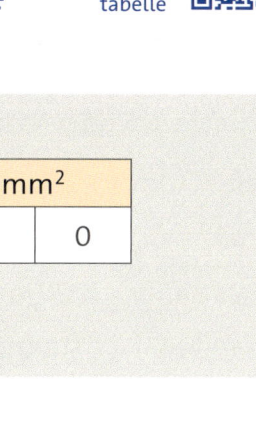
Einheiten-
tabelle

Flächeneinheiten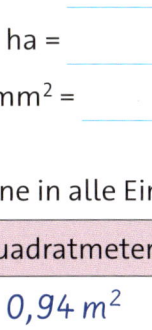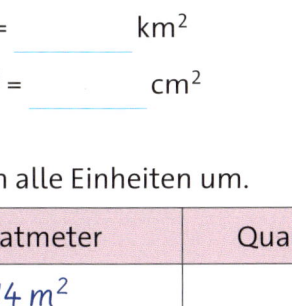

Mit einer Einheitentabelle kannst du Flächeninhalte umrechnen.

km²	ha		a		m²		dm²		cm²		mm²	
0	0	0	0	0	2	0	0	0	0	0	0	0

$$20\,m^2 = 2000\,dm^2 = 200\,000\,cm^2 = 0,2\,a = 0,002\,ha$$

In der Einheitentabelle erkennst du die Umrechnungszahl 100.

1 Rechne um.

a) $37\,000\,cm^2 =$ _____ dm^2 b) $49\,m^2 =$ _____ dm^2 c) $85\,200\,cm^2 =$ _____ m^2

d) $4,31\,cm^2 =$ _____ mm^2 e) $18,6\,a =$ _____ m^2 f) $250\,000\,mm^2 =$ _____ dm^2

g) $2700\,ha =$ _____ km^2 h) $21\,900\,cm^2 =$ _____ dm^2 i) $360\,000\,m^2 =$ _____ ha

j) $930\,mm^2 =$ _____ cm^2 k) $58\,620\,dm^2 =$ _____ m^2 l) $14\,60\,cm^2 =$ _____ dm^2

2 Rechne in alle Einheiten um.

Quadratmeter	Quadratdezimeter	Quadratzentimeter	Quadratmillimeter
$0,94\,m^2$	$94\,dm^2$	$9400\,cm^2$	$940\,000\,mm^2$
		$1250\,cm^2$	
	$247\,dm^2$		
			$386\,500\,mm^2$
	$0,74\,dm^2$		
$0,0903\,m^2$			

3 Ordne die Flächen nach der Größe. Beginne mit der kleinsten Fläche.

$45\,700\,mm^2$; $38\,dm^2$; $0,03\,m^2$; $0,0006\,a$; $18,3\,dm^2$; $153,9\,cm^2$

4 Rechne in die kleinere der beiden Einheiten um.
Berechne dann möglichst im Kopf. Gib das Ergebnis in der größeren Einheit an.

a) $47,9\,cm^2 + 26\,70\,mm^2$

b) $26,8\,m^2 + 517\,dm^2$

Flächeneinheiten
umrechnen

Flächeneinhei-
ten umrechnen
– mit Komma

Umrechnungs-
zahl

Einheiten-
tabelle

Flächeneinheiten ☒

1 Setze <, > oder = ein.

a) $640\,cm^2$ ☐ $6400\,mm^2$

b) $83\,m^2$ ☐ $83\,000\,dm^2$

c) $7300\,mm^2$ ☐ $70\,cm^2$

d) $5{,}1\,m^2$ ☐ $540\,dm^2$

e) $5000\,ha$ ☐ $5\,km^2$

f) $7{,}6\,m^2$ ☐ $76\,000\,cm^2$

g) $390\,a$ ☐ $3900\,m^2$

h) $8{,}46\,km^2$ ☐ $846\,ha$

i) $630\,000\,m^2$ ☐ $630\,km^2$

j) $50{,}9\,ha$ ☐ $5090\,a$

k) $0{,}74\,m^2$ ☐ $7000\,cm^2$

l) $0{,}06\,ha$ ☐ $6000\,m^2$

2 Rechne in beide Einheiten um, die hier vorkommen.

a) $12\,m^2\ 86\,dm^2$ =

b) $452\,cm^2\ 16\,mm^2$ =

c) $530\,dm^2\ 5\,cm^2$ =

d) $256\,ha\ 7\,a$ =

e) $80\,km^2\ 8\,ha$ =

3 Rechne in die kleinere der beiden Einheiten um.
Rechne dann im Kopf. Gib das Ergebnis in der größeren Einheit an.

a) $49{,}6\,m^2 + 453\,dm^2$ =

b) $7630\,mm^2 + 9{,}3\,cm^2$ =

c) $5{,}94\,ha - 318\,a$ =

d) $27\,040\,mm^2 - 24{,}3\,cm^2$ =

e) $5{,}1\,m^2 - 483\,dm^2$ =

f) $3 \cdot 0{,}2\,a + 193\,m^2$ =

4 Ein landwirtschaftlicher Betrieb bearbeitet eine Fläche von $23{,}7\,ha$.
Der Betrieb kauft von einem Nachbarbetrieb $67\,a$ dazu.
Allerdings ist der Boden bei $1{,}2\,ha$ der Fläche wenig fruchtbar und wird als Baugrund verkauft.
Wie groß ist die Fläche jetzt noch?

Flächeneinheiten
umrechnen

Flächeneinhei-
ten umrechnen
– mit Komma

106

Flächeninhalte von Rechtecken

1 Berechne den Flächeninhalt der Rechtecke.

Tipp
Multipliziere die Längen der Seiten miteinander.
Beispiel: $6\,cm \cdot 8\,cm = 48\,cm^2$

28 dm

4 dm

①

9 mm

9 mm

②

27 cm

3 cm

③

11 m

11 m

④

2 Berechne den Flächeninhalt. Wenn nur eine Länge gegeben ist, dann ist es ein Quadrat.

Tipp
Rechteck: $A = a \cdot b$; Quadrat: $A = a \cdot a$

a) $a = 12\,dm$; $b = 8\,dm$

b) $a = 7\,cm$; $b = 18\,cm$

c) $a = 12\,m$

d) $a = 20\,cm$

3 Berechne den Flächeninhalt. Achte auf gleiche Einheiten. Gib den Flächeninhalt in der größeren Einheit an.

Tipp
Rechne zuerst Längen mit Komma in Längen ohne Komma um.

a) $a = 35\,mm$; $b = 4\,cm$

b) $a = 1,6\,m$; $b = 4\,dm$

c) $a = 3\,cm$; $b = 7,2\,cm$

d) $a = 1,5\,cm$

Flächeninhalt
berechnen

Flächeninhalte von Rechtecken

> Den Flächeninhalt A von Rechtecken berechnest du aus Länge a mal Breite b.
> Bei einem Quadrat rechnest du Länge a mal Länge a.
>
> Rechteck: $A = a \cdot b$; Quadrat: $A = a \cdot a$
>
> Rechne nur in gleichen Einheiten. Rechne Längen mit Komma in Längen ohne Komma um.

1 Berechne den Flächeninhalt. Wenn nur eine Länge gegeben ist, dann ist es ein Quadrat.
Rechne den Flächeninhalt in eine größere Einheit um, wenn es nötig ist.

a) a = 2,4 m; b = 2 dm

b) a = 30 cm; b = 15 dm

c) a = 55 cm; b = 0,4 m

d) a = 2,5 m

2 Du kennst den Flächeninhalt und eine Seitenlänge von einem Rechteck.
Bestimme die Länge der fehlenden Seite. Achte auf gleiche Einheiten.

a) $A = 36\ m^2$; b = 9 m

b) $A = 2600\ cm^2$; b = 13 dm

3 Berechne den Flächeninhalt der Figur. Entweder zerlegst du die Figur in Rechtecke.
Oder du ergänzt zu einem großen Rechteck und ziehst die ergänzte Fläche wieder ab.

Flächeninhalte
berechnen

Flächeninhalt
berechnen

Flächeninhalte von Rechtecken ☒

1 Berechne für das Rechteck die fehlende Größe. Achte auf die Einheiten.

a) a = 3,8 cm; b = 3 cm

b) a = 40 mm; b = 1,6 dm

c) a = 35 dm; b = 0,6 m

d) a = 0,45 m; b = 2,2 dm

e) A = 48 cm²; b = 60 mm

f) A = 2,5 m²; a = 25 cm

g) A = 20 dm²; a = 0,5 m

h) A = 24 m²; b = 4,8 m

2 Conny hat die Flaggen von Deutschland, von der Schweiz und von Dänemark in unterschiedlichen Größen gezeichnet. Berechne für jede Flagge, wie viel Quadratzentimeter die Farben ausmachen.

Deutschland
17 mm
5,1 cm
8 cm

Schweiz
1,5 cm
1,5 cm 1,5 cm
5,5 cm
5,5 cm

Dänemark
41 mm
1,7 cm
1,7 cm
4 cm
1,7 cm
6,4 cm

Flächeninhalte
berechnen